中國文學史

研究所入學考·期中考·轉學考

試題詳解800題

上

宋裕◎編著

中國文學史

800題精要解析

宋裕◎編著

（上）

序言

宋裕

「中國文學史」這門科目，是中文系大三轉學考、碩士班及博士班入學考必考的科目，歷年來考試的題目，範圍往往既廣且深，準備起來是相當吃力的。

目前各大學中文系所採用的教本，最為普遍的是劉大杰《中國文學發展史》、葉慶炳《中國文學史》，及王忠林等《中國文學史初稿》等，因而這幾本成為考試必須熟讀的典籍。但只憑這幾本書，要在「中國文學史」這個科目上拿高分，卻不是那麼容易的。因為有些題目在這幾本書中詳略不一，甚至根本沒有答案。這時必須藉助文學斷代史，更專門的文學專史，或是更深入的專題研究，加以融合，才能有比較翔實周延的答案。

同學們不妨看看下列碩士班研究所入學考試的幾個考題：

1.「文學史」的著述中，有一種是「個別文類的專史」，請就詩、賦、樂府、詞、駢文、散文、小說、戲曲等各類舉出五本專史（通史或斷代史均可），指出其作者，並簡述之。（77淡江）

2. 試述中國古代神話資料之所以流失、變質的原因，並說明這些神話對中國文學有何影響。（82成大）
3. 楚辭影響後世文學甚鉅，王逸、劉勰、鍾嶸皆有評述，試列舉諸說以對。（82成大）
4. 漢代的辭賦可以分爲「言志」與「寫物」二大系統。請問：它們各自的來源爲何？它們在文體的形式與內涵上各有何特徵？請各舉二個代表性的作家以說明之。（81中央）
5. 試以魏晉隋唐間的文學爲例，說明政治上的鬥爭文人及其文學會產生什麽樣的正負面影響。（88中央）
6. 試以文學史知識，解釋元好問《論詩絕句》二首：
(1)沈宋橫馳翰墨場，風流初不廢齊梁，論功若準平吳例。合著黃金鑄子昂。
(2)望帝春心托杜鵑，佳人錦瑟怨華年。詩家總愛西昆好，獨恨無人作鄭箋。（85東吳）
7. 在中國文學史上，若西漢武、宣，若南朝之梁陳，乃至唐、宋、明各代怕有宮廷文學，試略述宮文學的特點及其影響。（84東吳）
8. 道教對中國文學創作有何影響？試說明之。（88高師大）
9. 依戲劇史的立場看，明代戲曲發展有何值得注意之處。（79淡江）
10. 晚清小說中《二十年目睹之怪現狀》及《老殘遊記》一類爲代表之作品在敘述結構上，有何特色？其在小說發展史上之意義爲何？（81清大）

像這些題目如果沒有充分的準備，是不容易答題答得很完備的。編者有鑑於此，因此廣泛地蒐集了各校四十多年來期中期末考、研究所入學考的考題，汰其重複後，加以分門別類，分成九編二十九章，共得八百題，並參考了文學通史、斷代史、專史、專題研究、論文集等一百五十多種的典籍（書目附在書後），編寫最完備翔實的答案，幫助同學們在各種考試中，獲得最理想的成績。編寫期間，萬卷樓主編李冀燕小姐，協助考題的蒐集與分類，在內容上也提供許多寶貴的意見，在此表達誠摯的感謝。最後祝大家

考試順利

金榜題名

民國九十一年五月

目錄

·下冊·

第一章 《詩經》

研讀重點

一、《詩經》的時代與地域
二、孔子刪詩之商榷
三、《詩》大序、《詩》小序的價值
四、《詩》六義
五、《詩經》如何編輯成書
六、《詩經》的內容
七、《詩經》的藝術特色與成就
八、《詩經》的社會性
九、《詩經》的價值
十、《詩經》對後世文學的影響

1、試述《詩經》之時代、國別、產地及其價值。（61、62政大）

答

一、《詩經》的時代

《詩經》是我國古代第一部詩歌總集，編成於春秋時代，其中作品產生於西周初期（西元前十一世紀），到春秋中期（西元前六世紀），前後大約跨了五百多年的漫長歷史，這些作品的創作年代很難一一具體指出，但從其形式和內容的特點來看，可以約略分成三個時期：

㈠〈周頌〉全部、〈大雅〉部分與少數風詩，產生於西周前期。

㈡〈大雅〉大部分、〈小雅〉（少數例外）與少部分風詩，是西周後期的作品。

㈢風詩大部分、〈商頌〉、〈魯頌〉，產生於春秋時期。不過，這裡需要說明一點：〈商頌〉，最初被認為是殷商時代的頌歌，後經考證，確認其為春秋時期宋國臣子歌頌宋襄公的作品，而宋國是殷商的後代，目前這個看法現已被大多數學者所承認。

由於《詩經》產生年代久遠，加以其他諸因素，使我們今天已無法考知每一篇作品確切的創作年代，即使少數作品有比較明顯的證據，也不能說由此獲得的結論是定論。因而我們只能指出《詩經》的著作時代，大約起於西周初期止於春秋中葉。

二、《詩經》的國別與產地

《詩經》產生的地域比較廣闊，其中十五國風包括十五個地方的民歌，這十五個地方是周南、召南、邶、鄘、衛、王、鄭、齊、魏、唐、秦、陳、檜、曹及豳等地，大都在黃河流域，分布在今陝西、山西、河北、河南、山東及湖北等省。大、小〈雅〉和〈周頌〉、〈魯頌〉、〈商頌〉所屬的地域較之於國風，要相對集中一些。因為雅用於諸侯朝會或貴族宴享，頌是宗廟祭祀的樂歌，所以其中的大部分作品當產生於西周的都城鎬京，或東周的都城洛邑，以及魯國（〈魯頌〉）的都城（今山東曲阜）、宋國（〈商頌〉）的都城（今河南商邱）。

三、《詩經》的價值

㈠倫理、教育的價值

先秦學者大多把《詩經》當作倫理道德的教科書，因此，孔子在《禮記．經解》上說：「入其國，其教可知也；其為人也，溫柔敦厚，詩教也。」說明《詩經》不僅可以涵養溫柔敦厚的性情，更可以陶冶事父事君的美德，所以，孔子在《論語．陽貨篇》上又說：「小子何莫學夫《詩》，《詩》可以興，可以觀，可以群，可以怨；邇之事父，遠之事君，多識於鳥獸草木之名。」由此看來，孔子對於《詩經》，是把它看作陶冶性情、培養美德的書籍。

㈡史料的價值

《詩經》雖然只有三〇五篇，卻是我們研究中國古代歷史、社會、哲學、政治所必讀的一部書，因為《詩經》一書如果以歷史的眼光來看，它確是一部探究周朝歷史最有價值、最可靠的史料：其中有的是描寫周朝的民情風俗，有的是記載周朝的政治社會。

㈢語言學的價值

《詩經》的韻語，是研究古代韻部最重要的材料，其在語言學上，具有極大的價值。朱駿聲在《古今韻準自敘》上說：「古無韻書，《書》、《易》、《詩》、《騷》即韻書也。」朱氏之說甚是，在過去的學者中，研究《詩經》韻語者，有顧炎武的《詩本音》，開闢古韻研究的正途；段玉裁的《詩經韻十七部表》，奠定古韻分部的規模；江有誥的《詩經韻讀》，更具備古韻部的梗概。近人江舉謙先生的《詩經韻譜》，尤是集詩韻研究的大成。由是以觀，《詩經》在語言學上，確具有不朽的價值。

㈣文學的價值

《詩經》是我國最早的詩歌總集，對後代文學影響至為深遠，章學誠在《文史通義．詩義》上說：「後世文章皆源於六藝，而多出於《詩》教。」《詩經》的賦、比、興表現手法，修辭和用韻技巧，也被後世作家廣泛地學習和採用，成為後代詩歌寫作上重要的表現手法。

2、《詩經》何以被稱為我國古代北方詩歌的總集？它是怎樣編輯成書的？其內容又大致如何？試言其要。（86文化）

3、何為《詩》之六義？《毛詩序》對此曾加以闡釋，其說允當否？孔子與《詩經》之關係若何？司馬遷《史記》有刪《詩》之說，後人見解若何？能縷述之否？（87華梵）

答

《詩經》中有很多的民歌，也有出自貴族的作品，所以絕不可能是一時、一地、一人之作，但它是如何編輯成書的呢？先秦古籍中沒有明確記載，但一般認為有獻詩、採詩及刪詩說三種說法。

㈠獻詩說

周代公士獻詩、陳詩，以頌美或諷諫，則是史籍可考的。如《國語．周語上》：「故天子聽政，使公卿至於士獻詩。」《左傳．襄公十四年》云：「史爲書，瞽爲詩，工誦箴諫，大夫規誨。」〈大雅．民勞〉：「家父作誦，以究王訩。」據《晉語》：「古之王者，使工誦諫於朝，在列者獻詩。」由此可知周朝有獻詩的制度，規定公卿大夫在特定場所給天子獻詩，以便了解民情和考察政治得失。

㈡採詩說

漢代學者多採此說。據《漢書・食貨志》：「孟春之月，群居者將散，行人振木鐸徇於路以採詩，獻之太師，比其音律，以聞於天子。」周朝設有專門採詩的「行人」四處收集民歌，然後命樂師整理編纂而成的，目的在於讓「王者所以觀風俗、知得失、自考正也。」

㈢刪詩說

《漢書・藝文志》說：「古有采詩之官，王者所以觀風俗，知得失，自考正也。」從這段話裡，可以知道各國的詩歌之所以能集攏在一起，是由於採詩之官的採集而來。據傳說，古代所採集的詩歌共有三千多篇，到了孔子，刪掉了十分之九，只剩了三百多篇。這個傳說，始見於《史記・孔子世家》：「古者，詩三千餘篇，及至孔子去其重，取可施於禮義，……三百五篇，孔子皆弦歌之，以求合韶武雅頌之音。」這是說孔子在三千多篇古詩中，以禮義為標準，選出了三〇五篇，其他那些重複的、不合禮義的都刪去了。這個說法影響很大，從古至今都有不少學者相信。但也有不少人表示懷疑，其中較著名的人有朱熹、葉適、朱彝尊、崔述、方玉潤及魏源等人。他們提出了很多反駁「刪詩」說的理由，其中比較有說服力的理由有下列幾點：

1、鄭氏《詩譜序》孔穎達疏云：「案書傳所引之詩，見在者多，亡逸者少，則孔子所錄，不容十分去九；馬遷言古詩三千餘篇，未可信也。」屈萬里先生在《詩經釋義》中，就針對《左傳》、《國語》及《禮記》三部書引詩的情形，來加強孔說的可信度。

	《左傳》所引者	《國語》所引者	《禮記》所引者	小計
今存之詩	一五六	二二	一〇〇	二七八
佚詩	一〇	一	三	一四

由此表看來，三書中所引之詩，今存的總計為二百七十八，已佚的為十四；佚詩的數量，只占存詩的二十分之一。即此可見孔穎達之說，實不為無見。

2、《左傳．魯襄公二十九年》，記吳公子季札在魯觀樂，魯國樂工為他所奏的各國風詩與今本《詩經》基本相同。那時孔子才八歲，自然不會有刪詩之事。可見刪詩之說，不足憑信。

3、《論語．為政》：「子曰：『詩三百，一言以蔽之，曰：思無邪』」又〈子路篇〉：「子曰：『誦詩三百，授之以政，不達；使於四方，不能專對；雖多，亦奚以為』！」孔子不止一次說「詩三百」，可見他看到的是和現存《詩經》篇目大體相同的本子。因為孔子信而好古，慨歎著文獻不足的他，既不會把這些可貴的文獻十分去九，也不會把自已刪定的本子，「詩三百」、「詩三百」地說得那麼自然。可見刪詩之說不可信。《墨子．公孟》：「誦詩三百，弦詩三百，歌詩三百，舞詩三百。」可見墨家所傳之詩亦僅三百篇。

有以上三證，可以證明孔子斷無刪詩之事。

不過，孔子雖未曾刪詩，但對於它確曾用過一番重編或整理的工夫。《論語．子罕》：

「子曰：『吾自衛返魯，然後樂正，雅頌各得其所』。」孔子自己既然這樣說，這是最可信的史料。或者以為這是說「正樂」，而不是「正詩」；但既說「雅頌各得其所」，則雅和頌的篇第，必經孔子整理過，是絕無可疑的。

4、《詩．大序》、《詩．小序》指什麼？它們有什麼價值？（師大期末考）

答 漢代傳授《詩經》的有魯（轅固）、齊（申培）、韓（韓嬰）、毛（毛萇）四家，前三家詩於後世亡佚，唯毛《詩》獨存。毛《詩》各篇均有小序，稱《詩．小序》，主要簡述詩的主題、作者和創作背景，但不免有許多穿鑿附會之說。在〈關雎〉的小序下面，有一段較長的文字，比較全面地論述了《詩經》的特徵、內容、分類、表現手法及社會作用等問題，稱為《詩．大序》。

〈毛詩序〉的作者歷來說法不一。鄭玄認為〈大序〉是孔子弟子子夏所作，〈小序〉是子夏、毛公合作，范曄認為是後漢衛宏所作。看來它不是一人一時之作，大約完成於漢代學者之手，但其中包含先秦的舊說。

《詩．大序》是先秦儒家詩論的總結，在文學批評史上有一定的理論價值。

一、關於詩歌言志抒情的特徵和詩、樂、舞三位一體說

《詩．大序》有這樣一段話：「詩者，志之所之也，在心爲志，發言爲詩。情動於中，而形於言。言之不足，故嗟嘆之；嗟嘆之不足，故永歌之；永歌之不足，不知手之舞之，足之蹈之也。」詩是人們思想感情的表現，詩的產生是由於外物感發了人的內心情感，不免形諸語言文字的結果。這種情感言之尤尚不足，就不免歌之舞之。最早的文字記載有所謂「操牛尾投足以歌」之說，亦正是《詩．大序》詩、樂、舞三位一體說的明證。可見，最初的詩歌與音樂、舞蹈是結合在一起的藝術形式。

二、關於詩歌與社會政治的關係

《詩．大序》認為詩歌往往是社會政治現實的反映，「治世之音安以樂，其政和；亂世之音怨以怒，其政乖」。從詩中可看出政治的得失、社會的治亂興衰，「至於王道衰，禮義廢，政教失，國異政，家殊俗，而變風變雅作矣。」社會生活情況對詩歌的內容有決定作用；詩歌對社會政治也具有教化作用，可以「經夫婦，成孝敬，厚人倫，美教化，移風俗」，甚至對國家政治有巨大的影響，而這種作用正是詩歌這一藝術的特殊感染力所帶來的。

三、關於《詩》的「六義」說

《詩·大序》中提出了「六義」說：「故詩有六義焉，一曰風，二曰賦，三曰比，四曰興，五曰雅，六曰頌。」具體而言，「以一國之事，係一人之本，謂之風。言天下之事，形四方之風，謂之雅。雅者，正也，言王政之所由廢興也」。「頌者，美盛德之形容，以其成功告於神明者也。」這是《詩·大序》對風、雅、頌三類詩歌所作的區別與解釋。對賦、比、興，《詩·大序》未作說明。

四、關於詩歌的風格

《詩·大序》認為詩歌的風格應當是「主文而譎諫」。按鄭玄的解釋：「風化、風刺，皆謂譬喻不斥言也。主文，主與樂之宮商相應也。譎諫，詠歌依違，不直諫也。」這要求對為政者的規諷要採取委婉曲折的方式，而不能直言其過，以維護為政者的尊嚴。這正是對孔子「溫柔敦厚」詩教說的具體闡述。

5、《詩·大序》云：「《詩》有六義焉，一曰風、二曰賦、三曰比、四曰興、五曰雅、六曰頌。」請闡釋之。（82政大）

6、試舉實例分別說明《詩經》中賦、比、興的表現手法。（88師大）

答 《詩》有六義，指的是風、雅、頌，賦、比、興。六義之說，最初見於《周禮．春官》所載：「太師教六詩：曰風，曰賦，曰比，曰興，曰雅，曰頌」。次見於《毛詩．序》，把「六詩」稱為「六義」。《詩．序》有大、小之分。〈大序〉中，《詩經》的內容大致分為〈風〉、〈雅〉、〈頌〉三類，亦即三種不同的詩歌體裁。〈小序〉中，把《詩經》的內容在表現形式上分為賦、比、興三種。唐．孔穎達在《毛詩正義．大序》「詩有六義」句《疏》中說：「風、雅、頌者，詩篇之異體；賦、比、興者，詩文之異辭耳。大小不同，而得並爲六義者，賦比興是詩之所用，風雅頌是詩之成形，用彼三事，成此三事，是故同稱爲義。」這就是所謂「六義」的由來。

一、《詩經》的內容——風、雅、頌

什麼叫「風」、「雅」、「頌」呢？

古代的學者有不同的解釋。最早的《詩．大序》以為，「風」是感化、諷刺之意；「雅」是「正」的意思；「頌」是形容盛德的意思。宋代鄭樵在《通志．序》中按音樂的特點來分類，認為風是地方曲調，雅是朝廷音樂，頌是宗廟之樂，這是比較符合事實的。

近代的研究者對此看法已趨一致，認為「風」、「雅」、「頌」均從音樂而得名，主要是音樂的特點不同：

㈠「風」是樂曲曲調之意，「國風」，即指當時諸侯所統治地域的地方樂曲。

十五國風便是十五個諸侯國或地域的地方曲調。

㈡「雅」即是「正樂」，是相對於地方樂曲而言。

周天子的王城，是全國的政治中心，把王畿之樂稱為「正樂」，是當時尊王觀念的反映。所以鄭樵說，「雅」是朝廷之音。「雅」又分為「大雅」、「小雅」，這可能與產生的年代和樂調的不同有關。「小雅」產生較晚，在音樂上受到「國風」的影響而發生變化，不同於舊的雅樂，因此才有了大、小雅之分。

㈢「頌」是宗廟的樂歌，供王侯祭祀宗廟之用。

清代學者阮元從訓詁學的角度考察，以為「頌」的本義當是「容」，也就是「舞容」，因此，「頌」可以說是祭神、祭祖時用的歌舞曲。王國維在《說周頌》中認為，「頌」比之「風」、「雅」，在樂調上要舒緩一些。

二、《詩經》的作法——賦比興

賦、比、興是前人對《詩經》表現方法的概括，是《詩經》在藝術上的重大成就之一。

㈠賦，是對詩歌內容進行直接的鋪陳描寫，即「敷陳其事而直言之」

這種方法在敘事、寫景、抒情時不借助比喻、誇張等其他藝術手法，同樣具有藝術上的形象性。賦的手法多見於〈雅〉、〈頌〉，〈小雅〉中〈無羊〉則是用賦寫成的一首優美、生動的牧歌。但〈國風〉中也不乏成功的詩例。如〈七月〉鋪寫農人一年從事耕田、採桑、養蠶、紡織、製衣、狩獵、修房、釀酒等各項勞動和他們「無衣無褐」、「食鬱及薁」、「塞向墐戶」的衣食住等各方面的生活情況，為我們展示了長幅農村風俗畫。又如〈國風〉中〈靜女〉、〈褰裳〉、〈狡童〉、〈將仲子〉等短小的戀歌都用賦寫成，顯得明快生動。

㈡比，是比喻，即「以彼物比此物」

比的作用是把抽象內容具體化，把隱蔽的本質揭露出來。如〈碩鼠〉把為政者比作專事侵奪別人物品的老鼠，這就把為政者剝削百姓的貪婪本性用老鼠的具體形象顯現出來，同時還寄寓了詩人強烈的憤恨之情。《詩經》中還常用「反比」的手法，即比喻和反面襯托的結合。如〈邶風．柏舟〉三章「我心匪石，不可轉也。」，用可以轉動之石反比喻主人公的矢志不移。《詩經》比的手法靈活多樣，有的個別章句用比，有的全詩用比；有的正比，有的反比；有的明比，有的暗比；有的比具體事物，有的比抽象情感，大大地豐富了詩歌的表現手法。

㈢興，一般用於一首詩或一組詩的開端

這種方法是先寫周圍景物然後引出下面的歌詞，即「先言他物，以引起所詠之詞。」這種方法，多見於《詩經》中的民歌。如〈關雎〉首二句「關關雎鳩，在河之洲」，即是興句。詩人看見河洲上成雙成對的水鳥聯想到人間的愛情，觸景生情，於是引出了「窈窕淑女，君子好逑。」的詩句。這種興句和全詩的內容有關，它表現了詩人的聯想和情感的飛躍，在詩中發揮聯想、象徵和烘托氣氛的作用。

7、《詩經》如何編集成書？朱子對六義如何解釋？詩在先秦時代有何功用？漢代何以形成詩教？（84暨南）

8、《論語》中孔子曾說道：「《詩》可以興，可以觀，可以群，可以怨，邇之事父，遠之事君，多識於鳥獸草木之名。」請申述這一段話的意思。（90清華）

答

一、《詩經》如何編集成書——請參見本章第2題。

二、朱熹對六義的解釋

朱子對六義中的〈風〉、〈雅〉、〈頌〉的解釋見《詩集傳》：

〈風〉：「凡詩之所謂風者，多出於里巷歌謠之作，所謂男女相與詠歌，各言其情者也。」

〈雅〉：「雅者，正也，正樂之歌也，其篇本有大小之殊，而先儒說又有正變之別，以今考之，正小雅，燕饗之樂也，正大雅，朝會之樂也。」

〈頌〉：「若夫〈雅〉、〈頌〉之篇，皆成周之事。朝廷郊廟樂歌之辭，其語和而莊，其義寬而密。」

賦：「賦者，敷陳其事而直言之者也。」

比：「比者，以彼物比此物也。」

興：「先言他物，而虛用兩句鉤起，因而接續去者。」

三、《詩》在先秦時代有何功用——請參見本章第9題。

四、《詩經》在漢代何以形成詩教？

《詩經》中的作品流傳的時間很早，最初主要用於典禮、諷諫和娛樂，是周代禮樂文化的重要組成部分，實行教化的重要工具。編輯成書之後，廣泛流行於諸侯各國之間，發揮了相當大的作用，諸如用「詩」來諷諫勸戒，評論抒情，尤其在外交場合，往往引詩言志，成為不可少的交際工具，在《左傳》中就大量記載了諸侯君臣賦詩言志的事例。而孔子也很重視詩教，他說：「不學《詩》，無以言。」並對學「詩」的重要意義和社會功用有多方面的說明：「小子何莫學夫《詩》？《詩》，可以興，可以觀，可以群，可以怨，邇之事父，遠之事君，多識於鳥獸草木之名。」在戰國時代，《詩經》已成為儒家學派尊崇典籍，如孟子、荀子都慣於引《詩》作為立論據。

經過秦火之後，在漢代傳《詩》的有魯、齊、韓、毛四家。由於傳授的淵源和傳承師說不同，四家對詩義解釋有異，所傳《詩》的正文也有所不同。其中以魯人毛亨及趙人毛萇古文《毛詩》最晚出，在西漢末年被立為學官，後經由經學鄭玄作《毛詩傳箋》之後盛行於世。漢儒傳《詩》，使《詩經》經學化，固然對《詩經》曲解及附會，但漢代形成詩教傳統及說詩體系，卻對整個中國古代文學的發展，有相當深遠的影響。

9、試析《詩經》的題材內容。（81文化期末考）

答 《詩經》的題材內容是十分豐富的，包括戀愛、結婚、畋獵、農事、畜牧、戰爭、宴會、祭祀、祈禱乃至歷史的陳述和風俗的記載等。它廣泛而深刻地反映了從西周初到春秋中葉五、六百年間社會生活的各個方面，為我們描繪了古代各階層人物活動的真實圖景。其題材內容可以歸納為下列幾類：

㈠周民族的史詩

例如：〈生民〉歌頌周民族始祖后稷的誕生和創業，〈公劉〉歌頌公劉率領族人遷豳的英雄事跡，〈緜〉是歌頌古公亶父率領族人由豳遷岐的事跡，〈皇矣〉敘述文王伐密伐崇的勝利，〈大明〉是描寫武王伐紂的功績。

㈡政治諷刺詩

例如：〈新臺〉揭露衛宣公強占兒媳的醜行；〈株林〉揭露陳靈公與大夫之妻私通的醜事；〈正月〉刺周幽王荒淫無道，引致亡國。以外，〈桑柔〉、〈板〉、〈蕩〉、〈民勞〉等篇則是譴責周厲王的暴虐。

㈢反映愛情與婚姻問題的詩

例如：〈溱洧〉寫鄭國青年男女在河畔遊春，互相嬉戲；〈谷風〉寫一個被丈夫虐待、遺棄的婦女的痛苦申訴；〈氓〉是一首棄婦含怨自傷的詩；〈靜女〉以男子的口吻寫了他與心愛的人幽期密約的情景。

㈣反映徭役和戰爭的詩篇

例如：〈陟岵〉表現了對家庭的懷念和對行役的不滿；〈東山〉寫一個長期出征歸來的士兵在歸途中的複雜心情；〈君子于役〉、〈伯兮〉等則從女子對出征在外的丈夫的思念，反映戰爭帶給人民的痛苦，以及人民對戰爭的反感；〈六月〉則讚美尹吉甫北征玁狁。

㈤反映社會不平、人民生活困苦的詩

例如：〈伐檀〉通過嚴正的質問，譏諷為政治不勞而食；〈碩鼠〉譏刺官吏貪暴，將官吏比喻為貪得無饜的「大老鼠」，形象地表現了人民對他們的痛恨。

㈥勞動之歌

例如〈無羊〉是一首描寫牛羊蕃盛、祝頌年豐人旺的詩，其中描寫牛羊的動態和放牧的情景，十分生動；〈芣苢〉描寫古代婦女在山坡野地採集野菜時盡情歌唱的情景；〈七月〉則描寫從事耕作的農民一年四季繁忙的勞動生活。

其餘如宴會詩，如〈鹿鳴〉，是天子宴饗群臣的詩；〈賓之初筵〉具體描寫了貴族飲宴的場面；田獵詩如〈吉日〉，描寫天子狩獵；結婚詩如〈桃夭〉祝賀女子出嫁；祝賀詩如〈螽斯〉祝人子孫眾多；悼歌如〈蓼莪〉，寫孝子悼念父母。

10、試析述《詩經》的藝術特色與成就。（台大期末考）

答

《詩經》的藝術成就，主要在民歌。這些民歌不但有廣泛的社會內容和濃郁的生活氣息，而且有很高的藝術成就。主要表現在以下幾個方面：

一、現實主義藝術特色

中國早期的詩歌大部分是祭祀鬼神、歌頌貴族和表現他們享樂生活的作品，但到了《詩經》國風及二雅中的許多詩篇，卻反映當時社會生活和百姓的思想感情，為中國詩歌創作上建立了現實主義的優良傳統。

這一藝術風格直接表現為真實地反映現實生活和坦率地表達感情。《詩經》中的作品，大多是「饑者歌其食，勞者歌其事」，緊貼現實生活，不作無病呻吟，感情真摯自然，毫無矯揉造作之態。不少作品富有強烈的生活氣息和濃郁的鄉土情調。作者善於運用寫實的手法，描寫現實生活中的種種層面與細節，抒發淳樸真摯的內心感情。作品不事雕琢，自然而然從心田流出，彷彿天籟之音。這種樸實、自然的風格美閃耀著現實主義精神的光輝，成為我國古代詩歌創作的優良傳統之一。

二、賦、比、興手法的運用

前人從《詩經》三〇五篇作品中，歸納出了所謂「賦、比、興」的表現手法。這不僅是對《詩經》藝術技巧的概括和總結，也揭示了中國古代詩歌藝術表現手法的基本特點。中國古代文學特別是詩歌，具有以抒情為主的特徵。如何使主觀情志與特定的想像、理解融合而為客觀化的藝術形象，便是一個非常重要的問題。《詩經》「賦、比、興」的藝術規律和美學原則，正是解決這一重要問題的有效手段。賦、比、興的表現手法，不僅是《詩經》藝術特徵的重要標誌，而且是中國古代詩歌藝術特色的具體表現，也是對我國詩歌藝術傑出的貢獻。

三、複沓的章法和靈活的句式

㈠章節迴環複沓是《詩經》民歌在篇章結構上的一個顯著特點

所謂複沓，就是指一首詩的若干章字句基本相同，只對應地變換少數字詞，反覆地詠唱。這種聯章複沓的，反覆詠唱的形式，不僅有便於記憶和傳頌的作用，而且還在藝術上造成迴旋跌宕的藝術效果。有的複沓形式有著內容上的相承關係，如〈周南・芣苢〉、〈王風・采葛〉等。有的雖是平行關係，但發揮擴展內容、各方面都述說到的作用，如〈鄭風・

將仲子〉等。有的則有興抒情的作用，如〈鄘風．相鼠〉、〈衛風．木瓜〉等。《詩經》民歌中的重章疊句結構，重覆中有變化，變化中又有重複，它使主題鮮明、感情充沛，給人留下深刻鮮明的印象。

㈡《詩經》的句式基本上以四言為主，但常根據內容和表達感情的需要而靈活多變從二言到八言的句子都有，使得詩歌形式，活潑自由，不受拘束，如〈召南．江有汜〉：「江有渚，之不歸，不與我。」，〈小雅．鹿鳴〉：「我有旨酒，以燕樂嘉賓之心。」此外，在修辭上加以變換，如用設問句、問答句、排比句、感嘆句等，豐富並擴大四言句的音量。

四、豐富的語彙

《詩經》的語言用詞豐富，表達準確，且富於音樂美。

㈠動詞、形容詞不僅數量多，而且用得細致、精當據統計，《詩經》中表示手不同動作的詞，就有五十多個。如〈周南．芣苢〉，動詞有采、掇、捋、袺、襭等字，意思相近，但不同的詞之間仍有區別，準確、細致而富有表現力。

㈡善於使用重言疊字詞來狀物擬聲，以加強語言的形象感

如「關關」、「雝雝」、「肅肅」、「喓喓」用以擬聲；「依依」、「灼灼」、「蜎蜎」、「翘翘」、「脫脫」用以狀貌，無不窮形盡相，聲情畢肖。

㈢成為後人習用的成語

《詩經》中的不少詞語經過兩千多年，至今仍有生命力。如「憂心忡忡」、「切磋琢磨」、「戰戰兢兢」、「不可救藥」、「信誓旦旦」等，已成為人們慣用的成語。

五、聲調的和諧自然

《詩經》產生於兩千多年前，那時尚無人為的嚴格的韻律，它的用韻自由靈活，出自天籟，脫口成韻，純任自然，讀來卻琅琅上口，和諧優美。

《詩經》中又大量運用疊字和雙聲、疊韻詞語，如「昔我往矣，楊柳依依。今我來思，雨雪霏霏」和「風雨瀟瀟，雞鳴膠膠。」中的疊字，或狀其貌，或摹其聲，增強了語言的形象性和音樂美。再如〈關雎〉中的「窈窕淑女」和「輾轉反側」，「窈窕」為疊韻，「輾轉」為雙聲，這類詞在《詩經》中大量運用，使詩歌語言在聲調上顯得和諧而優美。

11、試述《詩經》的社會性。（70輔大）

答 《詩經》相當廣泛而深刻地反映了當時的現實，並能接觸到社會的本質，表現人民的生活和思想感情，「饑者歌其食，勞者歌其事」，具有反映現實、批判現實的社會意義。

㈠反映了人民對生活的覺醒與抗爭

例如〈伐檀〉、〈碩鼠〉揭露當時為政者剝削老百姓的情形，對不合理制度進行了詛咒，表現出覺醒中人民的反抗精神。〈黃鳥〉控訴君主以人殉葬的野蠻制度，從另一側面揭露了為政者的凶殘。

㈡反映戰爭、徭役給人民帶來的痛苦

如〈東山〉、〈采薇〉具體描寫士兵長期戍邊的艱苦生活，其中既有思鄉的痛苦，也有衛國的自豪，深刻反映了遠征士卒的複雜感情。〈君子于役〉則從農婦思夫的角度，表現了繁重徭役給人民帶來的苦難。

㈢反映了當時農村的生產情形

如〈七月〉一詩，具體而細致地描寫了西周時農民一年中的耕作生活，堪稱我國農業生產的最古老的形象記錄。另外，〈十畝之間〉、〈載芟〉等詩，或描寫婦女採集草藥的過程，或表現耕作後踏歌歸去的情景，或展現西周時代大規模農業生產活動的場景，都具有一定的真實感。

㈣反映了戀愛和婚姻生活

這類詩在《詩經》民歌中質高量多。如〈靜女〉寫一對情人在城隅幽會時的片刻情景，人物活動天真，感情纏綿深厚；〈將仲子〉寫女主人公因人言可畏，叮囑情人不要前來私會；〈柏舟〉寫女主人公為爭取戀愛自由而抗爭，這些詩作從不同側面表現了當時人們在戀愛生活中的憂喜得失，離合變化。〈氓〉和〈谷風〉都是寫婦女被遺棄的痛苦遭遇，揭示了我國古代婦女在婚姻問題上的悲慘命運。

(五)它反映了社會的動亂和當時為政者的腐敗

如〈黍離〉描寫故都的荒涼景象，反映了周王朝統治的日趨衰弱；〈新臺〉諷刺衛文公霸占兒媳婦的醜聞；〈小雅．賓之初宴〉則揭露貴族耽於淫樂、失儀敗德的真相，都表明當時為政者的腐朽不堪，面臨著深重的政治危機。

12、試論《詩經》在內容思想、形式結構、語言特色等方面，對後代文學有何影響？（68文化）

13、在中國詩歌史上，《詩經》一向被推尊為最高典範。請你就文化、思想與作品本身的特質兩方面，解釋它何以受到如此的推尊；並進而簡約地指出《詩經》對後代詩歌的發展究竟有什麼實質性的影響？（80中央）

14、試述《詩經》在中國文學史上之地位。（81中正）

答 《詩經》是中國文學的光輝起點。它的出現，標誌著中國古代詩歌特別是抒情詩，在三千年以前就開始步入成熟的階段。它的藝術成就，在文學史上有多方面的開創，產生了深遠的影響：

一、開闢了以詩歌抒情和寫實的創作道路——風雅精神

《詩經》中雖有少數敘事史詩，但主要抒情言志之作，因而可以說《詩經》主要是一部抒情的詩集。此外《詩經》民歌和文人詩中優秀的詩篇內容都來源於生活，所謂「飢者歌其食，勞者歌其事」的寫實精神，推動後代作家把注意力投向現實，關心國家命運和民生疾苦，並把這些現實狀況真實地反映到作品中，歷代民歌是其嫡傳，從漢魏樂府到近代歌謠都展現這種精神。而《詩經》表現出關注現實熱情、強烈的治政和道德意識、真誠的人生態度，被後人概括為「風雅」精神，直接影響到後世文人的創作方向，諸如屈原詩歌的兼善風雅、漢樂府的「緣事而發」、建安詩歌的「風骨」，陳子昂的「風雅不作」、「興寄都絕」，直到杜甫的「別裁僞體親風雅」、白居易的「唯歌生民病」，都與《詩經》的寫實精神一脈相承。每當文學創作出現脫離現實的傾向時，便會有一些文人以恢復風雅相號召。

二、確定了民間文學在文學史上的地位

民間文學推動作家文學不斷的變革，並在某個時期對作家文學有拯衰救弊的作用，這是自《詩經》以後在文學史上多次得到證實的。《詩經》中的大小雅與國風就存在這種關係，《詩經》中的民歌對貴族詩歌的影響非常明顯。例如「毋逝我梁，毋發我笱。我躬不閱，遑恤我後。」四句，既見之於〈邶風．谷風〉，又見之於〈小雅．小弁〉，很明顯，後者是向前

者學來的。一種新的文學體裁往往是先在民間醞釀，然後引發作家的重視模仿，才得以發揚光大。文學史上凡有成就的作家，總是善於從民間文學中汲取營養，從而掀起新的創作高潮和革新運動。

三、《詩經》在體裁、表現手法、語言方面的影響

㈠體裁的影響

《詩經》民歌抒情詩多，又有少量敘事詩和說理詩（如《唐風．蟋蟀》），中國古代詩歌中抒情、敘事、說理三種常見的體裁都可推源於《詩經》。但是，《詩經》這三種體裁中，以抒情詩成就最高，它吸引後人學習和創作，出現了大量優秀作品，因而抒情性強成為中國古代詩歌的重要特色。

㈡表現手法的影響

《詩經》開創的比興也成了中國古代詩歌的傳統手法。如屈原「依詩制騷，諷兼比興」，朱自清認為「詠史、遊仙、艷情、詠物」無非比興。比興有助於增強詩歌的形象性和含蓄性，提高藝術感染力。

㈢語言的影響

中國詩歌的偶句用韻，形成優美的韻律，這也是《詩經》的開創。特別是《詩經》的詞彙最有生命力，經過二千五百多年，一直到今天仍有很大一部分詞句存活在口語和書面語

中，如「尸位素餐」、「秋水伊人」、「高高在上」、「一日三秋」等，已成為常用的成語。這不僅說明《詩經》語言的豐富凝練，也說明它對我國語言發展有極大的貢獻。

15、簡答題：何謂「風騷精神」？（81中央）

答 「風騷」是《詩經》和《楚辭》的並稱，因〈國風〉是〈詩經〉的代表；〈離騷〉是《楚辭》的典範，故後人常以「風騷」代稱《詩經》和《楚辭》。〈國風〉和〈離騷〉怨刺時政，具有強烈的批判現實的精神，以及比興寄託的藝術手法，為後世學者所繼承，「風騷」便成了現實主義和浪漫主義文學的兩大潮流。沈約《宋書．謝靈運傳論》中在概括漢魏以來詩歌的淵源時說「莫不同祖風騷」，便說明了這一情況。

第二章　《楚辭》

研讀重點

一、何謂《楚辭》？
二、《楚辭》興起的背景
三、《楚辭》的作家與作品
四、《楚辭》文體的特點
五、屈原的生平、作品與影響
六、《楚辭》的藝術特色與成就
七、《詩經》與《楚辭》的比較
八、《楚辭》對後世文學的影響
九、劉安、司馬遷、班固、王逸、劉勰、鍾嶸對《楚辭》的評述

1、《楚辭》是一種怎樣的文學體裁？其產生於戰國之荊楚，有何內因與外緣？試略述之。（78中央）
2、戰國末葉，屈原振藻於荊楚，所作騷賦，足以抗衡《詩經》，平分先秦南北文學之秋色，其產生之因素，論者不一。試就所知，條舉以對。（81中山）
3、試就音樂、宗教、地理環境、文體蛻變、南人性格五端探究《楚辭》產生於楚境之原因。（82中山）
4、文體演變有其自然之勢，但有人認為《楚辭》並不源為《詩經》，試申論之。（87花師、高師大）

答

一、何謂《楚辭》

「楚辭」這個名詞，是指戰國時代江淮流域的楚國所新興的一種詩歌文體，最早見於司馬遷《史記》。流傳到今天，廣義而言，「楚辭」有三種含義：

㈠地方詩歌

宋・黃伯思《東觀餘論・校定楚辭・序》說：「屈宋諸騷，皆書楚語，作楚聲，紀楚地，名楚物，故可謂之楚辭。」也就是說「楚辭」名稱的由來，是因其產地和濃厚的地方色彩而來的。

㈡文體名

《隋書．經籍志》說：「楚有賢臣屈原，被讒放逐，乃著〈離騷〉八篇……。弟子宋玉，痛惜其師，傷而和之。……蓋以原楚人也，謂之《楚辭》。」由楚人宋玉起，以及漢代的文人，因愛好進而模仿屈原的作品，而後成為一股風氣，因此後人將摹擬屈宋的詩歌稱為「楚辭」，「楚辭」成為文體的名稱。

㈢總集名

漢成帝時，劉向整理古籍，把屈原、宋玉等人的作品，以及漢人所仿寫的作品彙編成集，定名為《楚辭》，自此而後，「楚辭」成為一部總集的名稱。

二、《楚辭》文體的特點

《楚辭》是詩與散文的融合體，是散文的詩歌化，詩歌的散文化，其特點有：

㈠具有顯著而濃厚的地方色彩

宋．黃伯思在《東觀餘論．校定楚辭．序》中說：「屈宋諸騷，皆書楚語，作楚聲，紀楚地，名楚物，故可謂之楚辭。」「楚辭」大量地使用地方方言字眼，如「扈」、「汨」、「憑」、「羌」、「侘傺」、「嬋媛」、「咳」、「搴」等。

㈡與楚地盛行的巫術宗教關係密切

在楚地民間祭祀時，必使巫覡「作歌樂歌舞以樂諸神」。現存《楚辭》中的〈九歌〉，前身就是當時民間祭神的歌曲。〈離騷〉中的巫覡降神，〈招魂〉中的巫陽下招，這些充滿奇異想像的神話傳說，都說明了它與巫術宗教有密切的關係。

㈢句式有散體化的傾向，多用語氣詞

楚地民歌與大致整齊的四言詩不同。〈九歌〉是屈原以民間祭神曲為基礎加工而成的，它以五字句七字句為主，大致每句句中用一語氣詞。屈原獨立創作的抒情詩，如〈離騷〉，多為六字句，隔句用一語氣詞。楚辭使用「兮」、「思」、「些」這些語氣詞，是其語言上最重要的標誌，還運用了很多雙聲疊韻字和聯綿詞，增加了詩句音節的和諧美。

三、《楚辭》興起的原因

楚國在自己文化傳統下，接受北方文化的影響，創造出獨具特色的楚辭。

㈠外在因素

/、《詩經》的影響

⑴在形式用語上，《楚辭》雖為戰國時南方詩歌，然與北方的《詩經》在形式上有相同之處，即「兮」、「只」字的使用，《詩經》以此二字為助字，已屢見不鮮，而《楚辭》則以運用「兮」為其特色。此外，屈原詩中大量採用比興手法，更是直接脫於《詩經》。

⑵在內容上，《詩經》在春秋戰國時期，是各國諸侯使節的交外辭令，在諸多的政治場

合中必須「賦詩以明志」。而在南方的楚國為打入北方的政治圈，參與其中的政治活動，就必須會賦詩，在《左傳》中就有記載楚臣賦詩的例子，由此不難看出《詩經》與《楚辭》的關係密切了。

2、諸子散文的影響

《楚辭》雖為韻體，但其所具有的散文性，卻是受到諸子散文的影響，因為春秋戰國時代，尤其戰國時代，散文發展到了空前的高潮：文字技巧圓熟、思想內容廣泛。《楚辭》作品中想像力之豐富、文筆之熱情，是受諸子散文的沾潤；在文體形式句型上，《楚辭》也是承繼了諸子散文的特色。

(二)內在因素

文學創作中，對地域背景的瞭解，往往有助於探索其產生的淵源，更何況蘊育於楚國特有文化背景下的《楚辭》。

1、宗教的陶冶（宗教）

春秋戰國時代，北方諸國經過儒家、道家思想的洗禮，神鬼的信仰已經顯得淡薄了，但位於南方的楚國，巫術迷信的宗教風氣卻非常盛行，一方面是受到殷商文化的影響，同時也因為南方高山大澤雲煙變幻的自然環境，適合那種神鬼思想與宗教迷信的保留與發展。後人概括楚文化為「信巫鬼，重淫祀」，巫風的蔓延，自朝廷到民間，無所不在，史稱：「簡賢務鬼，信祝之道。」在這種巫術信仰中，孕育著各種各樣的傳說，培養了人們豐富的想像力，許多美麗的歌辭和樂舞也伴隨著發展起來，這些都是《楚辭》文學中的養料和特徵。

2、南音的薰染（音樂）

在春秋戰國時代，楚國的音樂和民歌被稱為「南風」或「南音」，楚人鍾儀在晉鼓琴而操「南音」，被譽為「樂操土風，不忘舊也。」而所謂的南音，諸如〈涉江〉、〈採菱〉、〈陽春〉、〈白春〉等，都是一種富於幻想，變化曲折，悅耳動聽的樂歌，也就是後來所謂的楚聲。這對楚辭無論在形式、音律和情調上，都產生很重要的影響。

3、地域的蘊育（地理）

楚國在江淮一帶的南方，其地理特徵為高山大澤，這類獨具特性的地理環境及風土氣候，使得人民在精神方面，富於幻想和愛美的浪漫氣息，且民俗信巫鬼而重淫祀，崇尚虛無之幻想，呈現在文章上則多閎偉幽眇之思想，誇誕靡麗之文辭，不同於《詩經》的溫柔敦厚，《文心雕龍．物色》：「若乃山林皋壤，實文思之奧府，略語則闕，詳說則繁，然屈平所以能洞鑒風騷之情者，抑亦江山之助乎？」

5、試述屈原的生平、作品及其影響。（70師大）

6、試述屈原、荀卿對後世文學之影響。（87東吳）

7、屈原之生平及其作品如何？其人其作對後世有何影響？（89文化）

答

一、屈原的生平

屈原（西元前三四〇～前二七七年）名平，字原，與楚王同宗。其先祖為楚國屈、景、昭三大貴族之一。屈原二十歲左右就參與政事，曾任懷王「左徒」（職位僅次於楚國最高官職「令尹」），「入則與王圖議國事，以出號令；出則接遇賓客，應對諸侯。」頗受懷王信任。屈原的政治主張是：對內舉賢授能，修明法度，改革弊政；對外主張聯齊抗秦，堅持合縱聯盟，這些主張遭到了楚國貴族的反對，他們誣陷屈原居功自傲，離間屈原和楚懷王的關係。於是屈原被懷王疏遠，並先後兩次被流放。第一次是在楚懷王二十五年左右，被放逐到漢北（今湖北省西北部）；第二次是在頃襄王十三年左右，被放逐到江南（今湖南一帶）。當時屈原已年近五十，流亡生活長達九年。他曾長期生活在窮鄉僻壤、深山大澤之中，就是在這個時期，在這樣的逆境裡，他創作了〈離騷〉、〈九章〉、〈九歌〉、〈天問〉等不朽的詩篇，抒發了對昏庸楚王的怨憤，對禍國殃民的群小的憎恨，以及對祖國忠貞不變的熱烈激情。西元前二七七年，秦將白起攻破楚國郢都，屈原痛感國家的敗亡，而自己又無力挽救，悲憤地自沈於汨羅江，以身殉國。

二、屈原的作品

屈原的作品，《漢書・藝文志》著錄二十五篇，但沒標出具體篇目。今見最早的《楚辭》

注本是東漢．王逸的《楚辭章句》，其中標明屈原作品二十五篇是：〈離騷〉、〈九歌〉（十一篇）、〈天問〉、〈九章〉（九篇）、〈遠遊〉、〈卜居〉、〈漁父〉。後來學者據《史記》認定〈招魂〉為屈原所作。〈遠遊〉有爭議，〈卜居〉、〈漁父〉則是漢人根據屈原的傳說敷衍成篇，非屈原所作。〈九章〉中〈思美人〉、〈惜往人〉、〈悲回風〉三篇，或因其三字標題，或因篇中所述事實當在屈原自沈之後，有些學者也提出懷疑。

三、屈原在我國文學史上的地位

屈原是我國文學史上第一個偉大詩人，創造了我國詩歌史上的新時代——詩歌從集體歌唱到個人獨立創作的時代。屈原還創造了全新的詩歌樣式——「騷體」，展現中國文學史上第一個豐滿的具有鮮明個性的抒情形象。

四、屈原對後世文學的影響——請參見本章第18題。

8、屈原之作品多表現強烈之愛國精神，試就此一特色詳加論述。（68政大）

9、屈原本人及其作品多表現強烈之憂患意識與浪漫主義精神，試就此兩種特色，加以論述。（75成大）

答

一、屈原作品中的愛國思想

在屈原作品裡，表現很強烈的是愛國精神，這種精神透過優美的藝術形式表現，形成他崇高的品德和偉大的人格。他熱愛鄉土國家的精神，早在〈橘頌〉裡，已經萌芽，到了波瀾壯闊的〈離騷〉和哀痛無比的〈哀郢〉中，愛國精神發展到了高潮。因為生活在社會劇烈變化的時代，他熱切的希望祖國獨立富強，能統一長期分裂的中國，達到所謂唐虞三代之治，其具體主張不外舉賢授能和修明法度。這些在他的詩篇中都曾一再鄭重地表明，而且稱之為「美政」。而他並不是說說而已，屈原曾按照自己的理想去做，在任左徒時實踐了自己的主張。比如〈離騷〉說：「余既滋蘭之九畹兮，又樹蕙之百畝。……冀枝葉之峻茂兮，願俟時乎吾將刈。」可見屈原為了治理國事，確實培養了一批人材，希望將來有用。當他奉命草擬憲令，而反對派的貴族就千方百計來破壞它，因為而這種思想的本質是反對貴族的傳統特權，所以在國內必然會引起抗爭。

屈原一生為了祖國，為了實現政治理想，不惜奔走先後，企圖「及前王之踵武」。當他看見「黨人」把祖國引上「幽昧」、「陰隘」的道路，就大聲疾呼地說：「豈余身之殫殃兮？恐皇輿之敗績。」當他一再受到群小的排擠和迫害時，就奮不顧身地和他們抗爭到底，誓死不悔。他悲憤的歌唱，一字一句都傾瀉了深沈的愛國思想和感情，成為千古傳誦的傑作。

二、屈原作品中的浪漫主義精神

屈原以他愛國憂民的高貴品格，創作了不少光輝燦爛的詩篇，使詩歌從集體創作（《詩經》）走上獨立創作的新時代。如果說《詩經》奠定了我國詩歌的現實主義基礎，那麼屈原的作品就奠定了我國詩歌的浪漫主義基礎。

屈原是一個浪漫主義者，他的作品帶有濃厚的浪漫主義色彩，有狂熱奔放的感情，有豐富的想像，有奇特的幻想。在〈離騷〉中，貫串著一種義無反顧的抗爭精神和以身殉國的堅定意志，成功地創造了一個崇高峻潔的形象。其感情奔騰澎湃，真如黃河之浪，滔滔滾滾。同時，詩人馳騁想像，將大量的神話傳說、歷史人物和大自然現象揉合在一起，編織成一幅色彩瑰麗、雄奇壯觀的畫卷。例如在〈離騷〉中，詩人上叩天閽，下求佚女，就是利用豐富的想像和神話題材，有力地表現出追求理想的精神。

10、略述〈離騷〉之大意。（79政大）

11、屈原〈離騷〉在文學史上展現出哪開創性的特色？（88台大）

12、何謂《楚辭》？司馬遷謂「屈原放逐，乃賦〈離騷〉」。〈離騷〉是《楚辭》最具代表性之優秀作品，其內容及藝術特色為何？其對後世賦作之影響又若何？試分別述說之。（88華梵）

答

一、〈離騷〉二字的定義

〈離騷〉篇名的意義，歷來有許多解釋。其中漢代人所作的兩種解釋比較通行：

㈠認為是遭遇憂患

司馬遷引淮南王說：「離騷者，猶離憂也。」班固《離騷．贊序》：「離，猶遭也；騷，憂也；明己遭憂作辭也。」這就是說，〈離騷〉是屈原遭遇憂患所作。

㈡認為是離別的憂愁

王逸《楚辭章句．離騷序》：「離，別也。騷，愁也。」

二、〈離騷〉的內容

〈離騷〉的內容，大略可分為兩大部分。第一部分至「記女嬃」的話為止，敘述自己的身世、經歷、人格、理想和政治遭遇等。自「陳辭重華」以下為第二部分，表述了追求實現理想的強烈願望，先敘述禹、啟、羿、浞、堯、舜、桀、湯、紂等人的故事，爾後從蒼梧出發，上天入地雲遊，最後表示自己以身殉國之心。所呈現的思想主旨有：

㈠提出了「美政」理想，要求政治革新

〈離騷〉中「美政」的具體內容，即效法古聖賢君「舉賢授能」、「修明法度」。屈原主張不分出身貴賤，唯賢是舉；改革弊政，取消貴族壟斷政治的特權。他竭力抨擊違背法度的

黑暗政治，指控腐朽貴族鑽營取巧，諂諛求寵，結黨營私，任人唯親，嫉賢妒能，他還大膽揭露楚王的反覆無常和昏庸無能。

㈡詩中洋溢著強烈的愛國激情

為了改變立國昏暗政治，屈原不顧個人禍福榮辱。他始終為祖國的富強而努力，與祖國同休戚、共存亡，即使追求救國的幻想破滅，他也始終不離開祖國一步，最後以身殉國，表現了對祖國的無限忠誠。

㈢堅持正義，反對奸邪，表現出「九死不悔」的精神

屈原的一生始終處於險惡的政治環境中。但他堅持理想，決不同流合污，更不向惡勢力妥協，一種寧死不屈的精神，貫穿在〈離騷〉全篇之中，如把公正高潔的品德，比做香花美草；把貪婪偏私的變節者，比做荒穢和惡臭。

三、〈離騷〉的藝術特色

㈠塑造詩人自我的形象

《楚辭》出現以前，中國詩歌基本上屬於內容比較單純，篇幅比較短小的集體創作，因而還缺乏全面反詩人性格的作品，經由〈離騷〉才真正產生展現詩人獨特性格風格的作品。從〈離騷〉的香草和裝飾中，看到屈原奮發自勵，遺世獨立人格。「亦余心之所善兮，雖九死其猶未悔！」可以見到屈原傲岸不屈的人格特質。

㈡成功運用了浪漫主義的創作手法

浪漫主義作為一種創作手法，在於用誇張和想像充分現人們的理想和激情。在〈離騷〉裡運用二種手法，來表現浪漫主義。

第一個手法是大量使用比喻和象徵手法。如詩人自喻高潔，則餐菊飲露；欲遇明君，則託於婚約；卻求賢臣，則三求下女。在〈離騷〉中大約可以分三種意象：一是人的意象群，二是物的意象群，三是神的意象群。每一種意象群內除了某些中性事物之外，又有正反對立兩組，它們分別表現詩人肯定或否定的意向和鮮明的愛憎，所以〈離騷〉中的比喻及象徵，大多帶有詩人濃厚的感情色彩。

第二個手法是大量運用歷史故事、神話傳說以及一些幻想情節，使〈離騷〉中一些抽象意念形象化。諸如當繼國與去國的衝突在人內心鬱結難分之際，便假靈氛占卜、覡降神以表達。當現實的情況已使詩人完全絕望時，他既不能拯救國家的危亡，也得不到朝廷的支持，決心離開祖國時，便用大擺車駕遨遊太空來表現。

㈢形成特有的騷體

〈離騷〉的寫作形式是生動、自由、長短不一，這種形式是建立在汲取民間文學的特色上，屈原又汲取散文的筆法，把詩句加長，形成長篇宏製，以利收容更多的內容。並大量運用楚地方言，增強了詩歌的象徵性和生動性，還因使用「兮」等語助詞的靈活運用，形成了句式的變化，使得〈離騷〉的語言十分精煉。此外，〈離騷〉除了詩人內心獨白外，還設有主客問答，又有大段的鋪張描寫，對後來的辭賦有很大的影響。

13、試為下列《楚辭》各篇分別作簡明之題解：(1)〈離騷〉(2)〈九歌〉(3)〈卜居〉。（71政大）
14、請分別敘述《楚辭》中〈離騷〉、〈卜居〉、〈漁父〉三篇之大意。（75政大）
15、試述《楚辭．九歌》祭祀之對象及其內容大要。（87玄奘）
16、解釋名詞：〈九歌〉（90東吳）

答

一、〈離騷〉——請參見本章第10題。

二、〈九歌〉

〈九歌〉是屈原吸取楚地民間的神話故事，並利用民間祭歌的形式寫成的一組風格獨特的抒情詩。「九歌」這個名稱來源很古，楚國民間原來就流行一種祭神樂歌。而所謂〈九歌〉即指由多數樂章所組成的樂曲的意思。屈原的〈九歌〉，共十一篇，包括〈東皇太一〉、〈東君〉、〈雲中君〉、〈湘君〉、〈湘夫人〉、〈大司命〉、〈少司命〉、〈河伯〉、〈山鬼〉、〈國殤〉、〈禮魂〉。〈禮魂〉一篇只有五句，是祭祀結束時的送神曲。其他各篇分別祭祀一種神靈，其中有天神、地祇和人鬼三類。

〈九歌〉既保留了原來流傳在楚地民間祭歌中的神話故事，又賦予了這些新的意義，並在藝術上做了很大的加工和提高。屈原在塑造藝術形象時，把人物心理刻畫和環境氣氛描寫，完美和諧地統一起來，達到情景交融的境界。在遣辭用意上與屈原的其他作品一脈相承，表現出情味悠深的意味來。

三、〈九章〉

〈九章〉是〈惜誦〉、〈涉江〉、〈哀郢〉、〈抽思〉、〈懷沙〉、〈思美人〉、〈惜往日〉、〈橘頌〉、〈悲回風〉九篇詩歌的總稱，多是詩人兩次流放期間片斷的生活記錄。九篇詩非一時一地之作，原是單行的散篇，後因內容、形式大致相似，後人集為組詩，至於總題〈九章〉之名，學者認定為西漢劉向編輯《楚辭》時加上去的。但〈九章〉中〈橘頌〉一篇約是屈原早年的作品外，其他各篇均是屈原兩次流放時的生活片斷。這些詩真實地記述了屈原流放期間的生活經歷和思想。其精神和〈離騷〉相一致，不過較之〈離騷〉是更直接地抒寫了他的悲憤感情。

四、〈天問〉

〈天問〉是是首奇特長詩，透過詩歌形式，多是四字句，不用兮字，通篇用問話的口氣，一連提出了一百七十多個問題，內容上涉及天文地理、神話傳說、歷史故事、楚國政事及詩人自己的生活等，而所謂「天問」者，據《楚辭集釋》一書的說法，「天問」「即舉凡天地間一切顯象事理以爲問」，猶現在說的：「自然界的一切問題。」因此〈天問〉表現出屈原廣博的知識和豐富的想像力，也可以看到他那勇於探索真理和批判舊觀念的精神。〈天問〉在藝術上具有鮮明的特色：構思異常精密。通篇都用問話，但每一問都用了不同的語言，既參差變化，毫不板滯，又一氣呵成，表現了深沈的思考和活躍的想像。在語言風格上，雖比屈原的其他詩作更多地吸取了先秦散文的特點，卻仍保持著詩歌語言的特殊結構和節奏，表達宏偉奔放的氣勢。全詩以四言為主，四句一組，每組一韻，也有極少數兩句一韻的，用韻也相當整齊嚴格。〈天問〉這篇辭賦，在古史和神話學的研究上，有相當重要的地位。

五、〈卜居〉

「卜」是占卜，「居」是「自處之方」，也就是處世之道的意思。屈原被放逐三年之後，去見卜官鄭詹尹，求問自己應該以什麼樣的態度對待社會現實。反映了當時社會的黑暗腐敗和自己的滿腔憤慨。表明了不願與奸佞同流合污的高尚情操。

文中的屈原與太卜鄭詹尹的問答顯然是一種假設，其實是憤世嫉俗的屈原內心的一篇獨白。是隨波逐流、諂媚取寵以苟且偷生呢？還是保持高尚純潔的本性、與世俗抗爭而獨行其是呢?屈原心裡早已有了結論，他不過是藉與卜者的問答揭露那些趨炎附勢、蠅營狗苟者醜陋的面目，並以自己所嚮往的高潔的志行與之對照罷了。

六、〈漁父〉

漢代王逸在《楚辭章句》中說本篇是屈原所作。但他也指出，這只是屈原和江濱漁父的對話，後來「楚人思念屈原，因敘其辭以相傳焉。」事實上，本篇的內容大概是楚國有道家思想傾向的人所作；在寫作中可能有某些傳說為依據，其主要目的卻是通過對屈原問題提供答案，來宣揚與世浮沈、隱退自全的道家思想，具有明顯的寓言色彩。文中對屈原的思想和形象並沒有加以歪曲，雖然屈原和作者心目中的理想人物漁父始終各走各的道路，但作者仍然是帶著尊敬和同情來寫屈原這個人的。由此可以看出屈原在廣大的楚國人的心中，的確留有深刻的影響。

本篇在語言形式上更接近散文，這是從一個方面反映了楚辭文體的流變。篇中的寓言色彩、問答形式以及記述對話多用排比鋪敘等手法，後來都在漢代散體大賦中得到進一步的發展，這有助於瞭解從辭到賦的具體演變。

17、「屈騷」在中國文學史，有創體之功，請就「文體」觀念，論述「屈騷」所創何體？及其對後世文學發展有何影響？（82中央）
18、試述《楚辭》之文學價值。（84高師大）
19、《楚辭》對於後世文學的影響？（85台大）
20、試論《詩經》、《楚辭》對後世文學內容與文學形式之影響。（85師大）

答

一、《楚辭》的藝術價值

《楚辭》在形式、風格上的突破是多方面的：

(一)篇製擴大

《楚辭》將原來〈國風〉那種即興式的重章疊句的小詩，發展成為規模宏大、內容豐富的抒情長詩，使感情得以盡情的渲洩，增強了詩歌的表現力。如〈離騷〉全詩長達三七三句，波瀾壯闊，氣象恢宏，在中國古代文學史上是空前絕後。

(二)純熟的比興技巧

《楚辭》繼承了《詩經》的比興手法，而又將它進一步發展。《詩經》的比興大都比較單純，而大量使用比興法，成為創作主力的，僅有《楚辭》。如以香草美人比喻象徵自己對理想、光明的追求，以「眾女」、惡草比喻象徵那些嫉賢妒能的權貴小人們，既昇華了正面形象，也突出了反面形象的本質。《文心雕龍．比興》說：「楚襄信讒而三閭忠烈，依詩製騷，調其比興。」

㈢詩風的轉變

屈原的作品一反《詩經》的那種質樸寫實的風格，而趨華美浪漫。

㈣詩體的解放與創造

《楚辭》突破了以四字句為主的傳統格式，在楚歌基礎上創造出新的句法，以六字句為主，而又靈活多變，具有散文化的特點。散文化指敘述成份多，議論成份多，散文句式多，比較自由活潑，便於淋漓盡致地發揮。句式參差錯落，大量使用語氣詞，增強了作品的節奏感，渲染了抒情詠嘆氣氛。

㈤善用神話素材

中國南方由於特殊的地理環境及風土民情，故成為蘊藏神話最好的環境。而屈原是我國最能運用神話素材的天才，因為能將超現實和現實混合，使得他的作品充滿著豐富的想像力與濃厚的浪漫氣息。

二、《楚辭》對後世文學的影響

《楚辭》這文學中的瑰寶奇珍，對於後代文學的發展更發生了重大影響：

㈠促進辭賦的成長

《楚辭》特殊的風格及內容，引起漢代辭賦家熱烈的模擬仿作，造成漢代賦體的盛況。漢賦中規諷的主旨，鋪張的手法，以及聯綿詞的使用，設問的對答形式，都是受到《楚辭》影響的。《文心雕龍·詮賦》說：「賦也者，受命於詩人，拓宇於《楚辭》也。於是荀況〈禮〉、〈智〉，宋玉〈風〉、〈釣〉，爰錫名號，與詩畫境，六義附庸，蔚成大國。」

㈡開創駢文的生機

駢文是我國文字獨有的美文形式，首重對仗、俳偶，而先秦古籍中雖也間用俳偶的句子，但內容樸質無華，直到「楚辭」文體出，才有清華朗潤的駢體詞句，如〈大司命〉：「令飄風兮先驅，使凍雨兮灑塵」，就是《文心雕龍·麗辭》中所說的「言對」。又如〈東皇太一〉：「蕙肴蒸兮蘭藉，奠桂酒兮椒漿」就是清·洪邁在《容齋隨筆》中所謂的「當句對」。所以《楚辭》中這些絕佳的駢詞儷句，都為後代的駢文開創了蓬勃的生機。

㈡刺激七言詩的產生

七言的詩句在《詩經》中已間或有之，到了《楚辭》則漸漸增多，早期的七言詩，如漢高祖的〈大風歌〉：「大風起兮雲飛揚，威加海內兮歸故鄉，安得猛士兮守四方。」其韻律基調全然是騷體，至於李陵的〈別歌〉，漢昭帝的〈淋池歌〉和張衡的〈四愁詩〉，為七言詩的醞釀時期，但形式上仍是七言的騷體，七言詩雖成熟於曹丕的〈燕歌行〉，可是在唐人的七言古詩中，依然可以發現「楚辭體」的影響，所以《楚辭》助長七言詩的產生，當是無疑的。

㈢開闢鄉土文學的先路

《楚辭》是以楚地特有的音律、詞彙、事物所譜成的詩歌，在音樂上是楚國獨具的「南音」，也即是「巫音」，再加上悲壯頓挫，或韻或否的韻律，於是朗誦「楚辭」成為專業技能，如漢武帝時的朱買臣以「能言楚辭」被寵，宣帝時九江被公以讀「楚辭」而名家，代表「楚辭」在音樂上的鄉土化。《楚辭》在內容、用詞上保有楚國特有的地理環境和風土氣候的感覺，而在民俗上保存著特有的巫鬼淫祠的迷信風氣所及，也開闢後來鄉土文學的先路。

㈣散播浪漫文學的種子

屈原不幸且不平凡的際遇，加上他熱情、執著而又善於幻想的氣質，使《楚辭》中充滿了個人主義的浪漫色彩，這種詩風影響後代的文人甚鉅，如仿《楚辭》浪漫精神的，有曹植的〈遊仙〉、〈仙人〉及〈遠遊〉等詩，晉代何劭、郭璞諸家的〈遊仙詩〉，以及盛唐大詩人李白的〈蜀道難〉，〈夢遊天老吟留別〉等；如模仿《楚辭》譎怪思想的，有魏晉的志怪小說：《山海經》、《穆天子傳》、《搜神記》、《述異記》及《幽冥錄》等作品的問世。

㈤賦予詞曲新的素材

由於屈原愛國情操的感召，詩篇炫麗動人的影響下，宋、元、明、清的詞曲、戲劇作家，藉著《楚辭》抒發胸臆。在詞方面，北宋詞人如蘇軾、晏幾道及李清照等，都曾有直接引用《楚辭》文句入詞的現象。南宋以後，一些愛國詞人，報國有心，請纓無路，便把滿腔的悲憤，都寄在引用《楚辭》的文句以為發洩，其中最突出的詞人首推辛棄疾。在曲方面，元代睢景臣、吳弘道二人都有《屈原投江》劇本，明代汪道昆著有《高唐夢》，清代尤侗著《讀離騷》，民國以後更有人把屈原的事跡編成劇本。

21、文學史上為何屈宋並稱？宋玉作品的藝術成就如何？

答

一、屈宋並稱之因

《史記．屈原賈生列傳》說：「屈原既死之後，楚有宋玉、唐勒、景差之徒者，皆好辭而以賦見稱。」這些模仿屈文的文人，其中以宋玉的文學成就較高。《文心雕龍．辨騷》云：「屈宋逸步，莫之能追。」杜甫則在〈戲為六絕句〉中說：「竊攀屈宋宜方駕，恐與齊梁作後塵。」後人將他和屈原並稱為「屈宋」的原因是：

宋玉的生平，因為史書上沒有他的正式傳記，僅有一些零碎的材料，不得其詳。由西漢《韓詩外傳》卷七、《史記．屈原賈生列傳》及《漢書．藝文志》等書的零星記載，結合他的作品中的自我表現，大略可知他是楚人，曾為楚大夫，事楚襄王，但並不得志。他對楚國政治的腐敗不滿，卻缺乏直諫的勇氣。後被頃襄王疏遠，晚年淪為寒士。他的遭遇和政治見解，跟屈原有相似之處。有人說他是屈原的弟子。這雖不一定可靠，然而，他在文學創作上深受屈原影響，卻是昭然彰著的。從宋玉作品可見，他繼屈原之後，繼承了屈原的騷體，開創漢賦的雛型，但宋玉的文學成就實不足與屈原相比。

二、宋玉作品的藝術成就

宋玉的作品，《漢書．藝文志》記載共有賦十六篇，現存題宋玉所作的，只有十四篇。這十四篇作品的真偽如何，頗有爭議，其中〈九辨〉最可信。

〈九辨〉是流行在當時楚國的古樂曲，而非概括全文的標題。其內容是「坎廩兮貧士失職而志不平」，是說宋玉這位貧士，藉悲秋來發洩一些懷才不遇的自傷，與屈原深厚的思想內容，大大的不同。〈九辨〉是宋玉極個人主義的作品，其藝術特色有：

(一)開拓抒情詩的寫作手法

〈九辨〉並不以直洩宋玉內心激情來感動讀者，而是通過自然景物的描寫，創造出一種氣氛，意境，來抒發自己濃濃的情感。全詩以秋景、秋色、秋聲、秋容等蕭瑟的淒情，與他幽怨哀悼的情感文織在一起，以客觀的景物表達主觀思緒，從而提高了抒情的效果。並感染了許多懷才不遇的潦倒文人，杜甫說：「搖落深知宋玉悲，風流儒雅亦吾師。遙望千秋一灑目，蕭條異代不同時。」因此「悲秋」成為詩歌中不斷重複的主題。

(二)用字深刻，描寫細緻，音調和美

宋玉雖然承繼楚辭體的特色，但在藝術上仍有獨創。在描寫的技巧上，文中多用排句來描景抒情，表情達意更細緻。在句法形式上，將楚辭體的技巧表達到極點，如開頭的「悲

哉，秋之爲氣也。」以散文入詩，詩的結尾一連串「習習」、「豐豐」等十二個疊字，吸收了民間詩歌多雙聲、疊韻的特色，令人讀之情味悠長。此外，宋玉以「蕭瑟」、「廓落」、「寂寞」等字眼交織出陰寒落魄的感覺，成為後代無病呻吟文學的濫觴，但所謂「善學者師其心，不善學者師其貌」，這不能全怪宋玉。

22、《楚辭》影響後世文學甚鉅，王逸、劉勰、鍾嶸皆有評述，試列舉諸說以對。（63政大）
23、《楚辭》影響後世甚大，試舉漢人如：劉安、司馬遷、班固、揚雄、王逸等人，對屈原其人及其作品的評述。（89銘傳）

答

一、劉安對《楚辭》的批評

淮南王劉安（西元前一七九～前一二二年）曾作《離騷傳》，認為「〈國風〉好色而不淫，〈小雅〉怨誹而不亂，若〈離騷〉者，可謂兼之。蟬蛻濁穢之中，浮遊塵埃之外，皭然泥而不滓。推此志，雖與日月爭光可也。」在這裡，劉安依經立論，並宣揚「怨而不怒」的儒家詩教出點，所以對〈離騷〉的評價很高，認為它可以「與日月爭光」。

二、司馬遷對《楚辭》的批評

司馬遷對《楚辭》的評價，見《史記・屈原賈生列傳》：「屈平之作〈離騷〉，蓋自怨生也。」「上稱帝嚳，下道齊桓，中述湯武，以刺世事。」強調他的怨刺，同於「〈小雅〉怨誹而不亂」。又說：「其文約，其辭微，其志潔，其行廉，其稱文小而其指極大，舉類邇而見義遠。其志潔，故其稱物芳；其行廉，故死而不容自疏。」這個評價，強調怨刺，讚美志潔行廉，肯定他為國沈江的偉大情操。談到屈原賦的藝術，文約辭微，稱小指大，舉近見遠肯定屈原在文學史上的地位。

三、班固對《楚辭》的批評

班固站在宗經崇儒的角度，因此對屈原的為人和作品有所肯定，如說：「屈原痛君不明，信用群小，國將危亡，忠誠之情，懷不能已，故作〈離騷〉。」但他基於「明哲保身」的信念想，於是頗不認同對屈原的為人和作品。如批評屈原的為人「露才揚己，競乎危國群小之間，以離讒賊。然責數懷王，怨惡椒、蘭，愁神苦思，強非其人，忿懟不容，沈江而死，亦貶絜狂狷景行之士。」而對屈原作品，只以「弘博麗雅」四字，來批評屈原的作品富有文采，班固從藝術角度認為屈原對後代的影響只是在文采方面，「後世莫不斟酌其英華」，並進一步說屈原不是「明智之器」，只是「妙才」。他對屈原作品運用神話傳說也表示不滿：「多稱昆侖冥婚、宓妃虛無之語，皆非法度之政，經義所載。」班固對屈原的批評對後世影響甚鉅。

四、王逸對《楚辭》的評價

王逸對屈原作品賦以極高的評價，他認為屈原具有崇高的人格、情操，並有積極進取精神：「今若屈原，膺忠貞之質，體清潔之性，直若砥矢，言若丹青，進不隱其謀，退不顧其命，此誠絕世之行，俊彥之英也。」屈原之所作所為完全是「危言以存國，殺身以成仁」，這使他的作品中具有重要意義。王逸又指出「屈原履忠被讒，憂愁憂思，獨依詩人之意，而作〈離騷〉，上以諷諫，下以自慰。遭世闇亂，不見省納，不勝憤懣，遂復作〈九歌〉以下二十五篇。」、「屈原執履忠貞，而被讒邪，憂心煩亂，不知所愬，乃作〈離騷經〉。」肯定屈原作品是發憤之作，深刻地反映了現實。

五、劉勰對《楚辭》的評價

劉勰《文心雕龍》有〈辨騷〉一篇，〈序志〉把這篇列入「文之樞紐」，不作為文體論中之一體，稱為「變乎騷」，並指出《楚辭》有四事同於經書，有四事異於經書。同於經典者四：「典誥之體」、「規諷之旨」、「比興之義」、「忠怨之辭」。又舉異於經典者四：「詭異之辭」、「譎怪之談」、「狷狹之志」、「荒淫之意」。故屈宋之作品自成風格：或「朗麗以哀志」，或「綺靡以傷情」，或「環詭而惠巧」，或「耀艷而深華」。其處理題材的藝術手法有動人之表現：「敘情怨，則鬱伊而易感；述離居，則愴快而難懷；論山水，則循聲而得貌；言節候，則披文而見時。」劉勰從文學發展變化的角度，指出楚騷從內容到形式都有了發展。不論「敘情怨」，「述離居」，「論山水」，「言節候」，寫情更深刻，更鬱伊愴快；寫景物更豐富。〈物色〉裡指出，《詩經》描寫景物，「一言窮理」，「兩字窮形」，比較簡單。「及〈離騷〉代興」、「重沓舒狀」，用了很多詞來描繪。從而對《楚辭》的傑出成就，概括出「酌奇而不失其貞（眞），翫華而不墜其實。」把奇正華實結合起來，給文學新變指出道路，這是〈辨騷〉的傑出成就。

六、鍾嶸對《楚辭》的評價

鍾嶸《詩品》一書批評從西元前二世紀到西元後六世紀一百二十幾位詩人，他看出這些詩人不是受《詩經》的影響較深，就是受《楚辭》的影響較大，受《詩經》影響較大的，就發為燕趙之音，有無限雄豪之氣，而受《楚辭》影響較大的，就發為江南之調，帶著說不盡的低迴婉轉之情。他認為李陵、潘岳、曹丕、沈約、王粲、嵇康、謝脁、江淹、班昭、左思、鮑照等都是受《楚辭》影響較大的詩人。

24、簡答題：試述《楚辭補注》之編者及內容大要。（81中正）

答 《楚辭補注》：南宋．洪興祖注。

西漢．劉向編集屈原的〈離騷〉、〈九辨〉、〈天問〉、〈九章〉、〈遠遊〉、〈卜居〉、〈漁父〉，宋玉的〈九辨〉、〈招魂〉，景差的〈大招〉，以及賈誼的〈惜誓〉，淮南小山的〈招隱士〉，東方朔的〈七諫〉，嚴忌的〈哀時命〉，王褒的〈九懷〉及劉向自己的〈九嘆〉共為《楚辭》十六卷，這是中國文學總集的開始。東漢．王逸又加上他自己的《九思》和班固的〈二敘〉共為十七卷，並加了注解，名為《章句》。王氏原本經魏晉以來篇第錯亂，文字訛誤嚴重。南宋．洪興祖得蘇軾手校十卷，又得洪玉父以下十四、五家參校後，始成定本而加以補注。其體例：先列王逸注於前，而一一疏通證明補注於後，於原著多所發明。在《楚辭》注中較為善本。有《四部備要》本。

25、試述《詩經》與《楚辭》中之作品，在形式上之異同。（64文化）

26、《詩經》與《楚辭》就風格而言，有何差別？（82東吳）

27、試述《詩經》與《楚辭》之比較。（86靜宜）

答

一、《詩經》和《楚辭》相同處

㈠繼承《詩經》賦比興之手法

《楚辭》代表了戰國中後期南方的文學，雖然《楚辭》是《詩經》的變體，但《楚辭》在賦比興三種藝術手法上，和《詩經》是一脈相承的。

試觀《楚辭》鋪采摛文，直陳其事，為賦的本色是沒有問題的；《文心雕龍．辨騷》云：「虯龍以喻君子，雲霓以譬讒邪，比興之義也。」比興在《楚辭》仍然廣泛地被運用著。

㈡《楚辭》中的語助詞在《詩經》中亦常見

《楚辭》中所習用的語助詞有「兮」、「些」、「也」等字，「兮」字是《楚辭》中用得最多的，而「兮」字在《詩經》中也最常見，「也」字用於《詩經》尤為普遍，「些」字雖不見於詩經，然其意義與十五國風中所用「兮」字，及〈周頌〉、〈周南．漢廣〉所用的「思」字則同為語助詞。

㈢《楚辭》配歌舞，與《詩》同樣可歌

詩、騷同為樂歌，《楚辭》之樂舞配合，與賦之僅能諷誦不同。

二、《詩經》與《楚辭》相異處

㈠在字句方面

《詩經》句子雖然長短不齊，但是以四言形句為主，在用字遣詞的技巧上則擅長以雙聲韻的聯綿詞，和疊字、疊句的各種形式，以增加詩歌的音律和修辭美，去表達細緻曲折的情感。《楚辭》則是吸收楚國民間的語言和南方歌謠中的形式與韻律，使用長句以及駢句鋪陳雄大的詩篇，展現唯美浪漫的感情。

㈡在風格方面

《詩經》是西周初到春秋中期以黃河流域為主的北方詩歌總集，由於沒有富裕的環境，所以內容多取材於日常生活，質樸而寫實。《楚辭》是戰國末年楚國江漢流域主的南方詩歌總集，由於環境富饒，內容多為描述個人的情志與幻想，鋪張而浪漫。

㈢在辭采方面

《詩經》多用重字複句，以質樸婉約勝；《楚辭》則用偶詞駢語，以閎博富麗勝。

㈣在章法方面

《詩經》多重章疊詠；《楚辭》則單篇直陳。

㈤在篇局方面

《詩經》之章句組織近於平實，《楚辭》之篇什結構較為圓活；前者篇有定章，章有定句，篇幅較短，其敘事抒情多用反覆漸近法，以表現出「一唱三歎」的情致；後者則篇無定章，章無定句，篇幅較長，其運筆擒文，或用迴盪法，左蟠右曲；或用奔迸法，一瀉千里；或用象徵法，委婉成章。

㈥在音樂節奏方面

《詩經》是簡短歌謠；《楚辭》則是短則數百字，長則數千字的韻文。

28、《詩經》、〈離騷〉其作品同具憂患意識與鄉土情懷，試就所知，加以論證之。（87成大）

答

請參見第一章第11題及本章第8題。

第三章　先秦散文

研讀重點

一、先秦散文興盛的原因
二、先秦散文的文學特色
三、先秦散文的發展
四、《論語》、《孟子》、《莊子》、《荀子》、《韓非子》的散文風格
五、《荀子》的文學觀及其作品的影響
六、《荀子·賦篇》的內容及影響
七、《左傳》、《國語》、《戰國策》的散文風格
八、先秦散文對後代文學的影響

1、春秋戰國散文何以勃興？又在形式上其文學特色如何？（82師大）
2、先秦散文，蓬勃興盛，成就斐然，在中國文學史上是件大事，試就其藝術風格之綜合表現，加以稱述之。（84成功）

答

一、春秋戰國散文勃興的原因

春秋戰國是中國歷史上轉變最大的時代，當時詩的衰頹，散文的勃興，其原因有：

㈠歷史文明的承襲

我國古代因缺乏史料文物，但從神話中隱略得知，夏朝末代的帝王已有荒淫的生活。到了殷商，藉由殷墟文物證明，當時的文化已發展到極高的程度，如畜牧業發達，青銅製作精美，使用文字，祭祀音樂成熟，詩歌也誕生等。由此，我們可以相信，基於文化傳承的軌跡，西周必定會在先人豐美的文明基礎上，發揚光大，使人思想更加成熟，所以諸子思想，絕不是憑空而至的。

㈡私人講學興盛

春秋後期，禮崩樂壞，為貴族所掌握的學術文化，流落到民間，學術得到自由及普及的機會。他們設立私學，招收弟子，講授學業，私人講學之風大盛。他們的言論，往往由弟子紀錄、編定，於是產生語錄式的問答體散文。

㈢養士之風盛行

春秋戰國時期，士階層出現，其中包括學士、策士、術士、俠士，各國為政者為了變革和競爭的需要，大力羅致人才，故從春秋起養士之風盛行。其學士及策士，由於出身不同，立場不同，各自從自己的利益出發，提出不同的政治主張，四出遊說，互相辯論，百家爭鳴，著書立說，於是產生大量論事說理的文字。

㈣文化思想的變革

諸子蜂起，處士橫議，複雜的哲學思想和不同的政治見解，用詩歌這種文學形式不能滿足表達的需要，於是，新的散文也就因此而勃興起來。如《孟子》、《莊子》、《荀子》及《韓非子》等都有一定的文學價值。又由於諸子的經歷、流派不同，形成了作品的藝術風格各異，真是百花齊放，爭奇鬥艷。

㈤社會形態的改變

春秋戰國時代，鐵器從發明到廣泛使用，直接促進農業生產及手工業的發展，間接促進商業的進展與都市的繁榮。複雜的社會現象，政治、外交、戰爭、興亡盛衰的種種事跡，造成了春秋戰國時代極其豐富的歷史內容。要把這些經驗教訓紀錄下來，需要給為政者提供借鑒，因此新的歷史散文和諸子散文一起興盛起來。

㈥書寫工具的進步

由於物質條件的限制，上古散文必須必求簡短，到了春秋戰國時代因手工業發展迅速，書寫工具越來越便利，這可由出土的文物得到驗證，因此配合社會的需求，大量且系統的散文著作才得以問世。

二、春秋戰國散文的文學特色

㈠感情激越富批評性

一些思想家，他們各自代表某個特定階層的觀點來著書立說，儘管他們都有各自的見解，但他們都自己認為是真知灼見，極力抨擊和所反對的事物，鼓吹自己的主張。他們寫出來的是說理的散文，有時候筆端卻有著很深的激情。

㈡文章宏麗，帶浪漫色彩

戰國散文的文字，一般都講求辭藻精麗，多用排比，末期更多舖張，這些手法多半是為了表達他們充沛的感情。像《莊子》一書想像豐富，構想奇特，極富浪漫主義色彩。

㈢多用比喻，趣味盎然

比喻在諸子散文中異常突出，從最早的《論語》到最晚的《呂氏春秋》都有這個特色。它們用比喻有的短到只有幾個字，拈出生活中常見的事物對照說明問題；有的用一個較長的故事來比喻；有的在問答之中，雙方都用比喻，往往妙語解頤，趣味盎然。此外，歷史散文也常用比喻，《左傳》的行人辭令中有時用比喻，《戰國策》中的遊說辯說之辭比喻更多。

四多用寓言，寓意深刻

寓言本來是當時散文裡比喻內容的一種，論著和辯說中採用寓言，這是「辭欲巧」的一種特殊方式，它一方面增加了辭采的光焰，一方面又可以避免直言時所容易遭遇的忌諱，較之一般的譬喻，它更加形象鮮明，意思突出，使人印象深刻。因此在春秋戰國散文著作中，往往可以抽離出來成為完整的故事。這些寓言常常被思想家及政治家用來說明哲學的道理或政治家用來說明某些政治的見解，它們在諸子書和《戰國策》裡都大量出現。

3、先秦散文發展之路線為何？並舉出不同類別之典籍四種，加以評論其散文特色。
（89成大）

答

先秦散文可分為兩大類：

一、歷史散文（史傳散文）的發展

歷史散文（又稱史傳散文），主要記載各國政治、軍事、外交等各方面的事件以及為政者和策士的言論，大體由各國史官對積累的大量檔案資料進行整理加工，編纂成書。歷史散文的主要著作有《春秋》、《左傳》、《國語》和《戰國策》。歷史散文發展概況，概括起來就是由簡到繁，漸趨成熟。首先是《春秋》該書以「春秋體」一言兩語記載春秋時期的大事；繼而演進《左傳》「國語體」，成為篇幅完整敘事詳實而有條理，人物形象鮮明而富有個性，語言生動簡潔而富有文采的敘事散文。及至《戰國策》「國策體」，不僅語多長句，流暢犀利，且善於運用寓言故事和比喻說明抽象的道理，內容和形式都能做到縱橫變化，豐富多采。

二、諸子散文（哲理散文）的發展

先秦諸子散文的發展趨勢是：由語錄體經對話體到專題議論文；由代師立言到本人撰寫；由說理簡括到論證詳密，由文辭簡約到重形象、尚辭采。從論說文的體式來看，可分為三個階段：

㈠戰國初期語錄體階段，以《論語》和《墨子》為代表

《論語》和《墨子》都不是孔子或墨翟本人的作品，而是孔子和墨翟的弟子或再傳弟子記錄整理的。《論語》記錄孔子與弟子們的談話兼及行事，是典型的語錄體。文字簡約，說理簡要。《墨子》主要部分是墨翟的講授記錄，說理有中心，重邏輯，用比喻，初步形成了論說文的規模。

㈡戰國中期對話體階段，以《孟子》和《莊子》為代表

本階段散文以對話為主體兼有語錄，上承前期的語錄體，又顯示出逐漸向獨立的論說文演進的趨勢。《孟子》為孟軻和弟子共同編定，是一部以對話為說理方式的文集，其中有部分語錄。其說理迂迴綿密，長於比喻，文辭暢達，富有感情。《莊子》內篇為自作，外篇、

雜篇出自後學，仍保存了前期弟子代師立言的傳統痕跡。全書多是單篇論文的結集，論題的展開仍沿用對話形式，文章富於想像，多用比喻和寓言。

㈢戰國後期獨立的成熟的論說文階段，以《荀子》和《韓非子》為代表

其共同點是邏輯嚴密，結構完整，通篇議論，分析透闢，文辭宏富，達到了戰國時期論說散文的最高成就。

4、先秦散文中，《左傳》、《論語》、《孟子》、《莊子》、《荀子》之文章有何特色？（83政大）

5、《論語》和《孟子》之思想一派相承，然其散文風格不盡相同，試就所知說明之。（84逢甲）

6、試述《孟子》及《莊子》的時代背景，並比較二書的精神特質及文字風格。（85台大）

7、說明《孟子》、《莊子》、《荀子》散文的特色及其對後世文學的影響。（86暨南）

8、試就《墨子》、《孟子》、《韓非子》四部典籍，比較它們在議論文上的特色。（87逢甲）

9、春秋戰國時代，有何重要之散文著作？其成就如何？試擇要述之。（88文化）

答

一、《論語》散文特色

《論語》是一部以記言為主的語錄體著作，其內容主述孔子的言談行事。

㈠語言簡練，言近旨遠

《論語》例如「溫故而知新」、「學而不思則罔」、「不恥下問」、「學而不厭」、「見賢思齊」、「有教無類」、「三人行，必有我師」等，言簡意賅，飽含哲理，成為後人常用的格言。又如「歲寒，然後知松柏之凋也」，不僅是對松柏的禮贊，而且形象地概括了社會現象和社會生活，啟發後人。

㈡以簡單對話描繪人物形象

《論語》靈活的運用大量口語虛詞，使說話人的語氣、性格，得以逼真地表現出來。如《論語》裡面寫孔子，寫出了一個思想深沈、舉止端方的大哲學家、大教育家的形象；寫他的門徒子路，寫出了他的直率、魯莽、剛烈的性格；寫顏淵，寫出他的沈默好學和安貧樂道；寫子貢、曾參、子夏等，也都能給人清晰的印象。

㈢內容簡約樸實

由於春秋時期物質條件的限定，及諸子思想萌芽期，《論語》中並無長篇大論，而以三言兩語，各自獨立，不相連貫的文字直記所聞，不加潤色，以語錄的形式，表達出孔子在歷史上或哲學上的思想，文章風格顯得簡約而樸實。

二、《孟子》散文特色

在春秋戰國的儒家作品中，以《孟子》最有文采，該書的散文對後代的影響甚鉅。

㈠善於論辯

《孟子》最主要的文學特色，是善於論辯。孟子說：「予豈好辯哉？予不得已也。」一本《孟子》幾乎都是辯論的文章。他和梁惠王辯，和許行辯，和告子辯，都是有名的辯論。他辯論的技巧靈活多變，有時開門見山，單刀直入，例如〈孟子見梁惠王章〉，劈頭就回答梁惠王說：「王何必曰利，亦有仁義而已矣。」然後緊扣「利、義」二字分析，突出中心思想。有時虛實莫測，欲擒先縱，如〈齊桓晉文之事章〉，孟子避免正面交鋒，他首先提出以羊易牛的往事，肯定齊宣王有實行王道的思想基礎，然後啟發誘導，勸勉齊宣王「保民而王」，欲擒故縱，處處顯示出孟子的機敏和智慧。

㈡氣勢雄健

《孟子》散文的特色是氣勢雄健，感情充沛，詞鋒犀利，富於鼓動性。文章的氣勢好，就是理論稍稍薄弱，也還能引人入勝，先聲奪人。如〈梁惠王〉的言仁、義，〈滕文公〉的闢楊、墨，〈告子〉的辯性善，都是氣勢縱橫的文章。

㈢善用譬喻

孟子為要加強他的雄辯，往往善用具體的譬喻，來說明他抽象的理論。他所用的比喻很顯淺，但很有力。如以「日攘一雞」的譬喻來說明關市之徵應當廢除，以「挾泰山以超北海」來比喻「不能」，以「為長者折技」比喻「不為」；以「魚」與「熊掌」的取捨比喻「生」與「義」的取捨；以「仁」與「不仁」比作「水」、「火」，都顯淺有力。而且舉例取譬時，常常露出一種幽默感，使人會心微笑，如「牽牛過堂」、「齊人有一妻一妾」諸章，都包含著巧妙的滑稽與諷刺。有時全章用比，則近乎寓言，如「宋人揠苗助長」、「齊人有一妻一妾」等章。

四善用問答方式逐步深入問題

孟子論辯時，善於用一問一答的方式來逐步深入問題，如〈許行〉，孟子並不是一開始就直接反駁農家的主張，而是一連串提出許多問題，一項一項問許行日常生活用品的來源，直到對方答出「百工之事，固不可耕且為也」，才正面說出自己的論點，駁斥對方反對分工的主張不切合社會實際。這種善設機巧、欲擒先縱的論辯技巧，往往使文章極富吸引力。

三、《莊子》散文特色

《莊子》一書論辯成分不少，但多以闡發自家主張為主，基本擺脫了以問答為主的語錄體形式的局限，形成專題論文的特色。在先秦諸子中，《莊子》的文學成就尤為突出，這大致體現在以下諸方面：

㈠想像豐富，構思奇特，多用誇張，極富浪漫主義色彩莊子的散文吸取了神話創作的精神，他的哲學思想和政治觀點大都通過機趣橫生的故事來表現。比如，在〈逍遙遊〉中莊子充分展開想像，將鯤、鵬，野馬、塵埃、蜩、學鳩、朝菌、蟪蛄、冥靈、大椿、彭祖等物象驅遣筆端，並運用誇張的手法，寫鯤鵬之大，可以大到不知其幾千里；運行距離之遠，可以水陸三千里，扶搖而上九萬里。全文通過不同物象形體的大小、運行距離的遠近、壽命的短長的對比，生動闡明任何事物都要受到時、空等因素的限制，不可能有所謂的絕對自由，這種寓哲學思想於形象之中的寫法，給作品平添了無窮機趣和浪漫色彩。

(二)善於運用寓言故事闡述哲理

《莊子》書中有許多動人的故事，有的是莊子自己創作的寓言故事，有的是虛構的歷史故事，雖有真實姓名，半真半假，這都是莊子用來寄寓自己思想理念的工具。其中據統計，《莊子》一書寓言多達二百餘條，所以《史記．老莊申韓列傳》說，《莊子》「大抵率寓言。」《莊子》寓言多屬虛構創造，且多用比喻和擬人的手法，使某個道理或教訓從假託的故事中體現出來。如〈養生主〉中以庖丁解牛喻養生之理；〈達生〉中以痀僂承蜩喻專心致志之道；〈徐無鬼〉中以匠石運斤喻知音難遇之感，目的都在於使言之有信，言之動聽，增強說明力和感染力。

(三)語彙豐富，詞藻瑰麗奇崛，聲調鏗鏘有力

莊子才華四溢，能自如地駕馭語言，狀物、言理、敘事無不貼切達意；而且造語修辭，

富麗曲折，語彙豐富，繽紛雜出；又常採用倒裝重疊的句法，雖變化無窮，汪洋恣肆，但寫來卻如行雲流水，自然暢達。《莊子》散文多用韻，所以讀來又有和諧的節奏感和音韻美。在先秦諸子散文中，《莊子》的語言洵屬別具一格，自成風貌。

四、《荀子》散文特色

荀子的文字質樸簡明，成為先秦散文據題抒情的先鋒，但無論在形式、辭藻，他僅承襲而無開創。

㈠內容充實，中心突出

荀子學問博通，他為文長於說理，內容充實。如〈勸學〉反對「生而知之」的先驗論，主張「學而知之」，否定有天生的聖人，強調後天人為的作用，提出了「學不可以已」這樣一個積極可取的命題。再如〈天論〉一文從各個角度論述了天與人，即自然與人類的關係，提出了「制天命而用之」的觀點，在思想內容上具有新的特點和積極的意義。

㈡組織嚴密，層層深入

荀子較之於前人，行文更注重於謀篇，他的文章不僅獨立成篇，且已具有謹嚴的結構。具體表現為組織嚴密，條理清晰，提出問題，分析問題，解決問題，能緊扣中心，首尾呼應，環扣絲連，在層層剖析中向縱深拓展。《荀子》散文謹嚴綿密的篇章結構，不僅在戰國諸子中獨具特色，而且為後世散文家所借鑒。

㈢引物連類，設譬說理

荀子很注重語言技巧，他主張「譬稱以諭之，分別以明之。」（〈非相〉），借比喻以說理，寓議論於比喻之中。如〈勸學〉一文所用譬喻多達六十餘個，且設喻新巧，手法多樣，有正面設喻，有反面設喻，還有一意數喻，使理論具體化，語言形象化，加強了說理的表達效果。

㈣句式多變，語言簡練

荀子善於綜合運用排比和對偶的手法，其文句式整齊，音節鏗鏘，有的甚至整段都用排句，聯貫而下，氣勢充沛，形成滔滔不絕的壯觀氣象，在先秦諸子中別具風貌。如〈勸學〉一篇就多用排比句式，有的排比與對偶兼用，句式整齊而結構勻稱，如「積土成山，風雨興焉；積水成淵，蛟龍生焉。」有的字數相同而結構有別，如「騏驥一躍，不能十步；駑馬十駕，功在不舍。」荀子運用排比，又靈活自然，富於變化，不僅長句與短句相間，而且排比中又雜以散句，既整齊勻稱，又錯落有致，有一種流轉、鏗鏘、和諧的音節美，讀來抑揚頓挫，琅琅上口，很富於感染力。

五、《韓非子》散文特色

韓非子是戰國末期思想家和文學家。其文深刻明切，鋒利無比，且有嚴峻峭拔的風格，對後世論說文極有影響。

㈠思想深刻，切中要害

韓非的政論文，思想深刻，目光敏銳，善於從複雜的社會現象中提出切中要害的政治問題。例如〈五蠹〉從上古到戰國末年社會變化的論證「世異則事異」、「事異則備變」，得出「聖人不期修古，不法常可」的結論。文章對「五蠹」的揭露是尖銳的，批判是深刻的。韓非能把握當時政治上要害問題，這就從內容上決定了他的論說文深刻有力、非同凡響。

㈡說理透闢，語言犀利

韓非的政論文的另一特色是說理透闢，層次分明，組織嚴密，邏輯性強，而且篇幅較長。如〈亡徵〉分析國家可亡之道多達四十七條之多，論辯周詳，說理透闢，內容宏富，結構複雜。其他如〈顯學〉、〈說難〉等都是觀察細密，剖析入微之作。在論辯方法上，有立論，有駁論，有問有答，靈活變化，運用自如。在語言運用上，斬釘截鐵，立論專斷，不容置疑。如〈孤憤〉開篇就單刀直入：「智術之士，必遠見而明察，不明察不能燭私；能法之士，必強毅而勁直，不勁直不能矯奸。」以「必」、「不」、「不能」構成肯定——否定之否定句式，表現出不容置疑的氣勢；同時，排偶的運用亦有助於語氣的加強。

㈢情感激越，文勢鋒利

「情感激越，文勢鋒利」，是韓文的另一特色。這和韓非個人遭遇的不幸很有關係。韓非本是韓國的公子，見韓國削弱，屢次上書勸諫韓王，但為權臣所排擠，終不為韓王所用。後秦急攻韓，韓王才派韓非入秦以設法存韓。可惜為李斯所讒，結果被害。所以韓非的文章充滿了怨憤的激情。眼看祖國快將滅亡卻無法挽救，誰又怎能不怨憤呢？〈孤憤〉一文，揭示了當時韓國兩種對立的政治力量：智法之士維護君權，要求法治；當權重臣結黨營私，盜竊國柄。文章既描繪了兩者間的矛盾，又提出了鏟除奸邪的要求。文勢曲折而鋒利，情感悲憤而激越。

㈣寓言故事文學意味較濃

韓非喜用文學意味較濃的寓言故事，來進行諷刺和證實自己的學說。這一點多少類似莊周，但《莊子》的寓言，多近似神話；《韓非子》的寓言，多半是一些歷史傳說。在其他諸子散文中，寓言往往散見各篇之中，但《韓非子》的寓言卻集中於〈說林上下〉、〈內外儲說〉之中。其中很多寓言都成為膾炙人口的成語，例如「鄭人買履」、「買櫝還珠」、「郢書燕說」、「自相矛盾」等。

10、荀卿之文學觀及其作品對後世文學有何影響？可否試論之。（62政大）

答

一、荀子的文學觀

荀子是戰國末期的儒學大師，他的文藝思想是對孔子思想的繼承和發展。

㈠學習合於禮義之經典，使能成為君子

荀子認為人性惡，必須通過後天的教育才能改惡從善。從這一認識出發，他十分重視文學的作用。他說的文學指廣義的文學，具體說指古代文獻的《詩》、《書》六藝，也就是內容合乎禮義的經典，他認為只有學習這樣的文學，才能使人成為「君子」：「人之於文學也，猶玉之於琢磨也，詩曰：『如切如磋，如琢如磨。』謂學問也。和氏之璧，井裡之厥也，玉人琢之爲天下寶。子貢、季路，故鄙人也，被文學，服禮義，爲天下列士。」又說：「雖庶人之子孫也，積文學，正身行，能屬於禮義，則歸之卿相士大夫。」這就是說文學對人有「琢磨」的作用，就像玉的琢磨一樣，可以把鄙人、庶人琢磨成君子。

㈡重視辯說

荀子論文，也非常重視言辭辯說的作用。戰國時代辯說流行，諸子百家之說蜂起。荀子認為辯說十分重要，「說行而天下正」(〈正名〉)。但要能產生這樣的作用，言辭辯說也必須和經典一樣合乎禮義：「凡言不合先王，不順禮義，謂之奸言；雖辯，君子不聽。」(〈非相〉)而合乎禮義，也就是符合於「道」：「辯說也者，心之象道也。……以正道而辨奸，猶引繩以持曲直，是故邪說不能亂，百家無所竄。」(〈正名〉)道的具體內涵就是儒家的禮、義、仁等。要掌握這樣的「道」則必須以聖人及其經典為準則：「聖人也者，道之管也。天下之道管是矣，故《詩》、《書》、《禮》、《樂》之道歸是矣。《詩》言是其志也，《書》言是其事也，《禮》言是其行也，《樂》言是其和也，《春秋》言是其微也。」(〈儒效〉)、「故凡言議期命，是非以聖王爲師。」(〈正論〉)這些觀點已形成為比較完整的明道、徵聖、宗經的理論，對後世的文學理論產生了深遠的影響。

二、荀子作品對後世文學的影響

今存《荀子》一書，共三十二篇，大部為荀子自作。荀子散文的特點是既長於說理，又不乏文采。荀子作品對後世文學的影響主要有三點：

㈠他以大量富有文采的長篇論說文，把先秦諸子散文提高到了一個更成熟的階段

㈡荀子是文學史上最早寫賦的作家

《漢書・藝文志・詩賦略》記載：「孫卿賦十篇。」今《荀子》書有〈賦篇〉，其中包括〈禮〉、〈知〉、〈雲〉、〈蠶〉、〈箴〉五篇小賦，篇末又附〈佹詩〉二首。這是文學史上最早以「賦」名篇的作品。這些小賦都是以猜謎語的方式寫成的，藝術價值雖不甚高，但在賦的發展史上很重要，成為漢賦的淵源之一。

㈢荀子注重向民間文學學習

《荀子》中的〈成相〉一篇，共包成相辭五十六章，各章基本上都是按照三、三、七、四、七的格式寫成的韻文。據後人研究，所採用的是當時民間的一種通俗說唱文學形式。清盧文弨稱〈成相篇〉為後世彈詞之祖。

11、《荀子》〈賦〉篇載有五賦，其內容大意如何？對後世有何影響？（65師大）
12、荀卿〈賦〉篇對後世賦體影響。（85中興）

答

一、〈賦〉篇的內容大意

劉勰在《文心雕龍．詮賦》中將荀子列為十大辭賦家之首。這首先是因為把「賦」作為一種文體而在篇名中標出者，荀子是第一人。其次，荀賦已經具備了主客回答，體物寫志的特點。在賦的發展史上，荀子的賦有開創意義，值得特別重視。

荀賦一共五篇，依次是〈禮〉、〈知〉、〈雲〉、〈蠶〉、〈箴〉。每篇都是臣問王答。問話從各個方面描繪一個謎面，然後由王根據謎面進行分析，最後揭出迷底，表明作者的一種主張和理想。劉勰概括荀子這一特點是：「荀結隱語，事義自懷」，「遁辭以隱意，譎譬以指事」。

這些賦既然是隱語，即是後世所謂的謎語，因此有它寫作上的特點。因為不能將謎底明說而又要使猜謎者領會所猜對象，就必須用有效的表現手段去激發人們的想像力，因而從文體角度看，謎語本身就可以是詠物賦或詠物詩。荀子的這些作品即屬於詠物賦。以賦名篇，不是沒有道理的。

詠物賦在《楚辭》中已有，如〈橘頌〉、〈風賦〉等，而且表現了較高的藝術水平。相對而言，荀子的這些賦藝術水平要低一些，但也自有其特色，體現了作者在兩個方面的努力：

㈠力圖將只能訴諸理性而難以訴諸感官的抽象事物化為具體的、可感知的形象。

如「知」這個東西，它看不見、摸不著，純粹是一種精神活動，作者卻從它在每個人身上的不同稟賦、在不同品質的人的行為中所表現的功用、後果等各個角度加以鋪敘，較好地體現了「知」的特徵，這為後世哲理賦的創作提供了藝術借鑒。

㈡力圖將具體可感的事物刻畫生動，同時又要使對象昇華到一定的理性高度，使之具有托物寄興的特色。

如寫「箴（針）」，作者一面寫它「長其尾而銳其剽，頭銛達而尾趙繚」、「無羽無翼」，突出它的特徵；一面又寫它「不盜不竊」、「日夜合離」、「下覆百姓，上飾帝王，功業甚博，不見賢良，時用則存，不用則亡」，這就賦予了它勤奮、智巧、仁厚、均平、博施於人而不自居功的高潔人格和與時依違的人生態度，比單純的就物施色顯得內涵豐富、深厚得多。

二、荀賦對後世辭賦的影響

荀子的賦都運用對話結構篇章，句式運用也相當靈活。每篇的謎面部分全用四言，整齊畫一；在揭示謎底前先用句式較長的反問句鋪排，然後再用四言逐漸引向謎底。這樣娓娓道來，顯得紆徐從容，跖宕有致，錯綜成文，無板滯之病。這些都為後代辭賦特別是漢賦創作提供了經驗。

13、先秦史傳散文《左傳》、《國語》、《戰國策》其文章有何特徵，試述之。

答

一、《左傳》的文學成就

《左傳》在歷史散文的地位上是前承《尚書》、《春秋》，而後啟《戰國策》、《史記》的重要橋梁，並影響後世的史學、散文及小說。

㈠敘事詳密，情節曲折，結構嚴謹

作者善於通過一系列具體情節，使所記敘內容故事，並突出人物性格的發展變化。如〈晉重耳出奔〉通過具體生動的情節，真實而細致地描寫了重耳在流亡過程中性格的變化、發展，以及鍛煉成為政治家的過程，情節引人入勝，章法有條不紊。

㈡擅長描寫戰爭

經《左傳》所記的大小軍事活動計有三四百起之多，通過它的生動描寫，才流傳下來成為我國軍事史上重要的戰役資料。如〈晉楚城濮之戰〉一文，雖然頭緒紛繁，人物眾多，事件複雜，但是作者始終抓住晉楚爭霸這一主幹，生動再現了戰爭的全貌，揭示了成敗的原因。《左傳》又善於選取一些較典型的細節加以詳盡的描寫，如城濮之戰中，「輿人之誦」和子犯替晉文公解夢等，這些細節不僅增加了敘事的生動性，同時也表現了戰爭雙方的軍心和戰鬥力。其他如〈秦晉韓之戰〉、〈晉楚邲之戰〉、〈齊晉安鞌之戰〉、〈秦晉殽之戰〉、〈齊魯長勺之戰〉等，關係錯綜，人物紛繁，但都表現得脈絡清晰，因果昭然。

㈢人物個性突出，形象鮮明

《左傳》一書刻畫了上至王侯、下至皂隸等一大批人物形象，放在衝突中，來立體化表現出人物的思想、性格。如雄才大略的晉文公、秉公為國的趙盾、明察善斷的子產、迂腐可笑的宋襄公等。不少篇章能夠抓住具有特徵性的語言、行動和細節來展示人物的性格。如〈鄭伯克段于鄢〉中，作者通過幾段富有個性的對話，深刻揭示出莊公虛偽狠毒的內心世界；〈秦晉殽之戰〉中蹇叔的老謀深算、忠誠穩健，弦高的機智，先軫的耿直等，這些人物性格的刻畫，都能做到細膩入微。

㈣語言生動簡潔，富有文采

《左傳》的語言簡潔精當，是歷史散文的典範。其敘述語言都能隨物賦形，尤其外交辭令，外柔內剛，婉而得體，語約意豐，耐人尋味。加之引用了不少民間歌謠、諺語，大大增強了語言的形象性。其中〈燭之武退秦師〉等都是寫辭令的名篇。《左傳》記述二百多年的歷史，寫了無數的事件和人物，都各具面目，確實顯示了作者自如地驅遣語言以記事寫人的非凡能力。

二、《國語》的文學成就

《國語》的文學成就雖遠不及《左傳》，但仍具有許多可取之處：

㈠《國語》記述史實，偏重記言，往往通過歷史人物在當時各種政治活動中的議論、對話，把人物的面目、性格和他們的政治主張較生動的顯現出來，較之《左傳》的偏重記事，《國語》的這一特色便非常突出。

㈡《國語》文字簡練，邏輯嚴密。就總體來說，文采不如《左傳》，但也不乏情文並茂之作。如〈晉語〉所記叔向與董叔的一段對話妙趣橫生，對世態的諷刺入木三分。〈召公諫厲王弭謗〉中召公所提出的問題十分尖銳，但表述委婉懇切，比喻生動，發人深省，富有文采。

㈢《國語》記事雖簡略，但少數篇章敘事完整，記事和記言並重，言為事發，順理成章。如〈勾踐滅吳〉先寫戰敗的勾踐派文種求和，次寫越國勵精圖治為滅吳準備條件，最後寫報仇雪恥，寫得有條不紊，層次井然。

三、《戰國策》的文學成就

《戰國策》是一部戰國時期的史料彙編，是先秦歷史散文的高峰代表作。《戰國策》的文學成就主要體現在以下幾個方面：

㈠敘事長於鋪陳，言辭無拘無束，渲染誇張，有聲有色，氣勢逼人

比如〈蘇秦以連橫說秦〉一文，描述秦地地理條件之優越、土地之遼闊、物產之豐富、士民之眾多，論辯以連橫對付六國等，無不極盡筆墨，鋪張揚厲；說理論事，極有氣勢，具有震懾人心的力量，體現了縱橫家的雄辯特色。

㈡描寫人物形象極為生動

〈蘇秦以連橫說秦〉、〈荊軻刺秦王〉、〈魯仲連義不帝秦〉、〈趙太后新用事〉等，都集中表現了一兩個人物的品格。書中記事往往為記人服務，或交代背景，或渲染氣氛。作者又善於擇取典型細節，對人物特徵作漫畫式的誇張勾勒，雖寥寥幾筆，但形象栩栩如生。如〈荊軻刺秦王〉中易水送別一段，在悲壯的氣氛中，烘托出一個怒髮衝冠、沈毅果敢的慷慨之士的形象。

㈢善於運用寓言和比喻說明抽象的道理

如〈莊辛說楚襄王〉中，莊辛由蜻蛉說到黃雀、黃鵠，以其無憂無慮，終遭喪身之禍，印證襄王終日與小人為伍，專事遊樂，必遭亡國之危。從小到大，由物及人，層層設喻，說理透闢生動。書中，多借寓言故事來闡述旨意，如〈楚策〉中的〈狐假虎威〉、〈燕策〉中的〈鷸蚌相爭〉等寓言故事，都含意深刻，啟人深思，增強了文章的說服力。

㈣語言暢達犀利

書中策士或談古論今、陳說利害，或設問辯難、分析形勢，都具有流利暢達、議論滔

滔、邏輯森嚴、恣肆犀利的特色。

14、春秋戰國散文對後代文學有何影響?試申述之(80成大)
15、試述先秦儒道二家對後代文學思想的重要影響。(84政大)
16、簡要論述先秦諸子散文的風格與影響。(86中山)

答

春秋戰國散文分歷史散文與諸子散文兩大類,這兩大類散文對後世文學都有極深遠的影響:

一、先秦歷史散文的影響

先秦的歷史散文對後世歷史家和古文家的寫作有極深遠的影響,特別是敘事文的影響。司馬遷作《史記》是上承《春秋》的,不僅採用《尚書》和大量地採用《左傳》及《戰國策》的史料,而且汲取它們的寫作技巧和語言風格,例如〈趙世家〉極似《左傳》,平原君、魏公子等列傳又極似《戰國策》。《春秋》的褒貶是非以及《左傳》直書無隱的精神,一直為司馬遷以來的「良史」所繼承,成為過去史家撰著的原則。從司馬遷起,史家之有論贊,也是受了《左傳》的啟示。《左傳》的作者常常通過「君子」或他人的口來表示自己的觀點以及對歷史事件和人物的批評,這對過去的為政者來說,也還有一定的積極意義。

漢初政論家賈誼、晁錯之文尚有戰國縱橫餘習。而唐宋以來著名的古文家和歷史家幾乎沒有不愛好並學習先秦的歷史散文的。他們的敘事文和傳記文，無論在語言上、表現方法上，很多受了先秦歷史散文的影響。例如韓愈的〈平淮西碑〉就是模仿《尚書》。他雖然說左氏浮誇，而〈董公行狀〉的辭令則又和《左傳》的風格極為接近。柳宗元在所謂「聖人之道」上是曾非難過《國語》的，但在文章上卻不得不承認它「深閎傑異」，並且還說文當「參之《國語》以博其趣」（〈答韋中立論師道書〉），又說稍採取《左氏》、《國語》之辭（〈報袁君陳秀才書〉）。至於《戰國策》一書影響於蘇洵、蘇軾父子的議論文尤為顯著。蘇洵的〈權書〉、〈衡論〉及其他史論，蘇軾的〈策略〉、〈策別〉、〈策斷〉、《志林》諸論及其他策論、上書，論人論事，都在學習《戰國策》中獲得豐富而有益的經驗。

二、先秦諸子散文的影響

先秦諸子對後世影響最為深遠的首先是儒家學派的孔孟思想，其次是道家學派的老莊思想。這兩派思想對過去的學者文人都有相當大的影響。一般說來，儒家的入世精神是積極的；道家對待現實的態度是消極的，但不肯和為政者合作，不肯同流合污。就詩家來看，接受儒家影響的，其藝術風格多表現為寫實主義；接受道家影響的，其藝術風格多表現為浪漫主義。如杜甫和李白就代表著這兩種不同的影響和作風。

先秦諸子散文對後世散文的影響也是顯而易見的，如漢初政論家賈誼、晁錯等的政論文都是從荀卿、韓非及戰國其他法家的議論文發展出來的。例如賈誼的〈陳政事疏〉、晁錯的〈論貴粟疏〉、〈論募民徙塞下〉等疏，分析問題，切中時弊。而賈誼論事，指陳利害，激切鋒利，淋漓酣暢，風格尤近韓非。《論語》一書後人亦有摹仿，如揚雄的《法言》，王通的《中說》，但對文學則影響不大。

魏晉以後，老莊之學大盛於世，影響於我國學術思想和文學方面更大，嵇康有〈養生〉、〈聲無哀樂〉、〈難張遼叔自然好學〉、〈釋私〉等論，阮籍有〈通易〉、〈通老〉、〈達莊〉三論及〈大人先生傳〉，縱談名理，大暢玄風。而〈達莊論〉、〈大人先生傳〉都用辭賦問答體裁，發揮老莊思想；語言形象，聲韻和諧，是我國理論散文的進一步發展。齊梁間的文論、書札，理精語雋，為當時文壇樹立爽朗的新風格，形成南朝散文的特色，也未嘗不是老莊思想及文風的影響。

唐宋以來的古文學家對先秦諸子散文的愛好和學習也是很多的。著名的古文家韓愈曾以《莊》、《騷》並稱，尤推崇《孟子》為「醇乎醇」，《荀子》則「大醇而小疵」。他力排佛老，就是繼承孟子闢楊墨的戰鬥精神。其文如〈原道〉、〈與孟尚書書〉、〈送王秀才序〉等篇，精神面貌都接近《孟子》。〈答李翊書〉論為文以學養並提，實由《孟子》「知言養氣」之說而來。柳宗元論文，亦主張「參之《孟》《荀》以暢其支，參之《莊》《老》以肆其端」（《答韋中立論師道書》）；又謂「《左氏》、《國語》、莊周、屈原之辭稍採取之」（〈報袁君陳秀才書〉）。而他的〈三戒〉等篇更是創造性地學習諸子寓言的成果。蘇洵生平尤好《孟子》，謂其「語約而意盡，不爲巉刻斬絕之言，而其鋒不可犯」（〈上歐陽內翰書〉）。王安石解《孟子》，其文亦學《孟子》；譏荀卿，文亦學荀卿。而蘇軾之文，最得力於《莊子》，他說：「吾昔有見於中，口未能言。今見《莊子》，得吾心矣。」（蘇轍〈東坡先生墓志銘〉）集中如〈赤壁賦〉及〈清風閣〉、〈凌虛臺〉、〈墨寶堂〉及〈超然臺〉諸記，其思想語言無不出於《莊子》；而其文章的暢達，所謂「如行雲流水」，「如萬斛泉源，不擇地而出」者，亦與《莊子》的風格相近。

第四章　上古神話與先秦寓言

研讀重點

一、何謂神話？
二、中國神話不發達的原因
三、保存神話的典籍
四、神話的題材類型
五、神話對後世文學的影響
六、何謂寓言？
七、保存寓言較多的典籍
八、先秦寓言的特色

1、何謂神話？記錄我國古代神話資料最多者為何書？試列舉我國古代神話五則，並說明其含義及對後人之啓示。（79師大）
2、何謂神話？中國神話有何特色？試舉出先秦兩漢保存神話材料最多的四種典籍名稱。（83台大）
3、試述中國古代神話的特質，及保存中國古代神話的重要典籍。（87政大）

答

一、神話的意義

神話是遠古人民的口頭創作，魯迅《中國小說史略》說：「昔者初民見天地萬物，變異不常，其諸現象，又出於人力所能以上，則自造衆說以解釋之；凡所解釋，今謂之神話。」初民在改造自然的過程中，要求用藝術的形式歌頌自己的力量。但由於社會生產力極其低下，人們經常受著自然的嚴重威脅，對於常見的自然現象還不能作出科學的解釋。初民按照自己的想像，按照自己對自然的理解和期望，創造了神話，也按照自己的生活、自己所熟悉的形象，創造了人格化的神。因此，神話反映人類的力量，乃是一種誇大的理想化、英雄化、神格化的人類力量。它的產生，有著深厚的生活基礎，而它的藝術手法，則傾向浪漫主義。

二、神話的保存

《山海經》是保存中國古代神話資料最多的作品，分十八卷，原題為夏禹、伯益作，但實際卻是無名氏的作品，而且不是一時期一人所作。裡面所述神話，雖是零星片段，還存本來面貌，極可珍貴。

其次在《楚辭》，如〈離騷〉、〈天問〉、〈九歌〉……，也保存了中國南方的神話資料不少。尤其是〈天問〉，內容光怪陸離充滿想像，可想見初民傳說的繁豐。可惜全詩是用問難語氣寫成的，正欲求其解答；我們不但解答不了，就連問語的原意，因他書無考，也每有無從索解之苦。

《淮南子》和《列子》裡也有著不少神話的片段：如〈女媧補天〉、〈羿射十日〉、〈龍伯大人之國〉……等，雖然部分已塗上道家的色彩，但是仍舊值得我們重視。

其餘如晉．干寶的《搜神記》、王嘉的《拾遺記》、張華的《博物志》、梁．任昉的《述異記》，和題為漢．東方朔撰實際上恐怕還是六朝文人手筆的《神異經》等書，雖然出世較晚，卻也搜羅進了一些近於原始的神話資料（自然中間或許已經有了相當的改變），仍可供我們作研究神話的參考。

此外在《穆天子傳》、《竹書紀年》、《呂氏春秋》、《韓非子》、《莊子》、《左傳》、《國語》……諸書裡，也可找到零星的神話片段，或可看出神話蛻變為歷史的跡象。

三、神話舉例

㈠《女媧補天》（《淮南子．覽冥訓》）：遠古的時候，四方撐天的巨柱倒塌了，九州大地也破裂了。天再不能整個地籠罩大地，地也再不能完全地容載萬物，烈火熊熊不滅，洪水滾滾不息，猛獸吞食著善良的人民，凶鳥攫奪去老人和兒童的生命。在這個時候，女媧冶煉五色的石頭填補天上的窟窿，斬斷大龜的四條腿豎立在大地的四方，捕殺了水怪黑龍，安定了中原的人民，燒蘆葦成灰，堆積起來，堵塞住了滔天的洪水。

這則神話反映了初民在多種自然災害威脅的情況下，渴望達到認識自然、改造自然的理想。女媧是初民幻想中的女英雄，在她身上體現了初民征服自然、再造宇宙、造福人類的美好理想。神話通過神奇的想像，表現了女媧的神勇、智慧和力量。

㈡《精衛填海》（《山海經．北山經》）：這則神話可能產生於沿海居住的部落。由於大海經常吞沒人的生命，於是人們便產生了征服大海的幻想。神話中的女娃，因遊於東海被淹死，她的靈魂變成了精衛鳥。她勇往直前，堅持不懈地銜著一塊塊石頭，一根根樹枝，去填塞波濤洶湧的東海。她的填海，不只是為自己雪恨報仇，也是為後人除害造福。以精衛之小，去填無邊無際的東海，這需要多麼堅強的意志和毅力！在她的身上，體現了初民征服自然的強烈願望和堅強的決心。

㈢《鯀禹治水》（《山海經．海內經》）：反映初民和水患的抗爭；《后羿射日》（《淮南子．本經訓》），反映初民與旱災的抗爭；禹和羿這兩個戰勝自然災害的英雄形象，更表現了初民敢於戰地鬥天的豪邁氣概和堅強信心。

㈣神話不僅反映了人與自然的抗爭，還反映突出社會的衝突對立。如《黃帝戰蚩尤》（《山海經．大荒北經》），反映了兩部族間的尖銳矛盾。《刑天舞干戚》（《山海經．海外西經》），曲折地反映了社會上兩種勢力的對立。「刑天舞干戚，猛志固常在。」刑天這個富於叛逆精神、死而不屈的英雄形象，生動地體現了初民的反抗精神。

四、神話特色

可從中國神話題材與神話的歷史化兩方面答題——請參見本章第6、10題。

4、我國神話僅存零星片段，其故安在？試論述之。（67政大）
5、中國神話不發達的原因。（76東海、88台大）
6、試述中國古代神話資料之所以流失、變質的原因，並說明這些神話對中國文學有何影響。（82成大）
7、中國古代神話對後世文學有何影響？試舉例說明之。（83中山）
8、神話的起源、意義、寫定早晚的利弊，中國神話較少的原因。（84華梵）
9、什麼是神話？什麼是傳說？中國古代神話為何不發達？（86師大）

10、中國古代神話予人以「不發達」或「發展中斷」之印象。理由安在？（88台大）

答

一、神話的起源——請參見本章第1題。

二、什麼是傳說

傳說是形成在神話之後，魯迅在《中國小說史略》中說：「迨神話演進，則爲中樞者漸近人性，凡所敘述，今謂之傳說。」內容大多是敘述古史事跡及英雄行為，但在神話及傳說中的故事，在輾轉相傳中，相互類化，致使二者混淆不清。諸如女媧，原本是出於神話的人物，可是在傳說中竟成為三皇之一。大禹原本是上古時期的傳說英雄，後來竟成具有神化色彩的人物。

三、中國神話不發達的原因（神話流失、變質的探討）

從古籍保留的許多神話資料來看，我國古代神話從內容涉及的廣度來說，是豐富多采的，但大都是比較零散、甚至是片斷的記載，沒有像古希臘神話那樣發展為一個神的家族和神的系統。中國神話所以流失，有下列幾個原因：

㈠因為中國民族的祖先居住在黃河流域，大自然的恩賜不豐，很早便以農耕為業，生活勤苦，所以重實際，輕玄想，不能把往古的傳說集合起來鎔鑄成為鴻文巨製。

㈡孔子講究的是修身、齊家、治國、平天下的一套實用的教訓，上古荒唐神怪的傳說，孔子和他的學生們都絕口不談，因此後來神話在以儒家思想為正統的中國，漸漸都轉化做了歷史，不但未曾光大，反而又有散亡。

㈢神鬼不分的結果。古代天神、地祇、人、鬼，看來雖然有分別，實際上人鬼也可以化做神祇，人神淆雜，原始的信仰便無從蛻盡，原始的信仰保存，新的傳說便經常出現，舊傳說受了排擠僵死了，新傳說正因為它「新」，也發生不出光采來。

㈣神話的歷史化。中國由於封建制度的延長，幾千年來，歷史和神話老是揉攪不清：歷史中常附會些神話的成分；而神話，往往又會給人們轉化做了歷史。先秦時期的一些思想家，為了闡釋義理，對神話採取實用主義的態度，與中國神話不發達也有密切的關係。春秋戰國時期，呈現了百家爭鳴的局面，學術的輝煌成就是舉世公認的，但是各個學派卻以增飾和刪改神話來闡述自己學說，他們為了要適應他們的主張學說，費盡苦心地把神來加以人格化，把荒誕不經的事來加以理性的詮釋。這樣，神話就變做了歷史。一經寫入簡冊，本來的面目全非，人們漸漸就只相信記載在簡冊上的歷史，傳說的神話就日漸消亡了。

四、神話對中國文學的影響

上古神話是初民對自然和社會不自覺的藝術反映，它通過幻想表現原始社會的現實生活和人們的精神面貌。在離奇荒誕的故事中，不但把自然力形象化，還創造了戰勝自然、拯救人類的英雄人物，表現了原始人類改造現實的強烈願望和艱苦卓絕的抗爭精神。神話的積極內容和它那神奇的幻想、生動的故事、誇張的手法是富有積極浪漫主義精神的，對我國後世積極浪漫主義文學傳統的形成和發展有重大作用。簡而言之，上古神話是我國浪漫主義文學的淵源。

上古神話對後世文學的積極影響可以從三個方面來看：

㈠神話的英雄主義、追求美好生活的願望，對後世進步作家世界觀有著積極作用。東晉詩人陶潛就和神話中的精衛、刑天產生共鳴，更加激發了他「大濟蒼生」的猛志。

㈡神話的浪漫主義方法啓發了後世作家的藝術想像和藝術構思。如屈原在〈離騷〉中為了表現他的求索精神，上叩天閽，下求佚女，意境變幻，想像奇特；莊周的〈逍遙遊〉詼詭譎怪，奇幻迷離；李白的〈蜀道難〉奇崛莫測，雄渾奔放等等。幾乎可以說文學史上著名的浪漫主義作家無一不深受神話的影響。

㈢上古神話為後世文學提供了豐富的題材和形象。中國古代神話，是中國小說的最初淵源。神話有簡單的故事情節和有一定個性的人物形象，這正是萌芽時期的小說藝術要素。《山海經》被胡應麟稱為「古今語怪之祖」，它保存的神話最多。後來的魏晉南北朝志怪、唐宋傳奇，直到明代的《西遊記》、《封神演義》和清代的《聊齋志異》等，都能清楚地看出與神話的傳承關係。神話的積極浪漫主義手法，對後世小說的影響尤為重大。它那對現實生活的積極態度和進取精神，對於人間力量的充分肯定和強烈誇張，為後來小說奠定了優良傳統。孫悟空、哪吒、白娘子這些藝術形象，正是神話中富有反抗性形象的發展。神話極富於幻想，幻想可以啟發作者的形象思維，開闊作品的境界。《山海經》中羽民國的羽翼和奇肱國的飛車，極可能直接給《封神演義》的作者在塑造雷震子和哪吒的形象時的藝術啟發。此外，神話的題材，也多為後世小說所汲取，由此生發出很多宏篇巨製。

11、古代神話之題材內容有那些？神話歷史化對中國神話的流失有何影響？（師大期中考）

答

一、神話的題材內容

我國上古神話按其內容可分為三類：

㈠關於自然神的故事

如〈日神羲和〉、〈風神飛廉〉、〈雷神豐隆〉的傳說。初民思維簡單，對於自然現象感到神奇莫測，在萬物有靈的觀念支配下，他們想像自然物也像人一樣有意志、有性格。風神飛廉「鹿身，頭如雀」（鹿跑得快，雀飛得高），形象地表現風的特點。初民正是根據自己對自然力的觀察、體驗來形容神的。自然力為害於人，自然神就性情暴戾，形象醜惡，曲折地反映了初民對自然力的畏懼和向自然抗爭的情緒。

㈡關於英雄神的故事

初民無力征服自然，就幻想出具有超人能力的英雄，率領他們、幫助他們去征服自然。如著名〈鯀禹治水〉的神話，描述了初民在鯀、禹率領下與洪水抗爭的事跡。上古時期，洪水為害。鯀為拯救人類而被害致死。其子禹繼父之志，開鑿龍門，疏通九河，三過家門而不入，終於戰勝了洪水。這個神話表現了人們對英雄人物的熱烈贊頌，也反映了初民和自然抗爭的經驗。

㈢關於異人異物的故事

〈精衛填海〉的故事寫炎帝的小女兒遊於東海，被大海奪去生命，化作誓鳥精衛，「銜西山之木，以堙於東海。」弱小的生命和浩瀚的大海展開了不屈的鬥爭。精衛鳥意志堅強，發誓報仇，曲折地反映了我國東部沿海一帶人民與大海搏鬥的堅毅精神。

二、神話的歷史化對中國神話流失的影響

我國古代許多思想家對神話的性質和意義認識不足，往往對一些怪異的神話傳說，作出他們認為是合乎常理的解釋，把神話歷史化。

如記載《山海經》中的「夔」，原是東海流波中的一隻獨足怪獸，而在《韓非子．外儲

說左下》中記魯哀公問孔子，夔是否只長一足的問題時，孔子卻回答說：「夔，人也，何故一足？彼其無他異，而獨通於聲。堯曰：『夔一足。非一足也。』」他把僅一足的野獸解釋成一位通曉音律名叫夔的人，說他沒有什麼怪異，所以帝堯說，只要有一個夔就足夠了，就讓他作了樂官，就這樣把神話的異彩抹掉了。

又如神話中的黃帝不僅神通廣大，連壽命也特別長，活了三百年。而孔子卻把三百年解釋為黃帝活著的時候，老百姓得到他的好處一百年，死後，老百姓敬畏他的神靈一百年，後來老百姓受他的教化又一百年：「故曰三百年」。這就把作為神的黃帝，變成了歷史上的聖帝。

像常見於《山海經》的被帝俊的子孫役使的豹、虎、熊、羆四獸，到了《尚書．舜典》裡，便變成了讓位於伯益的朱、虎、熊、羆四個臣子。見於〈離騷〉、〈天問〉被后羿射獵的「封豕」（大豬），在《左傳．昭公二十八年》中竟成為當了樂正（樂官）的夔的兒子伯封。秦漢以前，五帝是神話傳說的中心，但司馬遷在寫《史記．五帝本紀》時，認為那些神話傳說「其文不雅訓」而加以刪改，把許多神話改寫成歷史。凡此種種，都說明了我國神話的歷史化。中國古代神話不發達，沒有專籍的主要原因就在於此。

12、試從《山海經》到《漢武帝內傳》西王母造型之不同，論古代神話至漢魏神怪小說之演變。（75高師、81政大）

答

據《山海經》裡描寫，西王母本來是一個「豹尾虎齒」、「蓬髮戴勝」掌管瘟疫刑罰的獰厲的怪神，有三隻青鳥替他採尋食物。到《穆天子傳》：周穆王坐了他的八匹駿馬拉的車子到崑崙山去見了西王母，西王母和他詩歌唱答，這時西王母竟儼然是一個氣象雍穆的人王。稍後《淮南子》裡便有「羿請不死之藥於西王母」的話，則西王母更從凶神一變而為吉神。

到託名班固作的《漢武故事》，西王母已經被望文生義，變作了西方的一個「王母」；只是文詞尚簡，三隻青鳥也還沒有變化。到稍後一點也是託名班固作的《漢武帝內傳》裡，同一故事就更加被鋪揚刻畫起來，這西方的「王母」遂進一步成為「年三十許」，「容顏絕世」的美麗女人，從前替他採尋食物的三隻青鳥，也都一變而為董雙成、王子登……一群漂亮活潑的侍女了。回頭再來看看那住在山洞裡的「豹尾虎齒」、「蓬頭戴勝」的另一個西王母，豈不是有天淵之隔。

這種變化，大約是文人們有意的修改和增飾，可以看出神話轉變為志怪小說的過程。

13、何謂寓言？先秦寓言保存在那些典籍之中？先秦寓言有何特色？

答

一、寓言的意義

「寓言」一詞，最早見於《莊子．寓言》。「寓」乃寄託，即所謂「寓眞於誕，寓實於玄」（劉熙載《藝概．文概》）。它往往敘述一個小故事，而又於具體情節之中，隱含著另一種更有深刻的思想意義，因而常常語帶雙關，託喻巧妙，藉以闡發哲理，印證概念。到春秋戰國時期，作為據談雄辯、陳辭說理的手段，寓言被先秦諸子與史傳廣泛採用。在《孟子》、《莊子》、《列子》、《韓非子》、《呂氏春秋》及《戰國策》等著作中，都蘊藏著豐富的寓言故事，可與大約同時期出現於古希臘的《伊索寓言》遙相媲美。

二、保存寓言較多的典籍

寓言這種形式，較早出現於《孟子》一書中，如眾所周知的〈揠苗助長〉（《孟子．公孫丑上》），便藉一個不按客觀規律辦事的人拔苗助長，以致苗槁禾枯的故事，告訴人們，這種做法「非徒無益，而又害之」這樣一個道理；〈齊人乞墦〉（《孟子．離婁下》），則以齊人乞食墦間，歸而驕其妻妾的故事，辛辣地嘲諷了這個市井無賴的醜惡嘴臉。這類寓言，或者表示某一哲理，或者譏諷某些社會現象，或者抨擊時政，它具有故事情節又有生動的描繪，使人於幽默詼諧之中，受到很深的啟發和教育。

莊子是先秦諸子中的寓言大師，其寓言或者借用動物，如鵾鵬、鵷雛、井蛙、海鱉、獨腳獸、多足蟲等，或者借用神話中的神靈如河伯、山神、雲神等，通過它們的對話和活動，來表現作者的哲學思想，因而顯得神奇變幻，豐富多彩。

中，作為論據而存在；二是整篇全由寓言組合，並不直接闡明某一觀點，文中卻含有極深刻的思想。《莊子》的寓言，形式上荒誕無稽，卻含有很深刻的思想借鑒意義和批判精神。如〈痀僂承蜩〉、〈梓慶為鐻〉便闡明了做事要凝神壹志、忘情專注的道理；〈庖丁解牛〉則說明了在錯綜複雜的矛盾中，應找尋出規律以與現實相適應，才能遊刃有餘而不至於受害。它的「蝸角觸蠻」寫蝸牛二角有觸、蠻二國，「相與爭地而戰，伏尸數萬，逐北旬有五日而後反。」藉以揭露諸侯的爭戰交伐；〈盜跖言道〉，則藉所謂強盜的「道義」，抨擊儒家禮、樂、仁、義的虛詐，矛頭都是指向那些「竊國者」，那些爭地以戰，殺人盈野的諸侯。這是《莊子》寓言中思想內容比較積極的一類。如此公然地將寓言用之於政治論爭，反映出諸子寓言的一大進步。

《列子》一書，也有很多寓言，其荒誕怪異同《莊子》相近，但也有許多含義非常深刻的，如流傳很廣的〈疑人偷斧〉、〈愚公移山〉、〈薛譚學謳〉等，至今還為人們所傳頌。其〈希雍視盜〉，具體地說明了人情世態的成敗利鈍；〈國氏之盜〉，傳達了人民的生活經驗，教育人們要專心致志去工作。

寓言發展到韓非的時代，荒誕的成份就大為減少，其所寄寓的思想變得更富於政治色彩。如〈守株待兔〉、〈鄭人為褲〉便都是譏笑那些主張「法先王」不思前進的人；〈鄭人買履〉、〈楚人鬻珠〉則針砭那些重「名」而不重「實」，迷信先王的教條而不知變通的人。

這都是用來宣傳其法家政治思想主張的。也正因為它被廣泛地運用於政治論辯，為了增強說服力和感染力，除了描述生動之外韓非子的寓言更注重邏輯的嚴密性，如〈自相矛盾〉這則寓言本身，就揭示了一條很重要的邏輯法則。

先秦諸子中成書較晚而載有大量寓言的是《呂氏春秋》。這部書相傳是呂不韋聚集門客集體編撰的，其中的思想比較複雜，但有一個很明顯的傾向，這就是「治國無法則亂，守法而弗變則悖；悖亂不可以持國。世易時移，變法宜矣」（《呂氏春秋．察今》）。它因而也反對「法先王」，如〈荊人表水自溺〉、〈刻舟求劍〉兩則寓言所表示的就是這樣一種政治主張。

在史傳文學中，以《戰國策》收錄寓言為最多。在今本三十三篇中，首尾完整的寓言故事不下三四十篇。此書的寓言多半是講計謀策略之術的。遊說之士和下層人民聯繫較多。他們愛用的寓言，往往帶有市井的色彩和鄉土氣息。

三、先秦寓言特色

綜上所述，可將先秦寓言的特色歸納如次：

㈠富於想像，在虛構的故事中寓有深刻的含義

如《列子》中〈愚公移山〉的故事，生動地體現了初民征服自然的理想和克服困難的決心。故事用神話結尾，借助「帝」和「神力」移去了大山，這是當時「用想像和借助想像以征服自然力，支配自然力」的表現。

㈡善於運用擬人化手法進行論辯和勸懲

如通過《莊子》〈觸蠻相爭〉中的觸、蠻和《韓非子》〈涸澤之蛇〉中小蛇的形象，鞭撻了人類社會中好戰分子、吹捧能手的醜態。

㈢和神話、傳說一樣，多喜運用誇張手法

如在《莊子》〈匠石運斤〉中，把匠石同郢人密切合作運斤成風的絕技描摹得動人心魄：在《列子》〈餘音繞樑〉中把韓娥歌喉婉轉、驅人啼笑的藝術天才表現得淋漓盡致。其他如短小精悍的形式，淺顯易懂的語言，辛辣幽默的風格，也都是先秦寓言鮮明的特色。

第五章　漢賦

研讀重點

一、漢賦興盛的原因
二、漢賦的特色
三、騷賦與短賦之比較
四、漢賦的演變
五、枚乘〈七發〉的內容及其在賦史上的地位
六、司馬相如的文學成就
七、張衡的賦作及其在賦史上的地位
八、漢賦的價值
九、賦在兩漢以後的發展

1、漢賦發展之因。（64師大）

答

賦在漢代特別興盛，其原因是多方面的：

一、漢帝國的強盛

在政治上，漢初與民休息，文景之治以後，海內承平，經濟富庶。武帝時，征匈奴，通西域，國勢如日中天。隨著漢帝國的日益強盛，帝王的生活也奢侈起來，富麗堂皇的宮殿苑囿大規模地興建，於是有專寫宮殿苑囿、巡遊畋獵、聲色犬馬的富麗堂皇的散體大賦出現。

二、文體本身的發展

戰國時代，四言詩衰落，五七言詩正在民間醞釀，《楚辭》如日中天地影響著文壇，一到了漢朝，正承接著這個潮流，於是辭賦交互影響而形成了漢賦的鼎盛。

三、君主貴族的喜好和提倡

君主貴族的喜好和提倡，亦促進了漢賦的昌盛。漢代很多王侯（如吳王劉濞、梁孝王劉武、淮南王劉安）都以愛好文學，延攬文士而著稱於史。武帝尤愛辭賦，如司馬相如、東方朔等都以辭賦得官。據班固〈兩都賦．序〉可知武、宣時已有考文章、獻賦的風氣。到了後漢順帝時，更實行以賦取士的制度。君主提倡於上，群臣鼎沸於下，辭賦成了知識分子進身之階，自然爭相創作。

四、儒家思想的抬頭

漢初黃老無為的思想盛行，描寫富貴繁華的賦自然不易滋長。漢武帝時，儒家思想定於一尊。儒家思想認為賦能「抒下情而通諷諭」，「宣上德而盡忠孝」，有積極的教化作用，於是漢賦代《楚辭》而興起。

五、文字學的興盛發達

賦極盡刻畫描寫的能事，故在創作上只須「窮積典實，遍用奇字」，故文人無文字學的修養，必然無法勝任。漢時賦家皆通文字，司馬相如有〈凡將篇〉，揚雄有〈訓纂篇〉。而漢代文字學的大為發達，也是大賦能順利發展的原因之一。

2、漢賦受到儒家何種理論支持，此種理論與實際情形相符合？（61台大）

答

一、儒家「諷諭」理論的支持

漢初黃老之術盛行於世，及竇太后去世，董仲舒對策，武帝罷黜百家，獨尊儒術。漢代的儒家思想雖非孔學的本來面目，但那種徵聖、宗經、原道的觀念，在讀書人的腦中卻樹立了穩固的基礎，成為文學理論的準則，大家都以此指導文學、批評文學。在這種情況下，漢賦帶著諷諭的美名，古詩的遺意，順利的滋長起來。班固曰：「或以抒下情而通諷諭，或以宣上德而盡忠孝，雍容揄揚，著於後嗣，抑亦雅、頌之亞也。」劉勰《文心雕龍．詮賦》云：「夫京殿苑獵，述行序志，並體國經野，義尚光大。」由於儒家此種觀念理論的支持，所以漢代抒情文學雖消沈，賦反能蓬勃發展。

二、諷諭效果不彰

漢賦發展的結果，外表華麗非凡，內容空洞貧乏，專以堆砌為能事，把許多奇字怪語，鋪排滿紙，甚者流於模擬，只是照著一定的形式，堆砌辭句，鋪陳形勢，就是說到諷諫，那也只是一種點綴，皇帝往往只取其歌頌而忘其諷諫。因此揚雄到了晚年，體悟到這種宮廷文學，實在無益於世道人心，只是一種雕蟲小技而已，且進一步說：「詩人之賦麗以則，詞人之賦麗以淫。」雖寥寥二語，但是對辭賦的優劣得失，批評得相當深刻。

3、請舉例說明漢賦的題材與表現手法之特色。（82清大）

4、何謂「賦」？漢賦之特質為何？魏晉賦在題材、形式及情志各方面與漢賦有何差異？（83成大）

5、漢賦的風格特色，並以賈長沙、司馬長卿、張平子來論析。（85高師大）

6、《文心雕龍．詮賦》：「賦也者，受命於詩人，拓宇於楚辭也。」漢賦與古詩、《楚辭》有何關係？它對後代文學又有何具體影響？試申所見。（85暨南）

7、何謂賦？試述兩漢重要的賦家及其作品特色如何？（86中央）

8、試就所知，敘述漢賦的特色及其演變過程。（86逢甲）

9、《楚辭》、漢賦在文學史上各領風騷，試述二者之風格特質，並析論其是否存有傳承關係。（86南華）

10、賦體文學受屈原與荀卿之影響如何？試分析之。（86中正）

11、賦兩漢代表文學，其興盛之原因為何？劉勰《文心雕龍．詮賦篇》探詩賦之源流曰：「賦也者，受命於詩人，拓宇於《楚辭》。」你之看法若何？兩漢有哪些大賦家及代表作？試介紹之？（87華梵）

答

一、「賦」的涵義

賦的原意是鋪陳直敘，為我國古代詩歌的表現手法之一，後來逐漸發展成為一種獨立的文體。賦的內容側重於狀物敘事，形式介於詩歌和散文之間，「鋪采摛文」，「不歌而頌」，是一種兼具詩歌與散文特點的文學體裁。

賦是由詩歌衍變而來的，《詩經》是其形成的遠源，《楚辭》是其形成的近源。戰國後期的散文對賦的形成也有一定的影響。

賦產生於戰國後期的楚國，盛行於漢代，故文學史上有所謂「漢賦」的專稱。戰國後期，宋玉、荀況以賦名篇，首創賦體，為漢賦的形成奠定了基礎。到了漢代，名家輩出，賦於是發展成為「一代文學之盛」。

二、賦的來源

㈠起源於《詩經》

賦與《詩經》有直接的淵源關係，並說明賦體命名的由來。班固《兩都賦．序》說：「賦者，古詩之流也。」這說明賦是詩的六義之一，而《漢書．藝文志》說：「不歌而誦謂之賦，登高能賦，可以爲大夫。」這說明詩本是可以入樂的，到了春秋時期，外交場合需要賦詩言志，而所賦的詩多為古詩，也有人寫不入樂的詩，為了作區隔，這類不入樂的詩叫做賦。像荀子的《賦篇》中就有〈成相辭〉和〈佹詩〉等詩賦體出現，到了漢代如劉歆的〈燈賦〉、揚雄的〈逐貧賦〉、蔡邕的〈團扇賦〉等作品，都是類似《詩經》的四言的賦體詩。

㈡起源於《楚辭》

賦在戰國叫做辭，漢代開始，辭賦不分，《史記．屈原賈生列傳》：「屈原既死之後，楚有宋玉、景差之徒，皆好辭而以賦見稱。」其特徵是描摹物狀，抒情寫志，而其中以屈原的〈離騷〉的影響最大，它不入樂，只可誦，又可稱為賦，所以《文心雕龍．詮賦》說：「賦也者，受命於詩人，拓宇於楚辭也。」而漢初許多作家都是仿《楚辭》的形式來創作的，如賈誼的〈弔屈原賦〉，因而《文心雕龍．時序》說：「辭人幾變，而大抵所歸，祖述《楚辭》，靈均餘影，於是乎在。」這說明漢賦與《楚辭》的關係，其蛻變痕跡是明顯而易見的。

㈢與《荀子．賦篇》的關係——請參見第三章第11題。

三、漢賦的特點

漢賦大致可分為騷賦、大賦、小賦三類。這三類賦各有其特點，分述如下：

㈠騷賦的特點

騷賦，就是模仿《楚辭》而寫成的一種賦體。其顯著特點有：

內容上側重於抒情，形式上與《楚辭》沒有多大差別，句式整齊，通篇用韻，句中也帶有「兮」字。如賈誼的〈弔屈原賦〉、司馬遷的〈悲士不遇賦〉、司馬相如的〈長門賦〉等，就體現了上述特點。

㈡大賦的特點

漢代大賦是漢賦中的一種主要形式，亦稱散體大賦，其顯著特點有：

1、漢大賦在內容上大都鋪寫宮廷建築，田獵巡遊，都市風光，並以此來粉飾太平，歌功頌德。如司馬相如的〈子虛〉、〈上林〉二賦，假設楚國子虛和齊國烏有先生的互相誇耀，大肆鋪陳漢天子上林苑的壯觀及天子射獵的宏偉場面，以壓倒齊楚。這種對於宮殿、射獵等場面的描寫在張衡〈二京賦〉中發展得更是詳盡，鋪排也更為誇張。

2、在結構上往往採用主客回答方式，且一般由「序」、「正文」、「結尾」三部分組成。

3、創作手法上的特點：

⑴描寫事物，面面俱到，以求窮形極相。如〈子虛賦〉寫楚之雲夢澤，則從山、石、土、水、木、東、南、西、北、中、上、下、左、右各個角度作詳盡的描繪。

⑵通過大力的誇張、類比，鋪敘所描寫的事物。

⑶大量使用排比、對偶的技巧來組織艷辭華句，層層鋪墊，造成波瀾壯闊的場面和充沛的氣勢。

4、語言上的特點：文采華麗，辭藻豐富。往往是羅列名詞，堆積詞藻，形成「詞雖麗而乏情，文雖新而少質」的缺點。

㈢小賦特點

其顯著特點有：

1小賦在內容上以詠物、抒情為主（故又稱為「抒情小賦」）。此外，小賦的作者也較敢於針砭現實，揭露、抨擊當時的種種黑暗現象。

2、小賦篇幅短小，結構上也擺脫了漢大賦的陳規舊矩，不用問答形式，也沒有「序、正文、結尾」三大段的框架，而是以意屬文，不蔓不枝，變鋪陳繁重的長篇為簡潔明暢的短製。

3、一反大賦的板滯、典麗的模式，小賦風格疏朗、平易、顯露，而又生動形象。小賦的言辭辛辣幽默，揭露與抒情往往融為一體，感情強烈，氣勢感人。

四、魏晉賦與漢賦之差異

魏晉是中國政治極紊亂思想轉變的時代。篡奪繼作，外患不已，民生窮困，社會不安。儒家思想的衰落，道佛思想的興起，人性的覺醒，清談的流行，因種種原因，造成玄學的興盛。在這種思潮中，哲學文學都離開往日那種傳統觀念的束縛，朝著新的方向發展。這一時期的賦，無論內容形式，都不是漢賦的面目了。在這裡我們可以舉出幾個和漢賦不同的特點：

㈠篇幅短小

短賦在漢代張衡、王逸、蔡邕諸人的集子裡，雖偶然有了，但究竟不是普遍的形式，到了魏晉，短賦成為主體了。我們試從曹丕、曹植的作品看起，一直到晉末的陶潛，所作的賦大都是些短篇。像陸機的〈文賦〉，潘岳的〈西征賦〉，左思的〈三都賦〉，郭璞的〈江賦〉那樣的長篇，那真是寥寥可數。

㈡字句清麗

漢賦最大的缺點，是作家要誇示自己的學問，在極小的事物上，堆積許許多多的僻字奇文，因此反而失去文學活躍的生活力。魏晉的賦雖日趨於駢儷排比，但在修辭上，避開堆積鋪陳的惡習，用平淺通用的字句，加以琢練的技巧，達到清麗細密的成就。

㈢題材擴大

漢賦的題材，大都以宮殿遊獵山川京都為主體。東漢以後，雖稍有轉變，然其範圍亦極狹小。到了魏晉，隨著詩歌內容題材的擴大範圍，賦也跟著擴展了。於是抒情、說理、詠物、敘事各種體製，登臨、憑弔、悼亡、傷別、遊仙、招隱、艷情、山水各種題材的賦都出現了。而當代最多的是詠物賦。在各家的集子裡，幾乎觸目皆是，飛禽走獸，奇花異草，天上的風雲，地下的落葉，都是他們的題材。橘子、芙蓉、夏蓮、秋菊、蝙蝠、螳螂、麻雀、小蛇都被他們賦到了。正如劉勰所說：「至如草區禽族，庶品雜類，則觸興生情，因變取會。擬諸形容，則言務纖密；象其物宜，則理貴側附。斯又小制之區畛，奇巧之機要也。」

《文心雕龍．詮賦》）這些作品雖多，價值並不高。

四個性化與情感化

漢賦專事鋪陳事物，缺少感情和個性。到了魏晉，變化非常明顯。除了那些詠物的作品以外，在其他的作品裡，濃厚地呈現出個性化與情感化的傾向，這是魏晉賦最值得重視的地方。我們試讀曹植、王粲、阮籍、潘岳、陶潛的作品，大家都會感到在文字間，作家的個性非常分明，情感也極為真實。他們或是表現人生的理想，或是反映現實的生活，或是歌誦道家的哲學，或是描寫自己的命運，或是敘述田園山水的樂趣，無論怎樣，他們抒寫自己的胸懷，發洩著自己的情感，清楚地表現出作者的個性。

12、騷賦與短賦各何所指？二者在文學形式、寫作題材、以及表現之風格，有何殊異？試為比較以論之。（81師大）

13、漢代的辭賦可以分為「言志」與「寫物」二大系統。請問：它們各自的來源為何？它們在文體的形式與內涵上各有何特徵？請各舉二個代表性的作家以說明之。（81中央）

答 漢賦可分為「言志」與「寫物」二大系統。「言志」系統源自屈原、宋玉的辭賦，可稱作「騷體賦」；「寫物」系統源自荀子《賦篇》。

一、「言志」系統的辭賦

㈠騷賦的特徵

騷賦是《楚辭》的餘緒，是仿效屈宋的作品。它的特徵，從語言形式方面看，是用帶「兮」字的騷句加強詠嘆色彩，增強抒情效果；句子長短錯落，比較自由。從風格情調方面看，則無例外地流注著悲與怨的感情。這種騷體牽繫著悲情、怨思宣洩於騷句的創作傳統，是屈原〈離騷〉、〈九章〉等篇章影響所致。在中國古代文藝的創作天地裡，騷體是宜於抒寫悲情的形式；在中國古代的文藝美學體系裡，騷體是「鬱伊而易感」、「愴快而難懷」、「朗麗以哀志」、「靡妙以傷情」的文學體裁。用騷體抒寫個人抑鬱不得志的悲傷哀怨之情，是中國古代文士的創作慣性，藝術傳統。今天，我們可以讀到古人一些非騷體的情思悲哀的文章，卻不易見到騷體抒寫歡樂之情的篇章。

㈡騷賦的代表作家

賈誼的〈弔屈原賦〉與董仲舒的〈士不遇賦〉是騷賦有名的作品。

1、賈誼〈弔屈原賦〉

賈誼因受讒毀，出為長沙王太傅，途經湘水，作此賦以弔屈原，並用以自喻。賦中哀嘆屈原「遭世罔極」，「逢時不祥」，「鸞鳳伏竄」，「鴟梟翱翔」，人君摒棄賢才而重用奸邪無能之人，使屈原的才能無從施展，激憤之餘而責怪屈原不該投江，應遠世自藏，待時而動。

此賦表現了對屈原的深切同情，同時也反映作者對現實的不滿，雖痛逝者，實為自悼。

全賦句式整齊，駢散相間，音節和諧，比喻生動。

2、西漢董仲舒〈士不遇賦〉

武帝時董仲舒因言災異事下獄，後為膠西王相。膠西王縱恣驕妄，作者恐日久獲罪，稱病歸居，以修學著書終其一生。此賦當作於棄官以後。賦中感慨自己仕途失意，「屈意從人」、「祗增辱矣」，還不如歸隱避禍。作者感嘆生不逢「三代之盛隆」，而當「三季之末俗」，奸邪橫行，忠良受困，黑白不辨。表示決不「隨世而輪轉」，決心棄官歸居，避禍全志。表現了作者對社會黑暗的不滿，和清高淡泊的志趣。

全文短小精工，抒情味很濃，語言平實質樸，是一首頗有特色的抒情小賦。司馬遷〈悲士不遇賦〉，陶淵明〈感士不遇賦〉均仿此賦。

二、「寫物」系統的辭賦

(一)大賦的特徵

最早把「賦」作為一種文學體裁來寫的，是戰國時期的荀子。他寫的賦採用君臣問答對話的方式，每篇寫一件具體事物，篇幅短小，語言簡樸，句法較整齊。荀子的賦因篇章短小，故又稱「短賦」。他的賦既有押韻的詩，也有無韻的文，是前所未見的詩文混合體。它的結構形式，對後來的賦體文學的影響很大。後來的賦，多採用對話回答，鋪陳其事，韻文與散文結合的方式敘寫，當是濫觴於荀子的賦，如漢代的「大賦」就是淵源自荀子《賦篇》的。

西漢中期大賦形成並發展起來，內容為鋪張宮室苑囿的華貴富庶，宣揚帝王奢靡的享樂生活，為帝王歌功頌德，謳歌大漢聲威，每篇賦最後，有對為政者的諷諫，但「勸百而諷一」，徒具規諫的形式而已。形式上韻文與散文交錯相間，句子以六言、四言為主，結構多為主客問答式，有一點故事性。

㈡大賦的代表作家

枚乘的〈七發〉是大賦的先驅，作者假設楚太子有病，吳客往問的對答，表述了安逸享樂會致病，要從思想上來療疾的深刻含義，帶有遊說遺風，鋪張揚厲的特點十分鮮明，初具了大賦的形式，促進了漢代辭賦的發展。

枚乘之後，司馬相如的大賦，反映了西漢全盛時期的富強和聲威，詞藻豐富華麗，手法誇張鋪陳，代表作〈子虛賦〉及〈上林賦〉，標誌著漢賦的完全成熟。其間假設楚國子虛、齊國烏有兩先生互相誇耀本國的車騎和遊獵，亡是公則大肆鋪陳漢天子上林苑的壯麗和天子射獵的盛舉，壓倒齊楚，藉以歌頌漢帝的氣魄和聲威，但全文思想貧弱，過分鋪張。

揚雄是西漢末最著名的辭賦家，作有〈甘泉賦〉、〈羽獵賦〉、〈長楊賦〉及〈河東賦〉四賦。

東漢前期最著名的辭賦家為班固，代表作有〈兩都賦〉，體製宏大，有不少警句，替天子說教，但模仿司馬相如，缺乏自己的獨特風格。

東漢中後期著名賦家是張衡，代表作〈二京賦〉，鋪敘誇張更甚，與〈子虛賦〉和〈兩都賦〉不同的是反映了當時社會商人等較低階層人物的情況，有了場面的描寫，規諷和議論較為切直、明顯、深刻。

14、試評枚乘、司馬相如、揚雄、張衡之賦。（60政大）
15、漢賦發展之情形。（64政大）
16、兩漢賦體之演變情形。（74台大）
17、試從體制和題材兩方面分析漢賦的演變。（79中央）
18、賦者古詩之流。屈原出，文章遂有賦體。其後代有作者，述其流別，可分四類。試說明之。（87中正）
19、漢中葉之後，宦官外戚爭權，國勢日衰，加上帝王貴族奢成習，橫徵暴斂，民不聊生，在此情形下，漢賦產怎樣之變化？並舉兩位代表作家？（88高師大）
20、略述「賦」的起源、流派與發展概況（90嘉義大學）
21、兩漢賦體之發展趨勢如何？試分期陳述並列舉各期之代表作家二人及代表作品。（90銘傳）

答 漢賦萌芽於戰國末年，正式產生於漢初，極盛於西漢中葉，一直延續到東漢末年。王國維曾把賦作為有漢一代文學創作的代表，與唐詩、宋詞和元曲並列，這不是沒有道理的。雖然漢代有些賦作，主要是遊獵、京都大賦具有鋪張過甚、形式呆板、文字堆砌和因襲模擬等缺點，但是它擁有漢代最有才華的作家和眾多的題材廣闊、描寫形象、形式多樣的優秀作品，對我國古代文學的繁榮和發展作出過重要貢獻。前人曾把西漢的司馬相如、揚雄和東漢的班固、張衡稱為漢賦四大家，縱觀漢賦發展的整個歷史，無論從作品思想內容的深廣程度、藝術風格的全面多樣，還是體制形式的不拘一格等方面來看，這個概括還是符合實際的。漢賦依其發展軌跡，略可分為四期：

一、形成期

㈠由漢初至武帝初年為漢賦的形成期

當時的漢賦剛由《詩經》（賦為六義之一）、《戰國策》和荀卿短賦演變而來，受楚辭的影響最大。所以承《楚辭》文學遺風，「騷體賦」最為盛行。散體大賦亦逐漸形成。騷體賦的特點是體製上極力模仿楚辭：敘事鋪張而不繁冗，用字繁富而不冷僻，而且富有抒情色彩；句式整齊，通篇用韻，帶「兮」字調。作品的內容多發抒作者的政治見解和身世感慨，形式上多抒情短篇。

㈡代表作家有賈誼和枚乘等人

賈誼的〈弔屈原賦〉和〈鵩鳥賦〉，抒寫自己不幸的遭遇和對黑暗現實的不滿。內容偏於抒情言事，與屈原的〈離騷〉等作頗近似，形式也基本相仿，惟〈鵩鳥〉一賦採用問答式，並間有散句，可看作騷體與散文體的結合。

枚乘的〈七發〉，其文多散句，以反覆問答演成敘事形式。它通過對音樂、飲食、車馬、巡遊、田獵、觀濤等一系列事物的恣意鋪寫，陳述了奢侈淫佚必然危及身心的道理，具有一定的諷諭作用。它的富於誇張、工於狀物以及長篇巨製的散文體式，都為漢賦，尤其是大賦的成型和發展奠定了基礎。後人仿其製而以「七」為名者也很多。

二、全盛期

㈠由武帝至成帝，是漢帝國的全盛期，亦是漢賦的全盛期

《漢書．藝文志》所載漢賦九百餘篇，十分之九是這時期的作品。這時期的賦，離棄《楚辭》風格，建立純散文的典型漢賦體。在形式上，多長篇巨製，鋪張揚厲，辭藻華麗，韻散兼行，傾向精細的離飾，是漢賦的代表作。在組織結構上，大都是幾個人的對話，彼此誇張形勢，歌功頌德，極言淫樂奢靡之盛事；最後以「荒樂足以亡國，仁義可以興邦」的意義作結，進行委婉的諷諫。

㈡代表家有司馬相如、淮南小山、東方朔、王褒等人

司馬相如的〈子虛〉、〈上林〉二賦藉子虛、烏有、亡公是三人對話，對諸侯與天子的

宮苑遊獵之盛作了竭力鋪張，末歸於節儉，略具諷諫之義。二賦模山範水，騁辭馳才，結構宏大，歷來被認為是漢賦的代表作。司馬相如另有〈大人〉、〈長門〉、〈美人〉、〈哀二世〉諸賦，或寫神仙，或抒宮怨，或狀美女，或弔古人，其題材之廣、才情之富，足為一代翹楚。

另淮南小山的〈招隱士〉、東方朔的〈答客難〉等，雖未以賦名，而都是以鋪寫或諷刺見長的賦作，且各具特色。宣帝時王褒作有〈洞蕭賦〉（一作〈洞簫頌〉），對洞簫的聲音、形狀、功用等作了精巧周全的描寫，是目前所見最早的一篇體製完備、摹繪出色的詠物賦，它的駢句偶辭已開六朝駢儷之風。

三、模擬期

㈠由西漢末年至東漢中葉是漢賦的模擬期

自司馬相如、王褒諸人以後，漢賦的形式格調都成了定型，後來的作者無法跳出他們的範圍，因此模擬之風大盛。辭賦到了完全模擬的時代，自然更沒有生氣沒有意義，只是照著一定的形體，堆積辭句，鋪陳形勢。雖然外表華麗非凡，題材廣泛（由畋獵到京城、宮室、行旅），但內容空洞無物。就是說到諷諫，也只是騙人的美名，「勸百諷一」，實在沒有半點效果。

㈡代表作家有揚雄、班固、張衡等人

揚雄是西漢末年的大家，他的〈甘泉〉，〈羽獵〉、〈長楊〉及〈河東〉四賦係諷成帝廣宮室、溺遊獵而作，大體依仿〈子虛〉及〈上林〉而更具諷諭之義。他另有〈蜀都賦〉與〈逐貧賦〉等作，前者為現存最早的以都邑為題材的作品，後者自述家貧之狀、安貧之志，在漢賦中均有一定的地位和影響。

班固的〈兩都賦〉為遷都洛陽而作，其對長安、洛陽地理環境、城市格局、人物風情等均有詳細描寫，內容已非西漢遊獵賦中有關宮苑的描寫所及，但其體製，則全仿〈子虛〉及〈上林〉。張衡的〈二京〉也大致相同，不過取材更為廣泛，其對社會風俗，尤其是對民間百戲雜技表演的摹寫，為兩都所不備。

四、轉變期

㈠東漢中葉以後是漢賦轉變期

東漢中葉以後，宦官與外戚交替專權，國勢日衰，社會民生，日益窮困。在這種政治社會情形之下，文學家的思想意識不能完全不受影響，而賦的創作也漸漸發生轉變。這時期的作家一掃漢賦從前那種鋪采摛文、堆積模擬的惡習，用平淺的句子，描寫個人的胸懷、田園的生趣、人生的理想，使人讀了感到親切有味。這時期作品的特色是抒情化、小品化：在內容上，是變歌功頌德為譏刺時政；在形式上，是變散體大賦為抒情短章，單行的句式中雜有駢偶成分。

㈡代表作家有張衡、趙壹、蔡邕等人

張衡的〈歸田賦〉以短小的篇幅、清麗的文字，抒寫了優美的田園風光和歸隱的怡然之樂，對後代詩詞文賦中的同類作品深具影響。

漢末趙壹的〈刺世疾邪賦〉則更以激切的言辭，尖銳地抨擊了漢末吏治的腐敗無能、人情道德的勢利敗壞，表現出強烈的批判精神，這在漢賦作品中是絕無僅有的。

與趙壹同時的蔡邕在辭賦創作中有多方面的成就。他的〈述行賦〉雖然篇幅較長，但能在敘事紀遊、傷時念亂時表現出對人民疾苦的同情和關懷，在漢賦中亦屬難得。

22、枚乘〈七發〉是怎樣一篇作品？它在賦的發展中有什麼地位？

答

枚乘是漢初賈誼之外的另一重要賦家，他做過吳王劉濞、梁孝王劉武的文學侍從，死於漢武帝即位之後。《漢書．藝文志》有枚乘賦九篇，〈七發〉是他的代表作品。

一、〈七發〉的內容

〈七發〉假借楚太子與吳客的問答，闡述了作者的思想見解。全文共分八段，第一段敘述吳客去探問楚太子的病，認為致病的根源是生活過於安逸，應當從精神上加以治療；第二至第七段分別談音樂、飲食、車馬、宮苑、田獵、觀樂諸般奢侈享受，太子俱以病辭；最後一段吳客將為太子薦聖賢方術之士，以論要言妙道，太子聽了精神大振，出了一身大汗，他的病竟因此霍然消失。

二、〈七發〉的藝術特色

〈七發〉雖未用賦名，但已形成了漢賦的體製。全篇以反覆的問答來敘事。有兩個特點值得注意：

㈠是富於誇張與鋪張

第二段至第六段從酒肉聲色說到田獵觀濤，極盡鋪排誇張之能事。

㈡善於描事狀物

這兩點正是漢賦的主要特徵。〈七發〉以兩千多字的篇幅說明聲色犬馬之樂不如聖賢之言有益，具有一定的諷諭作用。作者對帝王的腐朽生活方式作了諷刺與批判，作為宮廷文人是難能而可貴的，其描寫也相當生動形象。〈七發〉並沒作直接的說理，而是通過形象的比況描繪來陳述作者的思想，如寫濤，以行軍作戰作比喻，把濤的聲勢寫得淋漓盡致。其語言也不像一般漢賦那樣平板，而是富有變化。

三、〈七發〉在賦史上的地位

以上這些特徵確立了〈七發〉在《楚辭》到司馬相如、揚雄諸人之賦中間承前啟後的地位。自〈七發〉之後，仿作很多，形成了賦中的一個專體，被稱之為「七」體，如〈七激〉、〈七興〉、〈七依〉、〈七說〉等。總之，〈七發〉是標誌著新體賦——漢賦正式形成的第一篇作品，在賦的發展史上有著極為重要的地位。

23、司馬相如對漢賦的發展有何貢獻和影響？（84中央）

答

司馬相如在文學上的成就

漢賦由司馬相如大賦的出現而進入鼎盛期。他是漢大賦眾多作者中最傑出的代表。他的賦繼承了《詩經》的頌、《楚辭》的鋪陳，荀賦的詠物、以及宋玉、賈誼賦的抒情等特色，發展創造了大賦的體製，後來的賦家無不追隨他，模仿他。據《漢書．藝文志》載：他的賦有二十九篇。現存其名下的賦有〈子虛〉、〈上林〉、〈哀二世〉、〈大人〉、〈長門〉、〈美人〉六篇。其中〈子虛〉、〈上林〉二賦是其代表作，〈長門賦〉對後代宮怨文學影響也很大。他這些賦的成就與特色是：

㈠結構宏偉，氣魄雄大

司馬相如學識淵博，想像豐富。他說：「賦家之心」，要「包括宇宙，總覽人物」（《西京雜記》）。

〈子虛〉、〈上林〉二賦是司馬相如的代表作品，它們是姊妹篇。〈子虛賦〉作於景帝時，以子虛誇張楚國雲夢澤開始，炫耀楚王遊獵雲夢澤的盛大場面。而烏有卻以齊國渤澥、孟諸可以吞沒雲夢澤，壓倒了楚國。〈上林賦〉作於武帝時，寫亡是公聽了子虛、烏有的話之後，極力誇讚天子上林苑的壯觀和天子射獵的盛舉，壓倒齊楚。〈子虛〉、〈上林〉二賦，在枚乘〈七發〉的基礎上長足前進，自創新格。賦中虛構人物，設為問答，子虛、烏有、亡是公三人互相誇耀，層層推進形成了二賦的壯偉氣勢；題材廣泛，舉凡山川物產，宮苑，遊獵，幾乎無所不包；結構宏偉，鋪張誇飾，辭采繁縟，創制了散體大賦。僅就「不師故轍」、「變體創新」這一點來說，〈子虛〉、〈上林〉二賦還是有貢獻的。

㈡確立了漢賦篇末致諷的傳統

〈子虛〉、〈上林〉二賦主要描寫帝王貴族的享樂生活，自然適合帝王口味，同時，「曲終奏雅」，篇末寫天子解酒罷獵，戒奢侈，行德政；「天下大悅」，也適合帝王的政治需要。因而博得漢武帝的欣賞。後世賦家如揚雄、班固、張衡等人競相模仿，他們以京都、宮苑、田獵為題材，誇讚漢帝國，歌頌漢天子，也於篇末稍事規諷。這樣，〈子虛〉、〈上林〉二賦就為漢賦指出了一條歌功頌德，篇末致諷的道路，勸百諷一，相沿成習，遂成傳統。

㈢某些篇章善於抒情

司馬相如的賦中最突出的是〈長門賦〉，此賦為漢武帝的陳皇后失寵而作。賦文以陳皇后的口吻，細致生動地抒寫了她盼望君王而君王不至的複雜心情。

〈長門賦〉在寫作技巧上充分體現了漢賦鋪張揚厲的特點，顯示出司馬相如在漢賦的寫作上達到了極高的水準。特別是在刻畫人物內心世界和起伏難平的感情上，細致入微，情真意切，令人擊節讚嘆。本賦以時間做經線，以感情的發展為緯線，兩者完美和諧地交織在一起，很有層次地展開了敘述。時間的推移上從傍晚寫到第二天的黎明；感情的變化上，從陳皇后傍晚時對君王的盼望，寫到第二天天明不見君王到來時的絕望，哀婉跌宕，悲切淒苦，這些悲愁抑鬱的動作和心理活動的描寫，都帶有濃重的抒情色彩。

24、試述張衡的重要賦篇及其在賦史上承先啓後的地位。（77台大）

答

一、張衡的生平

張衡，字平子，南陽西鄂（今河南南陽）人。他是我國古代傑出的科學家和著名的文學家，在文學史上占有重要的地位，漢賦的轉變由他首開其端。

張衡生活在東漢中葉以後，正值東漢帝國由盛轉衰之際。自和帝開始，登基的皇帝多屬年幼無知，外戚、宦官兩大集團交迭專權，政治十分腐敗。加以帝王貴族奢侈成習，橫征暴斂，農村破產，民生凋敝。正值的文人士大夫屢遭排擠和迫害。張衡身處這種黑暗年代，雖然有才能有抱負，卻無法施展，於是他把自己的感受訴之於創作，因而他的賦較能注重現實，諷諭性較強。

二、張衡的重要賦作

張衡在辭賦上代表作是〈二京賦〉及〈歸田賦〉。

㈠〈二京賦〉

〈二京賦〉的寫作花了十年時間，是張衡的成名之作，寫作方式是模擬班固〈兩都賦〉，但結體宏偉，被稱為京都大賦的「長篇之極軌」。賦的主旨在於諷諫奢侈，勸諭節儉，比之以前的漢大賦較有現實意義和真情實感。賦中規勸君王要懂得「水所以載舟，亦所以覆舟」的道理，表現了作者對君王的危機深感憂慮，富於遠見卓識。此外，此賦還寫了一些社會風俗人情，如「角觝百戲」等，也都生動細膩。

㈡〈歸田賦〉

〈歸田賦〉藉想像中的歸田之樂，抒寫作者「仕不得志」的憤懣感情。開頭寫他離京歸田的原因，中間寫隱居山林田園的樂趣，末尾以老子「縱心物外」、「安知榮辱」的人生態度作結。作品中反映出作者對黑暗現實的不滿，和不願同流合污的精神。在寫法上，一掃漢代大賦那種鋪采摛文、虛誇堆砌的手法，在短小的篇幅中，以清麗的文句，描寫了田園生活中春日景物的美妙，抒發了自己歸田後恬淡安逸的心情，情景十分和諧。語言清新，單行中頗雜有駢偶成分。

這樣，漢代辭賦就由專為帝王貴族歌功頌德並供其賞玩的體物賦，變為表現個人胸懷情趣的抒情賦，由長篇巨製變為短篇佳什。所有這些，標誌著漢賦的傳統體製開始被突破，在賦的發展史上具有創新意義。因此我們說張衡稱得上是一位承前啟後的賦家。自張衡開始，抒情小賦不斷出現，對魏晉抒情賦的發展產生了重大的影響。

25、下列各賦作者及其創作之旨趣：(1)〈甘泉賦〉(2)〈洞簫賦〉(3)〈鵩鳥賦〉(4)〈長門賦〉(5)〈述行賦〉(6)〈刺世疾邪賦〉。（台大期末考）
26、略述司馬相如〈長門賦〉之大意及其價值。（77政大）

答

一、〈甘泉賦〉

西漢·揚雄作。甘泉本是秦朝離宮，極其奢麗，經漢武帝大量增建後，更為華美。

此賦意在崇儉刺奢。賦從漢成帝乘輿往甘泉宮郊祀寫起，由遠而近，對甘泉宮建築群進行極度誇張的描繪。它高的望不到頂，大的看不到邊，日月星辰從它的屋簷經過，雷電交作於其牆根，鬼神還沒有爬到頂就紛紛墜下。殿前植的是蒼翠青葱的玉樹，殿壁裝飾的是光彩奪目的瑪瑙和犀牛角。仙人至此，也「猶彷彿其若夢」。作者借此說明，這種豪華的建築不是人世間所能建造的，只有依靠鬼神的力量才能完成，從而希望當朝皇帝引起警覺，不要像漢武帝那樣奢侈，浪費人力、物力和財力，加重百姓負擔。

全賦鋪陳細膩，用典繁博，筆力酣暢，辭藻雅麗，將甘泉宮描繪得有聲有色，淋漓盡致。南朝梁劉勰評為「構深瑋之風。」

二、〈洞簫賦〉

西漢·王褒作。漢宣帝時，作者為諫議大夫，當時太子體不安，愁苦不樂，宣帝詔令王褒往侍，乃作此賦獻娛太子。太子嘉賞，令後宮貴人左右誦讀。

此賦從洞簫之材竹寫起，狀其形、繪其色、頌其雅；由竹而簫，寫其形制之巧，飾物之美；狀其音聲，嘆其優美動聽，變化無窮；末寫簫聲感人動物之深。

全賦刻意修辭，描寫細微。多用排偶句，乃魏、晉、六朝駢儷文之肇端，對詠物賦、詠物詩的形成和發展產生較大影響。南朝梁劉勰謂：「子淵〈洞簫〉，窮變於聲貌。」

三、〈鵩鳥賦〉

西漢·賈誼作。作於漢文帝六年（西元前一七四年），時作者謫居長沙，為長沙王太傅。有鵩鳥飛入作者舍中，止於坐隅，從容不驚。楚人以鵩鳥為不祥之物，作者自傷被謫，長沙卑濕，以為壽不得長，傷悼之，乃作此賦以宣洩哀傷之情。

賦中假託與鵩鳥對話，抒發懷才不遇的抑鬱不平情緒。賦據老莊「萬物變化」之理，說明禍福榮辱、憂喜生死皆不足介意，充滿「縱軀委命」的思想，同時也表現出作者對自己不幸遭遇和對黑暗現實的不滿。

此賦主要用散文體形式，不務辭藻，不主夸飾鋪陳，為辭賦之流變，開漢賦之先聲。文中頗多說理之處，蘊義深刻。南朝梁劉勰謂：「賈誼〈鵩鳥〉，致辨於情理。」（《文心雕龍》）清劉熙載謂：「〈鵩鳥〉爲賦之變體。」（《藝概》）

四、〈長門賦〉

西漢．司馬相如作。陳皇后被漢武帝遺棄，謫居長門宮，慕作者文名，出黃金百斤請作此賦，希望感動武帝，使其回心轉意。

賦中寫一居於深宮永巷中的失寵皇后苦悶抑鬱情緒。她受到帝王冷落，「形枯槁而獨居」，卻又時時盼望著君王到來。

賦中詞句反覆重疊，極盡鋪張揚厲之能事，想像豐富，誇張靡麗。情調纏綿悱惻，委婉動人，是一篇優秀的抒情小賦，對後世宮怨詩影響頗深。明．王世貞謂：「〈長門〉從《騷》來，毋論勝屈，故高於宋也。」「〈長門〉『邪氣壯而攻中』語，亦是太拙。至『揄長袂以自翳，數昔日之諐殃』以後，如有神助。」（《藝苑卮言》）清．劉熙載云：「〈長門賦〉出於〈山鬼〉。」（《藝概》）道出其淵源所自。

五、〈述行賦〉

東漢．蔡邕作。見《古文苑》。延熹二年（西元一五九年），宦官徐璜建議漢桓帝，召作者到洛陽皇宮彈琴。作者被迫應徵，在赴洛陽途中，感到憤懣難抑，行至偃師（今屬河南），便毅然託病轉車返回故鄉。

本賦記述的就是他此行途中的所見所聞所感。作品描繪一路所遇的景物氣候，並聯繫所經之處的史跡，抒發內心的感慨，最後譴責君王貪得無厭，奢靡無度，他們自己「窮變巧於臺榭」，「消嘉谷於禽獸」，而害得百姓「露處而寢濕」，「糠秕而無粒」。此文表現了作者遭逢亂世、彷徨失意的感傷情緒，具有深刻的現實意義。

全賦感慨憤激，情辭沈痛，陳古刺今，針砭深刻。

六、〈刺世疾邪賦〉

東漢．趙壹作。見《後漢書．趙壹傳》。此賦從五帝三王落筆寫到漢末，指斥春秋以至秦漢的為政者，不顧「生民之命」，只知「利己而自足」，同時還揭露當時邪惡奸耀武揚威、竊據高位，而剛強正直的有才之士不容於時、遭殃受害的腐敗政治。作者將這種黑暗的社會現實歸咎於「執政之匪賢」，並鮮明地表示自己「寧饑寒於堯舜之荒穢兮，不飽暖於當今之豐年」的憤世嫉惡之情。

全賦把議論與抒情融為一體，感情激昂慷慨，說理透闢淋漓，言詞辛辣尖銳，加以大量生動的形容和新鮮的比喻，使文章具有極大的感染力。

> 27、請說明漢賦之價值。（67、73政大）
> 28、漢賦為後人所疵議者約有幾端？所言是否公允？試陳所見。（84中興）
> 29、漢賦在中國文學史上之成就及影響如何？一般文學史著作中對漢賦經常出現負面的評價，諸如「歌功頌德」、「欲諷反勸」、「誇張失實」、「鋪陳堆砌」等等，這些批評是否確當？諸君試就所知以對。（86成功）

答

我們探討漢賦的文學價值，至少要兼括兩方面：一是客觀的尋求它在文學史上的地位，考察它對文學發展的影響；二是文學欣賞價值的認定。

一、對文學發展的深遠影響

漢賦對後代文學發展，影響十分重大而深遠。因為它是承續《楚辭》而發展出來的新文體，所以它的影響大體是承《楚辭》的餘緒而強化的。

為貴遊文學的漢賦，它的影響是多方面的。

㈠從好的方面說

1、它能在無中生有，促進人們的幻想或想像力。

2、由於刻畫細微，引導人們對事物作精密觀察。

3、鑄造瑋詞，給予人們對於構辭造語方法新的啟示。

4、楚艷漢侈，流弊不還，極於六朝駢儷文體，也為中國文學開導一派主流。

5、由此使文章與學術分途：一方面文章成為士大夫的專利品，一方面也產生了只會寫文章的士大夫。這些在中國文學史上都是不可忽視的事實。

㈡從壞的方面說

1、由它促進了誇誕的作風，以諧讔代替知識。

2、識小忘大，使見解無法深入；二者使學術庸俗化，即使兩漢大作家的作品，雖常設有「子虛」、「烏有」、「亡是」、「齊臣」、「楚客」之辭，但其立論都很浮淺，這當然是因其「不以立說為宗，但以能文為本」的緣故。

3、末流羅列瑋字奇詞，有如字林。

4、鋪張字面，因文造情；二者既不足以扣人心弦，而又徒勞心目，流弊所屆，文學作品便如排字遊戲，而為少數士大夫之專能，及其浸潤民間文學，也變作優孟衣冠了。

二、文學欣賞價值之認定

雖然漢賦大多是貴遊文學，而具有貴遊性質的文學，也大多運用賦體。但漢賦並不等於是貴遊文學，貴遊文學也並不等於漢賦。換句話說：被稱之為漢賦的，並不全然具有貴遊性質，而貴遊文學也不限於漢賦。

漢代以賦名篇的，除了〈子虛〉、〈上林〉、〈兩都〉、〈二京〉等典型的漢賦，或稱之為古賦，走宋玉以下貴遊文學的路數之外，還有保留屈原離騷形式與抒懷內容的騷體賦，如賈誼的〈鵩鳥賦〉、班固的〈幽通賦〉、張衡的〈思玄賦〉和〈歸田賦〉。另外，我們只要讀了趙壹的〈刺世疾邪賦〉、蔡邕的〈述行賦〉和禰衡的〈鸚鵡賦〉，就可以知道：賦並不是歌頌美德獻媚人主的專利品。東漢末年，朝政日非，民生日困，漢賦的貴遊性質，也就日趨沒落了。這些抒情言志的小賦也就代之而興，而這些小賦正是漢賦中文學價值較高的作品。

30、試敘述從漢經魏晉至南北朝。此期間，「賦」之體製、內容之演進情況。（71台大）
31、試述賦自魏晉以降演變之大略。（73政大）
32、略述賦在兩漢之發展，及其在漢代以後之流變。（74政大）
33、試論賦的發展和古文之間的關係。（86輔大）
34、試述賦自漢以降唐宋，在形式、內容方面之演進情形。（86彰師大）

35、試述魏晉以迄唐宋之賦體演變。（86政大）
36、試述漢魏六朝唐宋賦體之因革，並舉例以說明賦體之寫作體制。（87花師；87高師大）
37、自漢至宋，賦的演變如何？請分別就內容與形式撮要介紹。（88中正）

答

賦在漢代以後還有很大的發展。從賦的體製特點和演變情況來看，一般可以分為魏晉、南北朝、唐宋和明清四個時期。

一、魏晉時代

魏晉時賦的發展明顯地呈現出兩種趨勢。在內容方面是詠物賦激增，大多取材於「草區禽族」，而在此外的一些作品中抒情成分增多；在形式方面則表現為除個別大賦外，作品的篇幅普遍短小，行文也日趨活潑，很大程度上擺脫了漢賦堆積名物辭藻的板重之習。

最能代表這一時期辭賦發展成就的，當推曹植、王粲、陸機和潘岳等人。

曹植有〈幽思〉、〈慰子〉、〈出婦〉及〈洛神〉諸賦，而以〈洛神賦〉最負盛名。它以對洛神動態美的生動刻畫和作者可望而不可及的追求，使整篇作品閃爍著一種奇異的光彩。王粲的〈登樓賦〉雖然沒有〈洛神賦〉那樣絢麗多彩，但登臨抒懷，表現了作者身處亂世、懷才不遇、思鄉戀土的深摯情感，格調悲涼。論者以為可作〈建安賦〉的代表。西晉．陸機的賦以駢儷見稱，他的〈文賦〉、〈豪士賦〉、〈浮雲賦〉等作已為駢四儷六的雛形。其中〈文賦〉首次運用賦的形式闡述自己的文學見解，對後來劉勰《文心雕龍》的創作很有影響，在我國文學批評史上也占有重要的地位。同時的潘岳，其賦以情韻取勝。他的〈閒居〉、〈秋興〉、〈悼亡〉諸賦，都以清綺潔淨的文字寫景抒懷，具有詩的韻味。此外，這一時期的巨篇宏製如左思的〈三都賦〉及郭璞的〈江賦〉也很有名。前者係作者以十年時間寫成，其中以〈蜀都賦〉最為可觀。相傳此賦一出，人們竟相傳抄，當時洛陽為之紙貴。後者狀寫了長江的浩渺宏闊，以及沿途的地產物貌，頗能體現賦鋪張揚厲的本色。其他如嵇康的〈琴賦〉、向秀的〈思舊賦〉等，也為人推重。

二、南北朝時代

賦在南北朝時的發展最突出的特點是講究辭藻對仗，強調音韻，大量用典，追求形式技巧的新奇完美。這一時期的賦被稱為駢賦或俳賦。

鮑照是南朝宋時最有成就的作家，他的〈蕪城賦〉以華麗形象的語言摹繪了廣陵城昔盛今衰的景象，其對比之鮮明強烈、感情之深摯悲愴，不僅在賦的同類作品中別具一格，而且在整個賦的發展史上也是屈指可數的傑作。與其同時的謝惠連和謝莊，分別因〈雪賦〉和〈月賦〉馳名賦壇。他們將山水詩創作中的清新風格帶入賦中，使作品具有一種清高絕俗的意境。他們的功績在於豐富了賦的體物技巧，將詠物賦推向了一個發展的新階段。時間稍晚的江淹，也是南朝一位著名的賦家。他作賦頗多，而以〈恨〉、〈別〉二賦最為後人傳誦。其〈恨賦〉寫帝王、名將、美女、高士各類人繼志以沒的千古遺恨，〈別賦〉寫現實社會中人的各種離別以及由此而來的哀怨，二作形式精巧，筆調優美，情意深摯，具有令人盪氣迴腸的感染力，是駢體抒情賦中的不朽名篇。由南入北的大作家庾信，堪為這一時期辭賦創作的傑出代表。他寫於晚年、飽含身世之慨、故國之思的血淚之作〈哀江南〉、〈小園〉、〈枯樹〉等賦，都有很高的成就。其中〈哀江南賦〉更以其宏偉的篇製、真實的紀錄和深沈的感慨，展現了梁朝由盛而衰而亡的歷史畫卷，格調蒼涼老成，意態沈鬱激昂，致被後人比作又一篇〈離騷〉。庾賦多用典實，句式駢儷，然能以氣貫注其間，故雖用事而不覺繁冗，雖排偶而不呆板，可謂駢賦中的瑰寶。

三、唐宋時代

律賦的形成和大量創作、文賦的復興和進一步發展，是唐宋時期辭賦創作的二個重要特點。隨著唐宋科舉以詩賦為主的制度的建立和推行，一種在六朝駢賦基礎上更講限字用韻的應試賦形成了，這就是被人稱為律賦的那些作品。唐代另有一種演述故事的俗賦近來在敦煌文獻中被發現，如〈晏子賦〉及〈韓朋賦〉等賦，也是應該提及的。

現存最早的律賦是初唐四傑之一王勃的〈寒梧棲風賦〉，以「孤清夜月」為韻。後來隨著律賦的發展，用韻字數逐漸被一般確定為八字。唐代以律賦著稱者有李程、王起、白居易、元稹、賈餗、蔣防等人。李程的〈日五色賦〉（以「日麗九華，聖符土德」為韻）、王起的〈五色露賦〉（以「率土康樂之應」為韻）等，都是比較標準的場屋文字。宋代律賦則以范仲淹〈金在溶賦〉、歐陽修〈藏珠於淵賦〉、蘇軾〈濁醪有妙理賦〉等，較為後人稱道。除律賦外，唐代李白的〈大鵬賦〉、杜甫的〈明堂賦〉，曾被清人章太炎認為是隋以後賦的殿軍。另杜牧有〈阿房宮賦〉，描寫工麗，議論精警，內容和形式都很完美，也是一篇膾炙人口的作品。

到宋代，以散文筆法寫賦的作品頗見盛行，前人稱之為文賦。宋代文賦當首推歐陽修的〈秋聲賦〉和蘇軾的前後〈赤壁賦〉。歐作憑藉對秋聲的形象描摹，傾訴了人生的普遍悲哀，表現出作者晚年的一種蕭瑟的情懷；蘇賦則以秋江月夜、山川形勝和對古人的追念，展示了作者不以個人得失為慮的曠達胸襟。這些作品既具賦工體物的傳統，又熔描寫、議論、抒情於一爐，且形式自由，文辭暢達，實集賦體作品藝術手法之大成。此外，邵雍〈洛陽懷古〉、蔡確〈送將歸賦〉等賦也頗具特色。這類文賦，前人或謂係歐陽修所創，實則不然，其為體已早見於先秦時宋玉的〈風賦〉等作，至宋代大盛而取得突出成就，是與唐宋古文運動的提倡先秦兩漢散文相一致的。

四、明清時代

明清時賦在形式方面沒有什麼新的發展，但在八股文盛行的同時，賦的創作在句式和押韻方面也呈現出一種八股化的傾向。但這一時期也不乏佳作，如明末夏完淳的〈大哀賦〉、清代張惠言的〈黃山賦〉等，就是為人讚賞的名篇。

38、解釋名詞：駢賦。（78中央）

39、詮釋「俳賦」。（88中山、中興）

答

駢賦亦稱「俳賦」。它孕育於漢、魏之際，而流行於兩晉、南北朝，這與六朝駢文和聲律說的盛行有密切的關係。

駢賦的特點是對仗巧密，韻律協調，煉詞熔典，句式整齊，多以駢四儷六為節奏單元，以連綴麗藻美詞為謀篇根本。與大賦比較，它更具有詩體美和音樂美。駢賦的出現，使賦文學趨向綺麗，有些駢賦作者由於太注重搜奇摘艷，作品往往情為辭沒，並顯得靡弱。但駢賦並非沒有佳作，如鮑照〈蕪城賦〉、江淹〈別賦〉、庾信的〈哀江南賦〉都是駢賦。陸機以駢賦形式寫的文論〈文賦〉亦著稱於世。

第六章　漢代詩歌

研讀重點

一、漢代詩歌的發展
二、「樂府」的涵義
三、樂府詩的分類
四、樂府詩的精神與藝術特色
五、樂府詩與古詩的異同
六、樂府詩對後代詩歌的影響
七、文人樂府與民間樂府的異同
八、七言古詩：柏粱體
九、五言詩的起源
十、《古詩十九首》時代背景與內容
十一、《古詩十九首》的藝術特色
十二、《古詩十九首》的文學價值
十三、〈孔雀東南飛〉的思想意義與藝術成就

1、試評漢代之詩歌。(59師大)

答 西漢至東漢四百年間的詩歌創作,包括文人創作和民間歌謠。漢代詩歌是在《詩經》、《楚辭》和秦、漢民歌的基礎上發展起來的,大致經歷了從民間歌謠到文人創作、從樂府歌辭到文人徒詩即「古詩」、從四言體到五言體、從騷體到七言體,從敘事詩到抒情詩的發展過程。其中以兩漢樂府民歌和東漢後期無名氏文人五言古詩的成就最高,影響最大。

一、樂府民歌

漢樂府民歌是漢代民間所作(當然經過文人及樂師加工)。據《漢書.藝文志》載,西漢樂府民歌有一三八首,後散失殆盡。今存民歌大部分產生於東漢。漢樂府民歌「感於哀樂,緣事而發」,具有豐富的社會內容和高度的思想性。

漢樂府民歌的顯著特點是,題材比較廣泛,思想內容比較豐富複雜。它們多採用敘事的形式,揭露現實生活中的苦難、抨擊社會黑暗,也夾雜一些人生無常、及時行樂、神仙長生的思想情緒。

漢樂府民歌的優秀作品如〈孤兒行〉寫孤兒慘遭兄嫂虐待剝削,〈東門行〉寫貧夫被環境所迫走向反抗道路，〈十五從軍征〉寫老兵服役回家後的孤苦，〈豔歌行〉寫遊子在異鄉的畏懼，〈豔歌何嘗行〉寫夫妻悲慘離別，〈上山採蘼蕪〉寫男子喜新厭舊，都生動而深刻地表現了下層老百姓的痛苦和反抗。而〈陌上桑〉正面歌頌羅敷對太守調戲的反抗，揭露諷刺了為政者的醜惡；〈雞鳴〉、〈相逢行〉等則直接寫為政者驕奢淫佚的生活。此外還有不少歌頌清官賢良或抨擊官吏污濁的民歌謠辭。

東漢樂府最傑出的作品便是長篇敘事詩〈孔雀東南飛〉。它通過傳統家庭中一對恩愛夫妻的婚姻悲劇，有力地控訴了傳統禮教的罪惡，在思想、藝術上都足以代表東漢樂府民歌的成就和特點，同時標誌著民歌藝術已發展到高度成熟的五言詩的階段。

二、文人詩

漢代文人的詩歌創作是漢文學的薄弱環節，除《古詩十九首》外，成就不大。一般認為，漢代文人詩可分三種類型：㈠是沿襲騷體詩；㈡是模仿《詩經》的四言體；㈢是文人創作的五言詩。

先秦盛行的四言詩與騷體的形式在西漢勢力大減，僅有劉邦的〈大風歌〉、〈鴻鵠歌〉，漢武帝的〈秋風辭〉、〈瓠子歌〉等。五言詩從民間歌謠產生，後來被文人們注意和模仿。

梁鴻〈五噫歌〉是四言加上嘆詞；張衡〈怨篇〉「清典可味」（《文心雕龍．明詩》）；都顯示著四言詩努力擺脫古奧的困境。馬援〈武溪深行〉和張衡〈四愁詩〉則顯示著向七言演變的軌跡。

而發展最顯著的就是五言體詩。班固〈詠史〉、應亨〈贈四王冠詩〉雖然「質木無文」(《詩品．序》),卻表明東漢前期文士開始採用俗曲五言體作詩。其後,張衡〈同聲歌〉已具情采。到桓帝、靈帝之後,出現了秦嘉、徐淑夫婦的〈贈答詩〉,蔡邕〈翠鳥〉,酈炎〈見志詩〉,趙壹〈刺世疾邪詩〉,以及孔融〈臨終詩〉,這些作品都是較好的五言抒情詩。此外,辛延年〈羽林郎〉、宋子侯〈董嬌嬈〉,明顯表現出文士的五言詩從樂府歌辭脫胎而來。大約與此同時,以《古詩十九首》及所謂「蘇、李詩」為代表的一大批無名氏文人所作的五言詩,在民間廣為流傳,抒發文士失志傷時、離愁別怨、譏世刺俗以及人生無常的不滿情緒,表達他們嚮往仕進、渴望完聚、要求愛情忠貞和友誼誠摯的願望。它們的藝術性很高。劉勰說:「觀其結體散文,直而不野,婉轉附物,怊悵切情,實五言之冠冕也。」(《文心雕龍．明詩》)六朝人統稱之為「古詩」,奉為典範,其後便相沿成為這一種詩體的專稱。無名氏古詩的湧現,表明文人五言抒情詩達到高度成熟階段。從此到建安時代,「五言騰踴」,脫離樂府而獨立發展,取代四言體而成為文人詩歌創作的主要形式。

2、漢樂府詩何由而興?郭茂倩《樂府詩集》有關漢樂府之分類如何?試舉所知以對。(60政大)

答

一、漢武帝設樂府之用意

「樂府」是古代主管音樂的官署。「樂府」一詞最早見於秦代。西元一九七七年在西安市驪山秦始皇陵墓附近出土的秦代編鐘上，就有秦篆「樂府」二字。不過，秦代樂府的情況由於未見文字記載，故不得而知。西漢初惠帝時設樂府令（樂府長官），但其掌管的只是郊廟朝會之樂章，規模不大。而把樂府擴充為大規模的專署，把「採詩配樂」作為樂府的一項重要任務，則始於武帝。《漢書．禮樂志》說：「至武帝定郊祀之禮，……乃立樂府，採詩夜誦，有趙、代、秦、楚之謳。以李延年爲協律都尉，多舉司馬相如等數十人造爲詩賦，略論律呂，以合八音之調，作十九章之歌。」《漢書．藝文志》說：「自孝武立樂府而採歌謠，於是有趙、代之謳，秦、楚之風，皆感於哀樂，緣事而發，亦可以觀風俗，知薄厚云。」由此可見，樂府的具體任務是制定樂譜、訓練樂工和搜集歌辭，以供祭祀、朝會、軍旅、宴享等方面的需要。

二、樂府詩興盛的原因

文學是時代的產物。任何一種舊文體，若隨著時代沒落而崩潰的時候，必另產生一種新的文體。兩漢樂府的興起，就是在《詩經》及《楚辭》文學沒落中產生出來的。樂府興起的原因，約有下列四點：

㈠文體的發展

文學是活的，有生命的，新陳代謝的。兩漢樂府就是隨這種自然趨勢而興起的。漢承秦之後，其時，雅樂已衰，周詩聲律間有存者，亦不過用於鄉射辟雍，及太樂食舉曲中；自郊祀神靈以及燕享所用，莫非鄭聲，在這種民情風尚之下，樂府就很容易的在《詩經》、《楚辭》文學的尾聲中產生出來，繼承了它的生命。因此，我們可以說——兩漢樂府的興起，是時代上的一種自然趨勢，是文學史上一種必然的現象。

㈡社會環境使然

環境的力量可以轉移社會的制度。兩漢樂府所以大興，除去上面所說的自然趨勢外，與當時的環境頗有密切關係。一則那時正當春秋戰國大亂之後，人民都渴望著愉快和安慰，自然大家愛習歌樂；二則到了漢武帝時，經過了文景兩代的休養生息，國家非常富庶。朝野上下易於在國泰民安，經濟充裕的時節作樂歌的消遣。所以，樂府歌曲便漸漸的普遍起來。

㈢武帝的提倡

說起來，漢樂府蓬勃而興，要屬武帝提倡的力量為最大。《漢書．藝文志》所載，漢代所收集吳、齊、鄭等地歌詩為一四九篇；文人的詩頌，八十五篇。又〈禮樂志〉所載，自武帝擴充樂府至哀帝，樂工有八二四人之多，而且，他們都有一定的組織和職責。從這些記載更可見漢代提倡樂府的風氣是怎樣的盛行了。

㈣外國的影響

武帝好大喜功，南征北戰，中國與四夷的交通便因之漸開。於是，西方的胡樂和天竺的佛樂也就藉著這個機會傳入中土。漢樂府遂無形中受了他們的影響。《晉書．樂志》記載李延年因胡曲更造新聲二十八解，乘輿以為武樂。這足以證明武帝時採用胡樂更造新聲的事實。那麼，漢代樂府的興起，受有外國的影響，無庸贅言。

三、樂府詩的分類

歷來公認對樂府分類最允當的，是宋．郭茂倩《樂府詩集》。他根據樂府詩的來源和用途不同，分為十二類：

㈠**郊廟歌辭**　祭祀用的歌辭。分用於祭祀天地神祇的郊樂和祭祀祖先宗廟的廟樂兩種。漢〈安世房中歌〉及〈郊祀歌〉都屬於此類。

㈡**燕射歌辭**　朝廷享宴用的歌辭。有「親四方之賓」的天子享宴之樂，「親故舊朋友」的大射辟雍之樂和「親宗族兄弟」的天子飲食之樂。

㈢**鼓吹曲辭**　軍樂的歌辭。用簫笳鼓鉦等器樂合奏。漢〈鐃歌十八曲〉即屬此類。

㈣**橫吹曲辭**　也是軍樂的歌辭。橫吹曲原先也名「鼓吹」，後世分開，以鼓角為樂器，馬上吹奏。梁〈鼓角橫吹曲〉即屬此類。

㈤**相和歌辭**　原是漢代的「街陌謠謳」，而後為樂府所採摭者。在漢樂府中最有價值，魏晉文人樂府詩也大多用此類舊題。

(六)清商曲辭　東晉南朝時期流行的清商新聲歌辭。江南吳聲、荊楚西曲都屬此類，頗多民間歌辭。

(七)舞曲歌辭　分雅舞和雜舞兩類；雅舞用於郊廟朝饗，雜舞大都起於民間，而後傳入宮廷，用於宴會。

(八)琴曲歌辭　配合琴曲的歌辭。

(九)雜曲歌辭　上述諸曲之外，或未被樂府採摭，或後世不詳其聲調。不能明確其歸屬者。也有不少是民間歌辭。

(十)近代曲辭　隋唐時代的雜曲歌辭。

(土)雜歌謠辭　歷代歌謠、謠讖、諺語等等。此類實際上不屬於樂府詩，然樂府本多出自歌謠，往往有足相印證處，故郭氏連類及之，列為一類。

(主)新樂府辭　唐代詩人的新題樂府詩。

這十二類，概括而不疏簡，詳明而不繁瑣，清晰地反映出樂府詩的全部面貌。故此後編錄樂府之書，於分類名目，雖略有變動，然大抵不出此書範圍。十二類中郊廟、燕射、鼓吹三類，僅僅少數漢代歌辭較有新意，其餘都是死氣沈沈的廟堂頌歌，毫無意義。舞曲歌辭專為貴族享宴所製所用，可取者也少。琴曲中收了不少上古琴歌，其實都是後世贋作。漢魏六朝樂府詩最有價值的部分，幾乎薈聚於相和歌、雜曲歌、清商曲以及橫吹曲四類，我們通常所說的樂府民歌，也絕大部分在這四類中，它們是樂府文學中最可珍視的瑰寶。

四、樂府詩的影響——請見本章第8題。

3、何謂樂府？樂府與古詩有何差異？樂府之精神與特性何在？（69、74師大）
4、解釋名詞：樂府。（78中正）
5、漢代樂府的定義、內容、特色、代表作品與其與五言詩的關係。（84華梵）
6、樂府一詞之由來為何？樂府詩之形式、命題、特質為何？其在中國文學史上地位又如何？（84成功）
7、略述漢代樂府民歌的藝術成就及其影響。（88成功）
8、何謂「樂府」？漢樂府之內容及其特色何在？試擇要述之。（89文化）
9、兩漢樂府是中國詩歌發展過程中的單要階段，請扼要就漢樂府的起源和發展、性質、內容、文學風格等問題加上評述，析論漢樂府詩在文學史上的地位與意義。（90暨南）
10、說明兩漢樂府的內容、精神及其藝術特色。（90靜宜）

答

樂府民歌真實而廣泛地反映了漢代社會的現實生活，傳達了人民的心聲，是《詩經》現實主義優良傳統的繼承和發展。

一、何謂樂府？

「樂府」原是古代音樂官署的名稱。秦和漢初，就有了樂府，但規模不大，也未與民間歌辭發生關係。到了漢武帝時，進一步擴大了樂府的規模和職能，不僅為文人創作的詩製譜配樂，還兼採各地的歌謠。其採詩的目的，主要是為了豐富樂府的樂章，以供朝廷各種典禮和娛樂之用，但也有考察民風民情的意思。據記載，當時採詩的地域很廣，採集的民歌有一三八首，但都沒有保存下來。今存漢樂府民歌約四十餘首，其中多是東漢作品。

漢人把合過樂的樂府歌辭稱為歌詩，六朝人則把它稱為「樂府」。這樣，「樂府」就由音樂官署的名稱變為一種詩體的名稱了。不過，六朝人也把文人襲用樂府舊題或模仿樂府體裁寫成的作品，不管入樂與否，均稱為「樂府」。

二、兩漢樂府詩的內容與精神

㈠反映人民飢寒交迫的悲慘遭遇，表現他們怨恨和反抗環境的情緒

〈婦病行〉描寫了一個貧民家庭，妻子久病致死，而家中一貧如洗，父親無法養活孤兒的悲慘情景，淒涼酸楚，不忍卒讀。〈東門行〉描述一個城市貧民，在走投無路的情況下，被迫鋌而走險的情景。

㈡反映戰爭給人民帶來的深重災難和痛苦

〈戰城南〉通過對戰場上淒慘荒涼景象的描寫，有力地控訴了帝王窮兵黷武的罪行。

〈十五從軍征〉通過一個幾乎終生在外服役的老兵的自述，揭露了不合理的兵役制度對人民的殘害，意義性很強。

(三)反映人民的飄泊生活和思念親人的痛苦心情

〈艷歌行〉及〈悲歌〉等詩反映了異鄉飄泊者的淒苦情景。〈飲馬長城窟行〉則以清新自然的語言，比興、頂針等藝術手法，反映了閨中思婦的纏綿淒楚之情

(四)反映當時的社會問題和人民反抗傳統勢力和禮教的精神。

〈上邪〉寫一個女子向所愛的人發出的誓言，一連用了五個天地間不可能出現的事，來表達自己至死不渝的愛情。〈上山採蘼蕪〉通過棄婦偶然與故夫相遇的一番問答，深刻反映了傳統社會中婦女在婚姻上的悲慘遭遇。

(五)以寓言詩的形式，曲折地反映了世情險惡和當時為政者的凶殘。

〈枯魚過河泣〉及〈烏生〉等就是這類詩歌。

三、兩漢樂府詩的藝術特色

兩漢樂府詩的藝術特色主要表現在藝術形式、敘事手法和語言風格等三個方面。

(一)嶄新的藝術形式

四言詩和楚辭體至漢代實際上已趨於僵化，新詩體的產生已為詩歌發展的當務之急。漢

樂府詩打破了《詩經》的四言句式，以雜言為主，逐漸趨於五言。而後發展出多樣的形式，有三言、四言、五言、六言以及雜言等等。其中最常用的是雜言詩和五言詩。雜言者，如〈婦病行〉、〈孤兒行〉、〈東門行〉、〈戰城南〉等。五言者。如〈白頭吟〉、〈陌上桑〉、〈飲馬長城窟行〉、〈十五從軍征〉等。一般說來，西漢樂府多雜言，東漢樂府多五言，但整個發展趨勢是由雜言向五言發展。雜言體對後世的歌行體影響頗大，五言體是後世五言詩的先河。

(二)精彩的敘事手法

我國古代敘事詩比較落後，《詩經．國風》幾乎全是抒情詩，但在〈大雅〉中有幾篇記錄周朝祖先事跡的小型史詩。《楚辭》也是抒情之作。漢樂府詩卻以敘事詩為主，而且它們的敘事手法也同〈大雅〉史詩迥然不同，面目全新，有如下特色：

1、剪裁精當

漢樂府詩的篇幅大都比較短，與此適應，對有關事件不作有頭有尾的敘述，而是恰當地截取生活的某個側面，集中描繪。

2、對話傳神

巧妙地熔鑄對話刻畫人物，發展矛盾，構成波瀾，是漢樂府的重要特色。這些對話往往聲情華俏，使人如聞其聲，如見其人。像〈上山採蘼蕪〉甚至幾乎全由棄婦同故夫的問答構成。

3、敘述生動

漢樂府詩講究敘述生動，能吸引讀者，緊扣人心。有時還注意用渲染性的描寫來替代交代性的敘述，把故事表現得有聲有色。如〈孤兒行〉寫孤兒的種種勞役，就恰當地結合誇張手法，反覆渲染，力求在樸實中見豐富。

㈢語言樸素自然，生動活潑

樂府民歌中，無論是人物語言或作者敘述的語言，盡皆平易質樸，生動形象。尤其是不少樂府詩歌中，還使用了一些民間的口語，這樣，就使樂府民歌的語言，更顯得本色自然，富於生活氣息。如「顏色類相似，手爪不相如」（〈上山採蘼蕪〉），「心裡不能言，腸中車輪轉」（〈悲歌〉），「春氣動，草萌芽，三月蠶桑，六月收瓜」（〈孤兒行〉）等，就是如此。

四、樂府和古詩的不同

㈠本質——樂府詩是民間文學經過有計畫整理之後的結果，古詩是民間文學自動發展之後的成品。

㈡形式——樂府多長短句，古詩字句多有一定（或七言、或五言）。

㈢內容——樂府多記述事功，抒情的絕少；古詩則以言情為主。

㈣節奏——樂府可歌，古詩不能歌。

㈤風格——樂府貴遒勁，古詩尚溫雅。

11、有謂《詩經》、《楚辭》、漢樂府為中國詩歌的三個源頭，此說然否，試就所知，略述彼等對後代詩歌的影響。（85東吳）

答

一、《詩經》對後代詩歌的影響——請參見第一章第13題。

二、《楚辭》對後代詩歌的影響——請參見第二章第19題。

三、漢樂府對後代詩歌的影響

漢樂府民歌出現在辭賦獨盛、詩歌中衰的漢代，它簡直使荒漠變成了花園，不但豐富了文學寶庫，而且成了文學的新血液，在我國詩歌史上占有很高的地位，對後代詩歌創作產生了巨大而積極的影響。

(一)對後代詩歌精神的影響

首先，漢樂府民歌直接繼承了由《詩經》開創的現實主義優良傳統，承上啟下，引導著後世詩人們走向反映生活真實的道路，許多詩篇都起著示範性的作用。建安時期是接受漢樂府民歌的現實主義精神影響最早的時期，採用樂府古題反映社會現實成為一代風氣，形成了以現實主義為核心的「建安風骨」。此後，西晉的左思，東晉的陶淵明，劉宋時的鮑照，無不接受了漢樂府民歌的影響，而取得了各自的成就。唐代偉大詩人杜甫更是「詠身所見聞事，運以古樂府神理」（沈德潛《唐詩別裁》），寫出許多「即事名篇，無所依傍」（元稹《古樂府・序》）的光輝傑作，在學習樂府民歌上較之以往大進一步。中唐時期的大詩人白居易，效法杜甫，寫出許多「因事立題」的「新樂府」詩，並且提出「歌詩合爲事而作」（〈與元九書〉）的鮮明口號，更與元稹等詩人掀起「新樂府」運動，使得漢樂府現實主義傳統得到空前自覺的發揚。這種傳統在唐以後也並未斷絕，直到晚清，詩人黃遵憲還寫了〈台灣行〉等樂府體的詩歌。

㈡對後代詩歌形式的影響

漢樂府民歌的影響還表現在對新的詩歌形式的創造上。「樂府備諸體」（明・胡應麟《詩藪》），其主要體式是雜言體與五言體。雜言體自建安以後影響日趨顯著，如建安七子之一陳琳的〈飲馬長城窟行〉，尤其後來鮑照的〈擬行路難〉，無不導源於樂府民歌。唐代大詩人李白的樂府歌行空前傑出，在藝術形式上更是極雜言之奇觀。五言的影響，較雜言更早也更大，從東漢班固開始，文人即開始擬作五言詩，後來導致漢末建安「五言騰湧」局面的出現。從此以後，五言一體遂取《詩經》的四言、《楚辭》的「騷體」而代之，一直成為我國古典詩歌的主要形式。

㈢對後代詩歌藝術手法的影響

漢樂府民歌在藝術手法上，特別是在敘事詩的寫作技巧上，也對後世有顯著影響。諸如人物對話或獨白的運用，人物心理描寫和細節刻畫，語言的樸素生動等，也都成為後世一切反映社會現實的詩人的學習榜樣。至於運用漢樂府詩的人物故事作題材，以創作他種形式的文藝作品，那更是歷代不絕。

12、何謂「文人樂府」？漢魏之文人樂府與民間樂府在內容，技巧上之表現有何異同？試比較以言之。（71師大）

答

一、文人樂府

兩漢是辭賦的時代，文人學士都在辭賦上爭奇鬥勝，而樂府詩則主要來源於民間。西漢一代除少數貴族廟堂樂歌外，幾乎沒有文人的作品，至東漢作者才漸漸增多，如辛延年的〈羽林郎〉、張衡的〈同聲歌〉、宋子侯的〈董嬌饒〉等都是步武風謠，得其精神的佳作。但是，當時創作配合俗曲的樂歌，畢竟為多數文人所輕視。到了建安時代，風氣為之一變，文人樂府詩創作猶如雲興霞蔚，上至帝王，下至一般文士，無不傾心樂歌，相率操觚，形成了以樂府詩為中心的詩歌創作高潮。這些出自文人手中的樂府，我們稱之為「文人樂府」。漢魏文人樂府以三曹——曹操、曹丕、曹植父子三人，及建安七子中的王粲、阮瑀、陳琳等人的成就最高。

二、文人樂府與民間樂府的異同

㈠相同處

漢魏文人樂府繼承、發揚了漢樂府民歌「感於哀樂，緣事而發」的現實主義精神的優良傳統。不論是樂府民歌或文人樂府，都能廣闊而真實地反映社會的各種面貌，具有強烈而鮮明的時代特徵是二者的相同處。

㈡相異處

1、內容方面

漢樂府民歌「感於哀樂，緣事而發」的精神對文人樂府有著深刻的啟發。建安作家往往「藉樂府舊題以寫時事」，但是文人樂府所反映的生活要比漢代作家廣泛得多。

文人樂府往往用舊曲作新歌，另闢蹊徑。曹操是「依前曲作新歌」的開創者。他的古題樂府取材廣泛，形式多樣，運用自如，不拘一格。「但取聲調之諧，不必詞義之合」，利用樂府舊題創作，是樂府詩發展中極重要的環節，為樂府詩創作提供了一個新的規範。在唐代白居易等人大力提倡新樂府之前，古題樂府是文人樂府創作的主要途徑。文人的樂府詩題材比較多樣，或敘時事，或記離亂，或言志趣，或寫理想，或描繪山水。漢樂府民歌偏重敘事，而漢魏文人樂府重點轉向抒情，這在曹操等人的作品中已露端倪，至曹植則一變樂府民歌重在敘事的風氣，專用以抒發個人的情感。

2、技巧表現

文人樂府雖繼承漢代樂府民歌清新自然的流風餘韻，但風格、語言都有進一步的拓展。如曹操的樂府極為豪邁，意境雄闊，含蘊深厚。曹丕的樂府描寫男女愛情和遊子思婦的題材特多，而且寫得比較細膩委婉，纏綿悱惻。曹植的樂府「詞采華茂」，講究駢儷。但是，曹植並沒有單純追求藻飾，他認為優秀的作品應該「質素也如秋蓬，摛藻也如春葩」（《前集自序》）。這同劉勰概括「建安風骨」的「以情緯文，以文被質」一樣，表現出他文質並重的美學要求。他的樂府雖然文采繽紛，但「不離閭里歌謠之質」，仍然保持著民歌語言的某些特色。這是他取樂府民歌語言之長，融華美精警和清新自然於一體的結果。

13、從漢代樂府詩到唐代白居易的「新樂府」，所謂樂府詩有沒有甚麼共同的性質？其間經歷了甚麼變化？試分別說明。（79中央）

14、何謂樂府？由漢樂府到唐．白居易新樂詩的轉變。（85靜宜）

15、「樂府」在中國文學史上自漢至元有何不同指稱？又魏晉南北朝樂府有何異同？影響又如何？（85中正）

16、東漢樂府詩有何種重要作品？對中唐新樂府有何影響？（87中央）

答 所謂「樂府詩」，主要是指自兩漢至南北朝由當時的樂府機關所採集或編製的用來入樂的歌詩，但這只是最初的情況。從後來文體分類上講，所謂樂府詩，它的範圍是不僅指此的。在文學史上，所謂「樂府」或「樂府體詩」，是包括後世作家的仿作在內的。這種仿作的作品也有幾種不同的情況：

㈠按照樂府舊的曲譜，重新創作新辭，性質上還是入樂的。

㈡由於舊譜的失傳，或由於創作者並不熟悉和重視樂曲，而只是沿用樂府舊題，模仿樂府的思想和藝術風格來寫作的，實際上已不入樂。

㈢連舊題也不襲用，而只是仿效民間樂府詩的基本精神和體制上的某些特點，完全自立新題和新意，當然它也是不入樂的。

這三類中，以第二類為最多和最常見。利用樂府舊題寫作樂府詩，是從漢末建安時代開始的。建安時代，以三曹（曹操、曹丕、曹植）為代表，出現了一批作家，又以曹操首開風氣之先，開始襲用樂府舊題，模仿兩漢樂府民間歌辭的風格來寫作樂府體的詩，在這些作品中，有的是依漢樂府的舊曲創作出來的新辭，但大部分則已是不再入樂的作品。所以劉勰在《文心雕龍．樂府》中說：「（曹）子建、（陸）士衡，咸有佳篇，並無詔伶人，故事謝管弦。」意思是說曹植、陸機都寫過許多優秀的樂府詩，但這些詩都不是用來供樂工演奏，即都不是入樂的作品。從這以後，文人創作的「樂府」或「樂府詩」，雖稱為「樂府體」，但與音樂卻沒有關係了。隋唐以後，用樂府體寫詩一直很盛行，如唐代大詩人李白、杜甫、高適和張籍等，都有許多樂府名篇，他們都不過是用樂府古題，學習古代民間樂府歌辭的「緣事而發」的現實主義精神，在形式上不拘字數，不避雜言而已。

中唐以後，文學史上又出現了一種「新樂府」，它的倡導者和創作者是元稹、白居易。這種樂府詩的特點，是所謂「即事名篇，無所依傍」，也就是說，它不僅不依舊譜，不入樂，而且對樂府舊題也取消不用。這一情況實際是從唐代大詩人杜甫開始的，元、白加以發揚光大，遂成為文學史上「樂府體」詩的一種。它之所以也稱「樂府」，只不過在創作方法上、表現手法上對漢樂府有所繼承和模仿罷了。

17、樂府古辭〈東門行〉云：「出東門不顧歸來入門悵欲悲盎中無斗米儲還視架上無懸衣拔劍東門去舍中兒母牽衣啼他家但願富貴賤妾與君共餔糜上用倉浪天故下當用此黃口兒今非咄行吾去為遲白髮時下難久居」請為之作新式標點，並說明其大意。（69政大）

答

一、標點斷句

東門行／樂府

出東門，不顧歸；來入門，悵欲悲。盎中無斗米儲。還視架上無懸衣。拔劍東門去，舍中兒母牽衣啼：「他家但願富貴，賤妾與君共餔糜。上用倉浪天故，下當用此黃口兒。今非！」「咄！行！吾去爲遲！白髮時下難久居。」

二、大意

這是一首悲憤詩，表現了一個為社會所迫，鋌而走險的男子及其家庭的悲慘遭遇。

在儒家「君子固窮」的明訓下，有志節的讀書人在面臨困境時，往往也都能在精神上自求安頓。為窮困而怨天尤人，甚或枉道求財都是君子所不取。因此，在中國古典文學中，表現這種怨懟之情的作品並不多見，即使有，也都盡量作到溫柔敦厚，很少表現得怒氣沖天，爪牙畢張的。但現實生活的壓力，也實在非常可怕，為了求生存，有時即使只為一口飯，也可能會有人鋌而走險。漢朝樂府〈東門行〉，就是表現貧士為生活而怨怒的典型作品。

「出東門，不顧歸」詩一開頭便給我們寫出了一個決定闖蕩世界、尋求活路的男子漢的英雄氣概。如果照一般的思路，接下去應該寫他如何去闖蕩。然而，詩人將筆鋒一轉，又讓這位英雄被戀家之情拖住。到底這一別是凶吉難料，他放心不下，又回轉家中。家中的貧困正是出走的原因，再看一眼，更加「悵欲悲」。缺衣少食，四壁空空，這樣的日子怎麼過啊！他再次堅定了出走的決心，又要「拔劍東門去」。此時，妻子害怕極了，她不敢再放丈夫去冒險，因為她清楚做這種犯上作亂的事太危險了。於是，她牽住丈夫的衣襟苦苦哀求，要丈夫看在蒼天的面上，看在那可憐的、還在吃奶的嬰兒的分上，別再去了。別人家富貴就讓人家去富貴吧，我們命苦，只求夫妻相依為命，共喝稀粥，也心甘情願。女主人公的內心是多麼痛苦。她的話句句瀝血，感人肺腑，丈夫聽了一定悲傷得很，但是在那個年頭，想喝口薄粥也不容易，與其全家等著餓死，不如豁出性命去拼一場。此時此刻，做個男子漢的決心又回到男主人公心裡。「咄！行！吾去爲遲！」他發怒了，為自己被兒女情拖累而羞愧。「白髮時下難久居。」不能再等待下去，否則他的一生就完了。

這首詩著力於人物形象的刻畫，通過對主人公生活環境，心情神態，以及令人揪心的對話，表現了男女主人公的不同性格，使人同情，發人深思。詩的用語，不求和諧流暢，卻追求自然，揮灑自如，疾徐相繼，並夾用口頭語，增強了詩的意境和悲劇氣氛。

18、何謂「柏梁體」？其於後世文學影響如何？（51師大）

答 「柏梁體」為七言古詩之一體。漢武帝嘗會群臣於柏梁臺，賦詩作樂，位次聯句，世稱其詩為「柏梁臺體」，並認其為七言詩及聯句之始。宋．嚴羽《滄浪詩話．詩體》云：「五言詩起於李陵、蘇武，七言詩起於漢武柏梁。」又列柏梁體，自注云：「漢武帝爲群臣並賦七言，句句用韻，後人謂此體爲柏梁體。」案傳柏梁聯句為七言詩之始者，蓋起於《文心雕龍．明詩》：「孝武愛文，柏梁列韻。」任昉《文章緣起》亦云：「七言詩始於漢武帝柏梁臺聯句。」自六朝以迄宋元以前之詩評文論，固以柏梁為七言之起始，即明清諸子，亦有同調。但原詩內容多與史實不符，故後世研究者多疑為偽托之作。柏梁體詩，唐宋以後詩人每有仿作。

> 19、五言詩起於漢時，其說是或非以己意辨之。（64師大、80清華）
> 20、鍾嶸《詩品》於古詩下列李陵為第一家，並謂「遠漢李陵。始著五言之目。」然晉摯虞以後，頗有疑之者，其所持之論據如何？正確否？試擇要述其梗概。（66師大）
> 21、試述五言詩的起源。（76東吳）
> 22、試論述五言的興起及其成就。（84文化）
> 23、試述漢代五言詩的形成、發展及成就。（85台大）

答

一、五言詩的起源

五言詩起源於民間，是在長期醞釀中逐步形成的，並非某一人的天才創造，對於這一問題，前人有各種不同的說法：

㈠起於枚乘

劉勰《文心雕龍·明詩》說：「古詩佳麗，或稱枚叔。〈孤竹〉一篇則傅毅之辭，比采而推，兩漢之作乎？」他所稱的「古詩」，就是《古詩十九首》，不過他的態度是比較游離的。到了徐陵編《玉臺新詠》時，把《古詩十九首》中的〈西北有高樓〉、〈東城高且長〉、〈庭中有奇樹〉、〈涉江採芙蓉〉、〈行行重行行〉、〈青青河畔草〉、〈迢迢牽牛星〉、〈明月何皎皎〉等八首，再加上〈蘭若生春陽〉一首，題為「枚乘雜詩」，更斷然把藝術成就已很高的《古詩十九首》中的部分詩篇著作權遽歸枚乘。

關於這個說法，前人有一些疑問提出：

1、梁蕭統編《文選》，題《古詩十九首》時，並未列作者姓名，而李善注也說：「古詩，蓋不知作者，或云枚乘，疑不能明也。」對起源枚乘的說法業已存疑。以後鍾嶸《詩品》中也只說枚乘「辭賦競爽，而吟詠靡聞。」可見蕭、鍾二人都未採信古詩出於枚乘的說法。

2、《漢書．枚乘列傳》及《漢書．藝文志．詩賦略》中，僅載錄了他的賦，而絕無詩篇，並且與他同時的文人，如司馬相如、揚雄等也都沒有五言詩的載錄。因為文學體裁的興起，本是一種風氣，一有人作，大家都作起來，於是便成一種潮流，不太可能同時代中，只有一人獨自創作，更何況題為枚乘的古詩已相當成熟。

3、陸機曾擬作此九首，但也不題「擬枚乘」可見陸機也不認為它們是枚乘的作品。因為假如枚乘當時已能創作如此成熟的五言詩，何以至建安時才產生影響？何以文、景時代已產生完美的五言詩，忽然又中斷，到了東漢末年才又興盛起來，試看漢賦、魏晉古詩、唐詩、宋詞的發展情況，都不是如此。所以以上這些疑問，若得不到圓滿的解釋，則五言詩起源於枚乘的說法是很難令人信服的。

㈡起於李陵、蘇武

蕭統在《文選》中著錄有李陵〈與蘇武詩〉：「良時不再至，離別在須臾」等三首，又有蘇武古詩：「骨肉緣枝葉，結交亦相因」等四首，都是成熟的五言詩。而鍾嶸的《詩品》也說：「逮漢李陵，始著五言之目矣。」《南齊書．文學傳論》也說：「少卿（李陵字）離辭、五言才骨，難與爭鶩。」唐．皎然《詩式》也說：「其五言周時已見濫觴，及乎成篇，則始於李陵、蘇武二子。」

關於這個說法，前人也有一些疑問提出：

1、《漢書》李陵與蘇武本傳以及〈藝文志〉中，都未提及二人有五言詩作品。〈蘇武傳〉中僅載有李陵的〈別歌〉一首：「徑萬里兮度沙幕，為君將兮奮匈奴，路窮絕兮矢刃摧，士眾滅兮名已隤，老母已死，雖欲報恩將安歸？」純然是當時流行的楚辭體，而歌辭內容與李陵的處境正相吻合。劉勰在《文心雕龍．明詩》中說：「至成帝品錄，三百餘篇，朝章國采，亦云周備，而辭人遺翰，莫見五言。所以李陵、班婕妤見疑於後代也。」可知劉勰時代，懷疑的人已經很多了。

2、《文選》載蘇武詩三首，其中抒寫朋友夫妻離別之情，行役戰場之苦，與蘇李贈別的事無關；詩中所寫「江漢」、「河梁」、「山海」、「中州」等語，更與蘇李二人當日的情事和行蹤不合，顯然是後人假託的，或者是眾多的無名氏古詩的一部分，被訛傳為蘇李的作品。而且蘇軾〈答劉沔都曹書〉中也說：「李陵、蘇武贈別長安，而詩有江漢之語；及陵與武書，詞句儇淺，正齊梁間小兒所擬作，決非西漢文。」

3、洪邁《容齋隨筆》云：「文選李陵、蘇武，東坡云後人所擬。余觀李詩云：『獨有盈觴酒』，盈，惠帝諱，漢法觸諱有罪，不應陵敢用，東坡之言可信也。」顧炎武《日知錄》也說：「李陵詩『獨有盈觴酒』，枚乘詩『盈盈一水間』，二人皆在武、昭之世而不避諱，又可知其爲後人之擬作，而不出於西京矣。」

二、五言詩的發展

(一)五言詩醞釀於西漢

雖然前二說漏洞百出，但我們仍是相信西漢時代已經有了五言詩。

成書於春秋時期的《詩經》，是以四言為主的詩歌總集。到了漢代，作四言詩的仍不乏其人，東漢末的曹操，就寫了不少傑出的四言詩，但是四言詩受字數的限制，只適於表現簡單直率的事物和感情，缺乏轉圜的餘地。於是，五言詩的雛形在民間逐步產生了。據史籍記載，西漢就有這樣一些五言一句的民謠：

「何以孝悌爲，財多而光榮。何以禮義爲，史書而仕宦。何以謹慎爲，勇猛而臨官。」

（漢代俗諺，見《漢書．貢禹列傳》）

「邪徑敗良田，讒口亂善人。桂樹華不實，黃爵巢其顛。故爲人所羨，今爲人所憐。」

（漢成帝時民謠，見《漢書・五行志》）

「安所求子死？桓東少年場。生時諒不謹，枯骨後何葬。」（漢代長安中民謠，見《漢書・酷吏列傳》）

這些歌謠，作為五言詩，在藝術上還很幼稚。但它們為文人創作五言詩，提供了借鑒。

(二)五言詩成立於東漢

由西漢末成熟的五言體的演進，到了東漢，純粹的五言詩出現了。班固的〈詠史〉詩，是五言詩體正式成立的重要史料，班固〈詠史〉的內容是詠緹縈救父、漢文帝除肉刑的事，藝術上「質木無文」（《詩品》），缺乏形象性，說明文人運用這一新詩體還生疏幼稚。其後張衡作〈同聲歌〉，用新婚女子自述語氣比興寄託，語艷情真，《文心雕龍》稱它「雅有新聲」，也就是有樂府民歌情調。

班固張衡之後，寫作五言詩的文人逐漸多起來。到東漢末年，一些接近民間的文人受到漢樂府民歌的影響，所作五言詩趨成熟，其中秦嘉的〈贈婦詩〉、蔡邕的〈翠鳥〉、趙壹的〈刺世疾邪詩〉和辛延年的〈羽林郎〉、宋子侯的〈董嬌饒〉等都是文人早期五言詩的佳作；而無名氏的《古詩十九首》更以其高度的藝術成就標誌著漢代文人五言詩的成熟。

由上面的敘述，關於漢代五言詩的進展，可以得到一個結論：西漢是五言的醞釀時期，班固、張衡時代是五言的成立期，建安前後是五言詩的成熟時期。

三、五言詩藝術成就

《古詩十九首》為鍾嶸稱其為「五言之冠冕」，它代表著五言詩的成熟期，其藝術特色在於：——請參見本章第24題三。

24、《古詩十九首》之時代背景、內容及描寫技巧。（62輔大）

答

一、《古詩十九首》的時代

魏晉南北朝時代對古代詩歌通稱為「古詩」。梁代昭明太子蕭統編纂《文選》時，把失去主名的十九首五言古詩選編在一起，題名《古詩十九首》。此後，《古詩十九首》便專指這十九首古詩，沿稱至今。

《古詩十九首》產生的年代，學術界比較一致的看法是大約在東漢後期的桓帝和靈帝之時（西元一四七～一八九年）。

二、《古詩十九首》的內容

《古詩十九首》這組古詩反映的多是東漢末年那些中下層知識分子的生活遭遇和思想感

情，是當時現實生活的一個側面的反映。內容大致可分為兩類：

㈠是描寫仕途失意的苦悶和悲哀

東漢末期，政治黑暗，社會動亂，一些中下層文人在政治上找不到出路，於是便抒寫了一些傷時失志之作：有的嘆息人生短促，要求及時建功立業（〈回車駕言邁〉）；有的感嘆知音稀少，強烈希望得到別人的瞭解（〈西北有高樓〉）；有的對世態炎涼感到憤慨（〈明月皎夜光〉）；有的對現世享受進行執著的追求（〈驅車上東門〉、〈生年不滿百〉）。

㈡是抒寫遊子思婦的別離相思之情

為了尋求政治、生活上的出路，一些中下層文人往往四處奔走，飄泊異鄉。外有遊子，內必有怨婦。遊子思婦之作，就是在這種背景下產生的。這類作品，雖然社會意義不大，但它所描寫的遊子思婦的思想感情卻頗為真摯、細膩，藝術性很高，因此，這類作品尤為值得重視。〈明月何皎皎〉寫遊子「憂愁不能寐」的苦衷，淒惋而強烈；〈涉江採芙蓉〉寫羈客「同心而離居」的憂傷，真摯而深沈。〈行行重行行〉反映了閨婦思想久行不歸的親人的痛苦；〈冉冉孤生竹〉抒寫了一個女子與丈夫新婚久別的怨情。這類作品還有〈客從遠方來〉、〈庭中有奇樹〉、〈青青河畔草〉、〈迢迢牽牛星〉等，都寫得「情眞，景眞，事眞，意眞」（王國維《人間詞話》），情景交融，相當精彩。

三、《古詩十九首》的藝術特色與表現技巧

《古詩十九首》標誌著文人五言詩的趨向成熟，藝術上成就很高。其藝術特色主要有

四：

㈠情景相襯的抒情方法

《古詩十九首》的主要藝術特色是長於抒情。它的抒情，往往藉助於自然景物的描繪和環境的烘托來實現，融情入景，寓情於景，達到情景相輔相成、契合無間的完美境界。如〈青青河畔草〉，通過無邊春色的描寫，來反映少婦的別緒離愁和青春易逝的感傷；〈去者日以疏〉以蕭蕭的秋風，襯托出遊子落拓失意的悲愁情懷。

㈡精心巧妙的藝術構思

古人謂《古詩十九首》之妙，在於「如無縫天衣」（王士禎《帶經堂詩話》卷四），即整體渾成，不可句擇。其構思的精巧具體表現為：

1、逐層遞進的系列描寫

如〈明月何皎皎〉，「因『憂愁』『不寐』，因『不寐』而『起』而，既『起』而『徘徊』，因『徘徊』而『出戶』，既『出戶』而『彷徨』，因彷徨無告而仍『入房』，十句中層次井井，而一節緊一節，直有千回百折之勢，百讀不厭。」（張庚《古詩十九首解》）〈東城高且長〉也具有逐層遞進的結構特點。這種構思，使作品結構謹嚴，讀來似有一氣流轉的韻

味。

2、塊狀結構的多面描寫

如〈青青陵上柏〉，通過不同側面、不同角度的描寫，來反映失意文士的不平之感和不滿現實的心情。

(三)淺近自然的文學語言

由於受樂府民歌的影響，《古詩十九首》的語言淺近自然，樸素清新，「若秀才對朋友說家常話」（謝榛《四溟詩話》）。當然，它畢竟是文人的創作，一些民間語言經詩人們藝術加工後，更加精練生動，更能表達豐富、真摯的思想感情，誠如陸時雍所言，《古詩十九首》「深衷淺貌，短語長情」（《古詩鏡》）。這與詩人們從樂府民歌中汲取藝術養料，同時又化用前人成語、典故，善於運用疊字等藝術技巧是分不開的。

(四)比興手法的成功運用

運用比興是為了增強詩歌的形象性，使作品含蓄蘊藉，韻味雋永。《古詩十九首》中有通篇比興的，如〈涉江採芙蓉〉、〈庭中有奇樹〉；有篇首起興的，如〈青青陵上柏〉、〈冉冉孤生竹〉；也有篇中比興的，如〈行行重行行〉中「胡馬依北風，越鳥巢南枝」、「浮雲蔽白日」等。熟練地運用托物起興的手法，是《古詩十九首》的一個重要的藝術特色。

25、略述《古詩十九首》在中國詩史上之地位。（76政大）
26、略述《古詩十九首》之價值。（78政大）
27、《古詩十九首》大概作於何時？試舉例說明其文學價值。（78成大）
28、試從《古詩十九首》的主題與表現方式兩方面說明十九首與後代文學傳統的關係。（84清華）
29、試述《古詩十九首》的時代、內容、藝術成就及其在中國文學史上的地位。（90中正）

答

一、《古詩十九首》的時代——請參見本章第23題。

二、《古詩十九首》在我國詩史上的地位

《古詩十九首》在我國詩歌發展史上的重要意義，我們可從四個方面來加以認識。

㈠它繼承了《詩經》以來的優良傳統，為建安詩風的出現作了準備

《詩經》的「飢者歌其食，勞者歌其事」，漢樂府民歌的「感於哀樂，緣事而發」，發展到《古詩十九首》就成為對人生的詠嘆，儘管它所反映的社會生活面沒有《詩經》、漢樂府

民歌寬廣，但就「感於哀樂，緣事而發」這點而言，它們則是一致的，故朱乾《樂府正義》說《古詩十九首》是「古樂府也」。以後「慷慨以任氣，磊落以使才」的建安詩風，不能說沒有受到它的影響。

㈡它是漢代詩歌由民間文學過渡到文人創作出現繁榮局面的一個重要轉折點

西漢時期，社會上傳唱的是樂府機關採集的「代、趙之謳，秦、楚之風」。東漢初年，出現了文人模擬樂府的五言之作，然而這僅僅是文人詩歌向民間歌謠學習的嘗試；《古詩十九首》則大膽地向民歌學習，將文人詩歌與民間文學完美地結合起來，獲得了巨大的成功。由於《古詩十九首》以及其他詩歌作者的共同努力，至建安才出現了「五言騰踴」的繁榮局面。因此，我們可以把它看作是漢代詩歌由民間文學發展到文人創作出現黃金時代的一個重要轉折點。

㈢它將五言抒情古詩發展成為一個獨立的體係

漢樂府民歌以敘事詩為主，但也不乏抒情之作。《古詩十九首》將漢樂府中敘事與抒情分流的傾向，加以進一步發展，使這種分流更加明朗化，從而確立了五言抒情古詩在詩壇上的獨立地位。

㈣它為五言詩的進一步發展奠定了堅實的基礎

五言詩從萌芽到形成。經歷了一個漫長的歷史進程。《古詩十九首》的出現，標誌著文人五言詩的成熟。它嶄新的詩歌形式和圓熟的藝術技巧，為五言詩的發展奠定了牢固的基石，在我國詩歌發展史上產生了深遠的積極影響。

30、試述〈孔雀東南飛〉的思想意義與藝術成就。（台大期末考）

答

一、〈孔雀東南飛〉的思想意義

〈孔雀東南飛〉最早見於陳代徐陵編的《玉臺新詠》，題為〈古詩為焦仲卿妻作〉。全詩三五三句，一七六五字，是我國文學史上一首享有盛名的長篇敘事詩。明代王世貞譽之為「長詩之聖」，清人沈德潛稱之為「古今第一首長詩」。

〈孔雀東南飛〉的思想意義，在於它通過焦、劉二人的婚姻悲劇，深刻有力地揭露了傳統建禮教的罪惡；熱情歌頌了蘭芝夫婦忠於愛情，反抗禮教惡勢力的叛逆精神；表達了下層人民爭取婚姻自由的必勝信念。

二、〈孔雀東南飛〉的藝術成就

〈孔雀東南飛〉是漢樂府民歌的佼佼者，也是漢樂府民歌藝術成就的集大成者。它的藝術成就代表著漢樂府民歌的最高成就。

㈠〈孔雀東南飛〉最突出的藝術成就是成功地塑造了幾個既有鮮明的個性、又具有高度

典型意義的人物形象。

諸如：勤勞、善良、堅強、美麗且具有強烈叛逆精神的劉蘭芝；忠厚、純潔、善良且性格上由軟弱變為堅強的焦仲卿。以及專橫、暴戾而有心計的焦母；暴烈、冷酷而又貪財慕勢的劉兄等，無不有血有肉，栩栩如生。而劉蘭芝的形象尤為鮮明、豐滿，感人至深。

(二)〈孔雀東南飛〉善於在尖銳的衝突中，通過人物的對話和行動來展示人物的性格特徵。

這篇長詩的悲劇情節，主要是由人物的對話構成的。而詩中人物的語言通俗、傳神，十分個性化。它不僅符合詩中人物的身分和處境，還能體現出說話人的性格和當時的思想活動。正如陳祚明在《采薇堂古詩選》中所說：「歷述十許人口中語，各各肖其聲情，神化之筆也。」對人物動作的描寫，〈孔雀東南飛〉中雖然不多，但一經寫出，就會給讀者留下很深的印象。「槌床便大怒」，活現了焦母暴跳如雷的蠻橫怒態；「阿母大拊掌」，形象地表現了劉母初見蘭芝被棄歸來時的意外、驚訝和痛心；「舉手長勞勞」，表現了蘭芝夫婦被迫訣別時的那種悲苦、依戀但又無可奈何的複雜心情；「舉身赴清泉」，突現了蘭芝視死如歸的剛烈精神。這些傳神之筆，既有助於人物性格和人物心境的深入刻畫，也大大增強了作品的藝術感染力量。

(三)〈孔雀東南飛〉在運用比興、鋪陳等藝術手法上也頗為成功。

〈孔雀東南飛〉開頭以「孔雀東南飛，五里一徘徊」起興，以引出全詩的悲劇內容。結尾以「魂化鴛鴦」的日夜和鳴，象徵了蘭芝夫婦生死不渝的堅貞愛情和一般人爭取婚姻自由的必勝信念，富於浪漫主義色彩。詩中對蘭芝「嚴妝」的鋪敘，既顯示了她的從容和鎮定，也表現了她倔強不屈的性格。對太守準備迎親場面的鋪陳，一方面烘托出蘭芝不慕富貴，忠於愛情的高尚品質，又與焦、劉暗中相會的凄切場面形成了鮮明的對比，具有很強的藝術效果。

㈣〈孔雀東南飛〉在敘事的繁簡和情節結構上也值得稱道。

〈孔雀東南飛〉敘事該詳則詳，應簡則簡，剪裁十分得當。對表現人物、主題無關重要的內容則略寫或不寫；反之，則詳寫，甚至鋪敘或重複。前者，如對蘭芝死後的情況隻字未提，留給讀者去想像。後者，如對蘭芝的教養曾先後寫了兩次，盡量加以強調。這樣處理，不僅經濟筆墨，而且對突出主題和刻畫人物性格等都有重大作用。這首詩的結構技巧也相當高明。除開頭結尾別開生面外，整個情節發展的脈絡也極為清晰、條理。故事有發生、發展、高潮和結局，且前後照應，環環相扣，顯得完整而緊湊。悲劇從蘭芝主動請歸寫起，不僅文字精簡，而且一開始就展開了矛盾衝突，引人入勝。由焦家寫到劉家，以「我有親父兄，性行暴如雷」兩句作紐帶，使情節的發展過渡得自然而嚴謹。先寫蘭芝的教養、才技和美貌，為後來縣令、太守家的求婚作了有力的鋪墊，先寫蘭芝夫婦的磐石蒲葦之誓，為後來蘭芝的抗婚以及雙方以死殉情的壯舉奠定了堅實的思想基礎。

第七章　漢代散文

研讀重點

一、漢代散文的演變
二、《史記》的文學成就
三、《漢書》的文學成就
四、《史記》、《漢書》的異同
五、王充的文學見解

1、試簡論漢代散文的演變。（83台大）
2、試述兩漢史傳文學之特色。（86東吳）
3、兩漢時代，有何重要之哲理性與歷史性之散文？此類散文對後代文學有何影響？（87文化）
4、漢代散文對於先秦散文的繼承和發展。（90政大）
5、名詞解釋：史傳散文。（90東吳）

答

漢代散文的成就表現在政論與史傳兩方面：

一、政論散文（哲理散文）

㈠政論散文的發展

1、兩漢散文中最先發展起來的是政論文。西漢初年，戰國時代諸子百家爭鳴的餘風猶存。一些作家繼承先秦諸子的優良傳統，關心國家和社會的發展，面對現實，分析形勢，勇於表示自己的政治見解和主張，使漢初政論文具有鮮明的時代色彩。賈誼和晁錯是這一時期政論文的代表作家。他們的政論文作品或針砭時弊，分析社會實際存在的問題；或總結秦朝短期覆亡的原因，藉古喻今，都寫得深切著明，有很強的說服力和感染力。就文章風格而論，賈誼、晁錯各有特點，魯迅在《漢文學史綱要》指出：賈、晁為文皆疏直激切，盡所欲言，賈誼有文采而比較疏闊，晁錯則見識深遠。

2、西漢宣帝時的桓寬根據昭帝始元六年（公元前八十一年）鹽鐵會議的文獻，剪裁、組織而成的《鹽鐵論》，不僅保存了西漢中葉的經濟思想史料，也對當時的社會面貌具體生動的反映，其中對時政的批評，對社會不合理現象的揭露，對不切實際、迂腐經生的諷刺，都很深刻。在形式上，《鹽鐵論》是漢賦主客問答形式的改造和變化，有創新意義。

3、東漢政論文較著名的有王符的《潛夫論》和仲長統的《昌言》。它們對東漢中葉以後的社會有不少深刻的揭露和尖銳的批評，文章結構嚴密，語言質樸，並常以歷史故實和生動的比喻增強其論點的說服力。但就文章氣勢和文采而言，一般不如西漢的政論文。

4、王充是東漢傑出的思想家，《論衡》一書中，他高舉「疾虛妄」的旗幟，批判了當時為政者所提倡的對於天道神權命運的迷信，並對傳統的思想提出了大膽的懷疑。他批評當時儒者「好信師而是古，以爲賢聖所言皆無非」的錯誤態度，並在〈問孔〉、〈非韓〉、〈刺孟〉等篇中，對被儒家奉為聖人的孔孟的言論做了分析，指出其荒謬的地方。由此出發，王充還對當時以辭賦為主的正統文學的華而不實，偽而不真的文風進行了尖銳的批判，在〈藝增〉、〈超奇〉、〈佚文〉、〈案書〉、〈自紀〉等篇中提出正面主張。

(二)政論散文的特色及對後世的影響

1、配合現實政治需求

這點是漢代政論散文的重要特色之一。漢代的政論散文承繼及發展先秦諸子討論及研究治國安民的辦法的優點，他們深入社會，了解社會問題，並藉機對統治者提出建言如賈誼在〈治安策〉中的「眾建諸侯而少其力」，晁錯〈論貴粟疏論〉中所提的重農抑商經濟思想等。篇篇都有縱橫家的氣勢，論說有力，鞭辟入裡。

2、篇章結構嚴密完整，議論文完全成熟

先秦諸子的政論散文發展到了漢代完全成熟，不再是用故事體或語錄體的方式表現出來，而是有論點、有依據，以及嚴密的邏輯推理過程。文學及哲學散文至此出現分流的現象。

3、文章語言日趨駢偶

漢代的辭賦首重駢偶，因為受限於先天條件之故，駢偶不便於描繪故事，所以影響所及於適用於駢偶的政論散文。這種風氣濫觴於王褒、揚雄，發展於班固、張衡，到了漢末蔡邕、仲長統則已成為主導。

二、史傳散文（歷史散文）

㈠史傳散文的發展

漢代的史傳文學在先秦諸子散文的基礎上繼續發展著，除史實的記載外，其文學性有加強的趨勢，因而產生出《史記》、《漢書》等，既具史學價值，又兼具文學價值的名著來。

1、傳記文學的成熟

中國古代是極為重視史實的記載的，也就是重視歷史人物的一言一行，但在先秦的歷史名著《尚書》、《春秋》來看，內容是僅是類似今日的大事年，簡要的記載，令後人看不到完整的歷史原貌。到了《左傳》、《國語》已經在歷史事件的描述上加強了，直到《戰國策》才對歷史人物有所描繪。而到了《史記》才將歷史上的「事」、「言」、「人」加以結合起來，並加以刻畫描寫，讓事與人能生動活潑的展現在後人的眼中，同時在《史記》全書中多為描繪入裡的人物傳記，也同時表示中國傳紀文學的成熟。

2、文史分流的趨勢開始出現

史傳文學自《史記》後無人能企及，所以魯迅說：「史家之絕唱，無韻之〈離騷〉。」自此史學家致力於史實的考核及收集上，文學家則自闢蹊徑，開發新的素材及寫作方式。

3、雜史獨立成類

在先秦諸子散文中不少是記載歷史故事的，諸如《韓非子》、《晏子春秋》及《呂氏春秋》，這些書裡所記援用的歷史故事，目的在於證明某些他們極力強調的道理。而到漢代，這些歷史事件逐漸輯錄，獨立成為雜史，如《韓詩外傳》、《說苑》等。這些雜史常與傳說及神話混為一談，成為後世歷史小說及戲劇的最佳題材。

㈡史傳散文的特色

漢代散文中的史傳文成就突出，在中國古代文學發展史上占有重要的地位。《史記》及

《漢書》歷代都被史學家及文學家奉為典範，均以班馬、史漢並稱。

1、《史記》是中國史學中一部繼往開來的偉大著作，司馬遷創造以人物為中心的紀傳體，在漢以後一直是歷代王朝正史所沿用的體制。而《史記》的人物傳記，由於作者的匠心獨運，使之成為中國古代歷史傳記文學的開山之作，後代的文學家從中受到的影響是多方面的。宋代鄭樵說：「百代而下，史官不能易其法，學者不能捨其書。」魯迅譽為：「史家之絕唱，無韻之〈離騷〉。」都說明司馬遷對中國文學發展的貢獻。

2、漢宣帝以後，有不少文人綴集時事續補《史記》。東漢初年班彪「繼采前史遺事，傍貫異聞，作《後傳》數十篇」（《後漢書．班彪傳》）。其子班固在此基礎上，撰成《漢書》。《漢書》的體制雖承襲《史記》，但它是中國第一部斷代史，記載了漢高祖元年（西元前二〇六年）至王莽地皇四年（西元二三年）共二二九年的斷代歷史，是繼《史記》之後又一創造和發展，對後代史學和文學都產生了重大影響。

㈢史傳散文對後世文學的影響——請參見本章第10題。

6、試述司馬遷之史傳散文的特色。（81成大）

7、司馬遷寫作《史記》的動機為何？《史記》何以成為文學傑構？其體製與《漢書》有和不同？（84暨南）

8、試以文學技巧之角度比較《尚書》、《左傳》、《史記》三者之異同。（86中正）

答

一、司馬遷寫作《史記》的動機

司馬遷的父親司馬談為漢代時的太史令，自幼隨父親學習古文，十歲時便能通讀各家之言，而後又向孔安國學習古文《尚書》，向董仲舒學習《公羊春秋》，並曾遊歷全國各地，奠定他豐富的寫作題材。自元封元年司馬談過世之後，接任太史令一職，便積極事史書的纂寫工作。漢武帝天漢三年，因為李陵辦誣，惹怒武帝，被宮刑下獄。司馬遷遭逢此巨變，痛不欲生，但思及著述未完，不應輕死，於是發憤著書，著成一部「究天人之際，通古今之變，成一家之言」，並創立紀傳體的通史《史記》。

二、《史記》的文學成就與特色

㈠有豐富的思想內容和無畏的批判精神

在《史記》全書裡，充滿著反對暴君、豪強、酷吏的思想。他揭露、批判了歷史上許多昏君、佞臣的醜行。對於愛國愛民的、品質高尚的、尚義任俠的、對社會有貢獻的各種人物，他固然給予高度的評價；對於出身微賤的下層人物，他也同樣重視。因此，伯夷、叔齊、孔子、荊軻、陳涉、項羽這些身分不同、事業各異的人物，作者都注以同情，使他們在歷史舞臺上，放射出不滅的光輝。

㈡用不同的筆調刻畫不同的人物性格

《史記》的紀傳以描寫人物為中心，司馬遷在這方面表現了卓越的才能和技巧。《史記》中出現的人物，非常廣泛，上自帝王、將相，下至遊俠、刺客，但司馬遷都能採用不同的筆調，去刻畫他們不同的性格和面貌，使他們個性分明、神情逼露、形象生動。有的用讚歎，有的用同情，有的用諷刺，有的用批判，有的粗豪，有的細膩，愛憎非常分明，褒貶極有分寸，都能給讀者留下難忘的印象。同為貴族出身的四公子，各人有各人的性格；同為刺客、遊俠，各人有各人的面貌；都是賢相，管仲、晏嬰的形象有別；都是策士，蘇秦、張儀的臉譜不同。這就是司馬遷的語言藝術，在描寫人物上的才能和成就。

㈢選取典型事件表現人物的性格

《史記》又善於通過典型的事件，去表現人物的性格。對不足以表現人物性格的材料，則予以捨棄或一筆帶過。例如〈廉頗藺相如列傳〉選取了「完璧歸趙」、「澠池相會」、「負荊請罪」三個典型的事件，既寫出了藺相如的勇敢機智，以及「先國家而後私仇」的高尚品質，又刻畫了廉頗深明大義、知錯能改的豪爽性格。又例如〈項羽本紀〉，司馬遷選取了項羽一生三件大事作詳細的描寫：「鉅鹿之戰」寫出了項羽叱吒風雲、所向無敵的勇武；「鴻門之宴」寫出了項羽驕縱、率直、剛愎自用而又優柔寡斷的性格；「垓下之圍」寫出了他的英雄氣概、磊落胸懷和悲劇結局。

㈣善於運用對話表現人同性格

《史記》又善於運用人物的對話表現人物的性格。例如〈淮陰侯列傳〉中劉邦和韓信議論帶兵能力的一段對話，一邊是劉邦的試探、觀察和猜疑，一邊是韓信的自信、失言和防範，短短的幾句話，就寫出了劉邦對功臣的猜忌性格和韓信的尷尬處境。又例如劉邦和項羽都曾看見過秦始皇出遊，但他們與人的對話卻表現了各自的特殊心理，可說是「連人帶話一齊來」。項羽說：「彼可取而代也！」劉邦說：「嗟乎！大丈夫當如是也。」前者是一個貴族情感的流露，後者是一個平民思想的反映。

㈤詞彙豐富精煉、變化多采

《史記》語言的特色，是詞彙豐富，整潔精煉，氣勢雄偉，變化有力，具有高度的概括性和生動的形象性。同時還具有規範化、通俗化的特徵。他寫〈五帝本紀〉，就是將《尚書．堯典》的艱深文句改譯為漢代通行的語言。再如他引用《左傳》、《國語》及《戰國策》的材料時，有的意譯，有的加工，都經過一番剪裁提煉的工夫，以表現自己的風格。

㈥善於汲取民間語彙歌謠

司馬遷還吸取民間口語、諺語和歌謠，以表現人物的性格，增強形象的真實性。如〈陳涉世家〉中引用土話：「夥頤！涉之爲王沈沈者！」生動地表現了農民的驚訝神態和質樸性格。又如〈李將軍列傳〉引用諺語「桃李不言，下自成蹊」來表彰李廣的「木訥少言」，受人尊敬。又如〈淮南衡山列傳〉引用民謠：「一尺布，尚可縫；一斗粟，尚可舂。兄弟二人不相容。」來諷刺漢文帝與諸王兄弟之間的傾軋。

三、《史記》和《漢書》不同之處——請參見本章第10題。

9、試述《漢書》的文學成就。(政大期末考)

答

一、尊重史實，反映現實

班固出身於仕宦家庭，受正統的儒家思想影響很深，而且他奉旨修書，所以《漢書》沒有《史記》那樣深刻的見識和批判精神。但是，作為一個歷史學家，班固仍是尊重歷史事實的。因此，《漢書》仍有不少篇章在暴露現實、反映生活、描寫人物上，有很高的成就。例如：〈外戚列傳〉暴露了宮闈的種種黑幕，尤其是漢成帝和趙昭儀親手殺死許美人兒子的一段，充分暴露了帝王的殘忍險毒；〈霍光列傳〉揭發了外戚專橫暴虐及其爪牙魚肉人民的罪行；〈東方列朔傳〉中抨擊了漢武帝微行畋獵和擴建上林苑而擾害人民、破壞農業，並對東方朔的懷才不遇表示了同情；〈酷吏列傳〉中斥責了酷吏的殘酷兇暴；〈張禹列傳〉中，刻畫了大官僚剝削人民、淫侈腐化、阿諛取寵保持祿位的形象。而在〈循吏列傳〉中，對於人民「困於飢寒而吏不恤」，不得不鋌而走險，寄寓了深切的同情；對於那些能體恤人民疾苦的循吏如龔遂則特為表彰。

二、創造成功的人物形象

《漢書》敘事一般說來不及《史記》的生動，但也不能否認它在史傳文學上的價值。《漢書》中的列傳，有許多優秀的篇章，在描寫人物方面十分成功。例如：〈朱買臣列傳〉具體地寫出了，朱買臣在失意時和得意時不同的精神面貌以及人們對他的不同待遇，揭露了人情世態的炎涼冷暖。〈陳萬年列傳〉通過陳咸碰觸屏風的細節，揭露了陳萬年諂媚權貴、卑鄙無恥的醜態。〈外戚列傳〉中寫李夫人以色事人的可憐情態，而色衰後又是如何淒涼，也是筆墨淋漓。最著名的是〈蘇武列傳〉。它表揚了蘇武堅貞不屈的民族氣節和高尚品德，通過具體生動情節的描寫，突出了蘇武視死如歸、不為利誘、艱苦卓絕的英雄形象；特別是李陵勸降時，表現了蘇武始終如一的嚴正態度，給人以深刻的印象。儘管李陵動以情義，誘以利害，但蘇武並不為所動。此外，在〈蘇武列傳〉中，班固更運用了環境襯托和細節刻畫等文學手法。惡劣的荒寒環境，襯托出蘇武人格的崇高和民族情感的熾熱；掘食野鼠的細節，表現了蘇武堅忍不拔的情操。卓越的描寫人物手法，使蘇武的形象栩栩如生，具有感人的藝術力量。

三、文辭富麗嚴謹

在語言運用方面，《漢書》簡練整飭、詳贍嚴密，不及《史記》的通俗流暢和變化多端。這是因為班固是一個辭賦家，他用賦家的筆法寫歷史，所以文辭富麗，句多排偶；而且他奉詔修書，文字當然比較嚴謹。范曄說：「遷文直而事覈，固文贍而事詳。」正指出了《史》、《漢》散文不同的特點。不過，《漢書》喜用古字，語言不夠口語化，缺乏創造性，劉知幾說《漢書》：「怯書今語，勇效昔言」，確實指出了《漢書》在語言上的缺點。

10、試比較《史記》和《漢書》文章的風格及其對後世的影響。(78清大)
11、司馬遷不僅為史學家，其散文影響唐宋古文家甚鉅，試舉例說明之。(85逢甲)
12、漢代有何重要之史傳散文？其對後世文學有何影響？試擇要述之(90文化)

答

《史記》和《漢書》同為史學名著，但是兩者之間仍有相當多的不同之處。

一、文章風格之異同

㈠文章取材不同

在文章取材方面，《史記》是雅俗兼收，而《漢書》則側重爾雅之文。司馬貞《史記索隱·後序》說：太史公紀事「或旁搜異聞以成其說」，「或得之於名山壞宅」，「或取之於舊俗風謠」。而《漢書》的取材，趙翼指出武帝以前傳記，多用《史記》文。此外，《漢書》中多載各種經術文章和辭賦。這樣，使讀者感到，《史記》帶有較濃厚的生活氣息，而《漢書》則側向於文獻的保存，帶有較多的「文人習氣」。

㈡文章風格不同

從文章的風格言，《史記》飽含感情，頗有慷慨之氣；而《漢書》多儒正典則，有雍雅之風。例如《史記．項羽本紀》記項羽在鉅鹿之戰時，破釜沈舟，氣吞山河；在鴻門宴上，磊落灑脫；而垓下之戰中四面楚歌，淒愴悲壯：把項羽寫得活龍活現，有血有肉。但班固則乏此情氣，《漢書．高帝紀》中，在劉邦起兵前，稱其為「高祖」（《史記》稱其為「劉季」），贊之曰「實天生德，聰明神武」，失去了《史記》中生動活潑的情味。所以劉熙載認為「太史公之文，悲世之意多」，而班固之文「爾雅深厚」。

㈢文章筆法不同

從文章的筆法而言，《史記》之文，奇特變幻，不拘成格；而《漢書》之文，則工整細緻，組織嚴密。《史記》行文，往往揮灑自若，筆墨酣暢，簡潔處自簡潔，豪放處自豪放。如〈五帝本紀贊〉，文簡意多；〈屈原列傳〉，婉雅淒愴；〈滑稽列傳〉，則又調笑嬉戲……都是因文而異，變幻出之。至於《漢書》之行文，並無《史記》之富於變化，而以嚴整工練見長。如〈蘇武列傳〉和〈霍光列傳〉都能細緻寫出了事情的始末、人物的態度神情。

㈣語言文字不同

《史記》多用當時通行的語言文字改譯古時文字，並兼取口語，行文多用散體。而《漢書》則喜用古字，崇尚藻飾，傾於排偶。范曄說「遷文直」，「固文贍」，正反映了這種差別。

二、對後世的影響

《史記》和《漢書》，都以其傑出的文學成就，對後世文學有相當大的影響。

一對文章辭賦的影響

魏晉六朝之際，駢文興盛，故為文者多尚《漢書》。至唐代古文運動興起，《史記》之文則更為人重視，韓愈名作名作如〈張中丞傳後敘〉和〈毛穎傳〉等，都顯然帶有《史記》文章的影響。柳宗元主張「參之太史以著其潔」，也很重視《史記》的文章。後來宋代的三蘇、明代的歸有光、清代的方苞等，都對《史記》之文推崇備至。可見《史記》、《漢書》對歷代散文發展所起的作用。

二對史傳文學的影響

《史記》、《漢書》是中國紀傳體之開山，可以說，傳記文學至此後才勃興。據清人章宗源所輯漢魏六朝間各種傳記，達六百餘種之多，可見其盛。後世傳記的一人獨傳、二人並傳、數人合傳的體制，以及在傳記之後用論贊來表達作者見解的形式，都可溯源於《史記》、《漢書》。

三對小說、戲曲的影響

《史記》、《漢書》所刻畫的人物，如項羽、劉邦、韓信、張良，以及蘇武、李廣、司馬遷等等，以及伴隨這些人物的歷史事件，都成為小說、戲曲甚至詩詞的寫作素材。至於特定環境的人物塑造，顯現人物性格的對話，獨具匠心的結構安排和情節穿插，更成為後世小說、戲曲取之不盡的借鑑。

13、王充為我國古代傑出之思想家，其《論衡》一書所述及之文學論點，對後世文學批評亦有深遠影響，試歸納闡述其重要之文學觀。（85師大）

答

王充，東漢初年著名的思想家和文學批評家。他的文學觀點，主要反映在《論衡》一書的〈藝增〉、〈超奇〉、〈佚文〉、〈案書〉、〈對作〉及〈自紀〉等章節中。

一、主張文學要有教育作用和實用功能

王充在〈佚文〉中提出「文人之筆，勸善懲惡」的原則。文學作品如能做到鼓勵人們向善，懲戒為惡，這樣就能為世所用。文學能「為世用者，百篇無害，不為用者，一章無補」（〈自紀〉），因為只要內容充實而又真實的作品才能真正教育人和感動人。

二、文學要注重內容，注重眞實性

在〈超奇〉中，王充強調指出：「實誠在胸臆，文墨著竹帛，外內表裡，自相副稱，意

奮而筆縱，故文見而實露也。人之有文也，猶禽之有毛也。毛有五色，皆生於體。苟有文無實，是則五色之禽，毛妄生也。」這是說，文學的思想內容產生於人的胸臆，通過筆墨寫出來，使內容與形式相結合，這樣才能達到思想和藝術統一的境界。他以五色羽毛為喻，指出完美的藝術形式要建立在真實內容的基礎上，如果徒有形式而無實在內容，那麼再好的藝術形式也是沒有意義的。從注意文學的內容出發，他反對「雕文飾詞」的華美；從注重文學的真實性出發，他反對「言過其實」的虛妄。他並不反對絢麗的文采，關鍵還在於內容和形式的結合。

三、強調文學應有個性，主張獨創，反對模擬

王充在〈自紀〉中強調「飾貌以彊類者失形，調辭以務似者失情」，追求外形相似，實際反而「失形」，追求文辭相似，實際反而「失情」。這表明他對當時文學創作上的因襲、模擬之風的不滿。

四、強調文學語言應該通俗、明白，文字要淺顯，反對虛美

王充在〈自紀〉中明確指出：「口則務在明言，筆則務在露文。」他進而主張「文字與言同趨」，文字與口語應該統一，這無疑是一種進步的觀點。

第八章　曹魏時代文學

研讀重點

一、建安文學興盛的原因
二、建安詩歌的基本特徵
三、建安詩歌的成就與風格
四、三曹父子的文學成就與特色
五、建安七子的文學成就
六、建安風骨的特徵及其對後世文學之影響
七、建安詩人對五言詩的貢獻
八、蔡琰〈悲憤詩〉的成就與特色
九、正始詩風的特徵與代表作家
十、正始、建安詩風之比較
十一、阮籍作品的特色
十二、嵇康的文學成就

1、建安文學之興盛，曹操、曹植各有重要之貢獻，試說明之。（78台大）
2、何謂「建安文學」？建安詩歌有何特色？（84台大）
3、建安時期政治雖極其紊亂，而文學卻頗有成就，首開我國古代文學史上文人詩創作之高潮，試分析該時期詩歌蓬勃發展之因素及其特色？（85彰師大）
4、試述建安詩歌產生的背景及其特色。（89政大）
5、試舉出建安文學之特色，並說明其所以形成之原因。（89逢甲）
6、試說明「建安七子」為何許人？並以「建安風骨」為中心，詮釋當時詩風的特質。（90台大）

答

一、何謂「建安文學」？——請參見本章第17題。

二、建安文學興盛的原因

建安時期文學繁榮發展，有相當突出的成就，其原因是多方面的：

㈠曹氏父子的倡導和帶頭創作

曹氏父子既是政治上的權勢人物，又是文學愛好者。他們獎勵文學，招攬文士，如「七子」，楊修、繁欽、蔡琰等人都被招致鄴下，形成一個富有生氣的文人集團。劉勰說：「建安之末，區宇方輯。魏武以相王之尊，雅愛詩章；文帝以副君之重，妙善辭賦；陳思以公子之豪，下筆琳珍。並體貌英逸，故俊才雲蒸。」鍾嶸也說：「降及建安，曹公父子，篤好斯文；……劉楨、王粲，為其羽翼。次有攀龍托鳳，自致於屬車者，蓋將百計。彬彬之盛，大備於時矣。」劉勰、鍾嶸的評價，足以說明「三曹」的提倡與建安文學繁盛局面的密切關係。

㈡文學自身的發展

就文學本身的發展規律來看，兩漢文學為建安文學的繁榮發展準備了條件。漢代的辭賦，特別是抒情小賦，對建安時期的辭賦影響很大。漢樂府民歌和《古詩十九首》對建安時期的敘事詩、抒情詩影響則更大。自曹操首開向漢樂府民歌學習的風氣，他的詩「被之管弦皆成樂章」，建安作家的詩歌幾乎沒有不受漢樂府民歌影響的。漢樂府五言詩體至建安被詩人們大量地運用，藝術技巧得到了進一步提高。

㈢時代環境的刺激

建安作家經歷了漢末的大動亂，許多人捲入了戰亂的漩渦，有的甚至被推到社會底層。曹操的大半生在戰爭中渡過，曹丕、曹植也都有過戎馬生活的經歷。王粲曾被迫舉家由洛陽遷徙長安，後來又被迫流寓荊州，親眼見到人民流離失所的慘象。女詩人蔡琰的命運更苦，在董卓之亂中被擄，陷身胡地十餘年。這些廣泛的社會經歷，使文人們擴大了視野，體察了民情，故其詩歌具有較充實的社會內容和作者的真情實感。《文心雕龍．時序》云：「觀其時文，雅好慷慨，良由世積亂離，風衰俗怨，並志深而筆長，故梗概而多氣也。」

㈣學術思想的變化

漢代儒家思想一直占據統治地位，儒家的傳統文學觀是「原道、徵聖、宗經」，文學是經學的附庸，這就嚴重地影響了文學的自由發展。黃巾之亂後，儒家思想遭到了沈重打擊，作家們從儒家思想的桎梏中解放了出來，不再把文學作為闡發經義的工具，而用它來反映豐富的社會生活，抒發個人的情志，因此使文學出現了新的面貌。

三、曹操、曹丕對建安文學興盛之貢獻

曹操、曹丕對建安文學興盛的貢獻可以從兩方面來看：

㈠曹操、曹丕的倡導和帶頭創作，促進建安文學的蓬勃發展——請參見本題第二點第一項。

㈡曹操、曹丕的作品都有相當高的成就，代表建安文學光輝的一部分——請參見本章第7題。

四、建安文學的特色

建安詩歌是我國文學史上文人詩歌創作的第一個高潮，其代表作家是「三曹」（曹操、曹丕、曹植）、「七子」（孔融、陳琳、王粲、徐幹、阮瑀、應瑒、劉楨）和蔡琰。在作品內容、表現形式和藝術風格等方面都有自己的特點。這可從以下兩方面來談：

㈠建安詩歌繼承和發揚了《詩經》、漢樂府民歌「感於哀樂，緣事而發」的傳統，具有強烈而鮮明的時代特徵。

建安是軍閥長期混戰的分裂時期，社會生產力遭到空前破壞，人民陷入深重的災難之中。建安詩人大都經歷過戰亂，有的還甚至飽經憂患。他們親身感受到了戰亂給自己帶來的慘痛。因此，他們能以真實的情感，反映動亂的社會和民生的疾苦，作品具有現實主義精神。如曹操的〈蒿里行〉、〈苦寒行〉、王粲的〈七哀詩〉、陳琳的〈飲馬長城窟行〉，以及蔡琰的〈悲憤詩〉等。

㈡建安詩歌反映了作家們的理想、抱負和積極奮發的進取精神，充分表現了詩人們的創作才能和藝術個性。

如曹操的〈短歌行〉和〈步出夏門行〉、劉楨的〈贈從弟〉、曹植的〈白馬篇〉、〈贈白馬王彪〉等。劉勰說：「觀其時文，雅好慷慨，良由世積亂離，風衰俗怨，並志深而筆長，故梗概而多氣也。」建安詩人們由現實生活所激發的強烈感情，能以質樸剛健、清新自然的語言，準確、明晰地表達出來。建安詩歌這種富有創作個性和時代精神的藝術風貌，後人稱之為「建安風骨」或「建安風力」。「建安風骨」是建安詩歌最基本的特徵，正是因為有了這種「風骨」，建安詩歌才在我國文學史上閃耀出燦爛的光輝。

7、建安詩人的風格如何？（55台大）
8、試評建安詩人的成就。（59文化）
9、試說明漢代五言詩的起源與發展，並述建安詩人對五言詩的貢獻。（80清大）

答 建安文學繼承了《詩經》和《楚辭》的優良傳統，而直接從樂府民歌那裡，吸取了營養。他們吸收了樂府反映現實的精神。同時，他們又有所創造，使樂府從敘事向抒情的方向發展，能更自由地表達自己的情感。三曹、七子寫了一些有意義的樂府詩，打破了幾百年文壇的沈寂，開闢了詩歌的寫實主義和浪漫主義的新時代，成了繼《詩經》、《楚辭》之後我國文學的一個新的高峰。

建安詩歌之具體成就，可自詩體、題材、風格三方面分析：

一、自詩體言，樂府詩與五言詩齊頭並進

建安詩人一面以樂府舊題改作新辭，一面創作純粹五言詩。建安時代，樂府聲調多已失

傳，詩人乃採樂府舊題改作新辭。新辭之內容與原作無關。如〈薤露〉、〈蒿里行〉，〈漢之挽歌〉；而曹操以之哀時，曹植以之述志。〈陌上桑〉乃漢之艷歌，而曹操以之言神仙，曹丕又以之悲從軍。新辭形式大多較原作整齊，篇幅亦漸增長，此為樂府詩文人化之必然現象。而其五言詩則大多活潑生動，顯然不無樂府民歌之影響。在兩者交互影響下，建安詩歌乃有長足之進步。

二、自題材言，寫實詩與浪漫詩平分秋色

建安詩歌一部分以現實社會為題材，如曹操〈苦寒行〉、〈七哀詩〉等，富有漢樂府民歌之寫實色彩，至兩晉即罕見此類寫實作品。其原因當為建安詩人面對空前之亂離現象，不免觸目驚心，形之於筆墨。兩晉人則已對此司空見慣，能視若無睹，或避而不談。而另一部分詩歌，或歌頌老、莊玄理，或憧憬神仙高士，或感歎人生如寄，或沈溺飲酒享樂，正是兩晉浪漫文學之前奏。我國詩賦自東漢後期，已呈現傾向玄學與神仙之端緒，如張衡〈思玄〉、〈髑髏〉二賦，仲長統〈述志〉二詩等均是，至建安作品，更為明顯，建安詩歌蓋正由寫實轉變為浪漫之交替階段。

三、自風格言，發揚顯露，麗句滋多

代表東漢後期古詩成熟時期之《古詩十九首》，雖非一人一時之作，所寫情景亦不但多

含蘊、溫厚，質樸自然，在風格上無甚差異。至建安時代，一由於文士為詩之風大盛，不免逞才競勝；再於時代之離亂窮迫益甚，詩人不復有含蘊溫厚之餘裕；故一變為發揚顯露，麗句滋多。從此詩人之個性人格表露於字裡行間，形成各家詩歌之獨特風格。如曹氏父子之詩即各自成家，不容相混。

10、試述建安時期重要作家之成就與風格。（55台大、60文化）
11、建安七子之詩風如何？（65政大）
12、鍾嶸《詩品》曰：「陳思為建安之傑，公幹仲宣為輔。」何謂也？（69台大）
13、請說明曹植的作品及其在中國文學史上的地位。（85清華）
14、曹孟德多才多藝，其於詩歌創作上有何殊表現。（86中興）
15、試說明曹植與建安詩人。（86靜宜）
16、文學史上有所謂「建安七子」，是指哪七位文學家？此七人於文學創作上各有其獨特之成就，能介紹其代表作品並分別評論之否？（88華梵）
17、評三祖、陳王和建安七子。（89中興）

答

東漢末年，建安文學異軍突起，開創了一個詩歌的輝煌時代。這時出現了鄴下文人集團，重要的作家有「三曹」、「七子」。「三曹」是曹操、曹丕、曹植。「七子」是孔融、王粲、劉楨、阮瑀、徐幹、陳琳、應瑒。「三曹」中以曹植成就較高，「七子」中以劉楨、王粲較為傑出。

一、曹操的文學成就與風格

曹操的貢獻主要是在詩歌和散文兩方面。

㈠詩歌方面

曹操的詩歌，以簡約的文辭、樸質的形式來反映動亂的現實，披露自己的胸襟，作品具有悲涼慷慨、氣勢豪健的特點。鍾嶸《詩品》說：「曹公古直，甚有悲涼句。」確實道出了曹操詩歌獨具的風貌。而他用樂府古題寫時事的作法，不僅對建安文學有開創風氣的作用，對後代文學也有影響。從他的這種舊題新事樂府到杜甫的「即事名篇」的新題新事樂府，再到白居易等人的新樂府運動，可以清晰地看出一脈相承的發展。

另外，他繼承《詩經》中〈國風〉和〈小雅〉的傳統，用四言的形式創作出了動人的篇章，使四言詩再一次放出光彩，啟發了後來的嵇康和陶淵明等人。

㈡散文方面

曹操的散文，為文不受傳統思想和形式體制的約束，信筆直書，不加雕飾，真切動人，別具一格。如〈讓縣自明本志令〉以簡潔樸實的文筆，大膽直率地自敘其身世和志懷，表現出一個政治家非凡的氣概和政治識見，具有清峻通脫的特色。另如〈求賢令〉、〈舉賢勿拘品行令〉和〈遺令〉等，亦是聲色別具的佳作。所以魯迅說他「是一個改造文章的祖師」，「做文章時又沒有顧忌，想寫的便寫出來」。

二、曹丕的文學成就與風格

晉宋以來，文人每揚植抑丕，《詩品》沿襲舊說，故植列上品而丕居中品，且謂丕詩「率皆鄙直如偶語」，唯《文心雕龍．才略》有較公正客觀之評論：「魏文之才，洋洋清綺，舊談抑之，謂去植千里。然子建思捷而才儁，詩麗而表逸；子桓慮詳而力緩，故不競於先鳴。而樂府清越，典論辯要，迭用短長，亦無懵焉。但俗情抑揚，雷同一響，遂令文帝以位尊減才，思王以勢窘益價，未為篤論也。」曹丕的作品，現今留存不多，辭賦約三十篇，詩歌近四十首，散文主要是一些詔、令、書、論，其中以詩歌及散文兩方面較為突出。

㈠詩歌方面

曹丕詩形式上的特點，主要是體裁的多樣性，舉凡四言、五言、六言、七言、雜言無所不有，說明他在詩歌形式方面作了多方面的努力。其中以五言、七言成就最高。五言詩如〈清河作〉寫對深厚愛情的嚮往；〈於清河見挽船士新婚與妻別〉寫新婚離別的痛苦；〈雜詩〉寫遊子思鄉之情，都是較好的作品。他的七言〈燕歌行〉二首，特別值得注意，在曹丕之前，只有東漢張衡的〈四愁詩〉是七言形式，但第一句夾有「兮」字，還未完全擺脫《楚辭》的影響。因此，曹丕的〈燕歌行〉是現存最早最完整的七言詩。此詩雖句句押韻，形式上還不成熟，但對七言詩的發展是有影響的。

曹丕詩內容上多涉情愛，語言淺顯清麗，情致委婉悱惻，因此風格流於纖弱細膩，缺乏風力。沈德潛在《古詩源》中說：「子桓詩有文士氣，一變乃父悲壯之習矣。要其便娟婉約，能移人情。」評論是很恰當的。

㈡散文方面

曹丕的散文中以〈與吳質書〉、〈又與吳質書〉兩篇較為著名，信中表現了對亡友的思念之情，淒楚感人，對魏晉六朝一些作家的尺牘文有一定影響。他的文章，通脫自然，文筆清綺，既有建安新風，又有鮮明個性。他的《典論．論文》是我國文學史上現存的第一篇文學批評的專論。曹丕突破了儒家的傳統觀念，強調文學的價值和作用，闡述文章的體裁和特徵，探討作家的氣質才性和作品風格的關係，指出文學批評應持的正確態度。曹丕的觀點反映了建安時期文學觀念的重大變化，表明文學已經開始走向自覺的時代，它對後世的文學創作和文學理論批評的發展都有積極的影響。

三、曹植的文學成就與風格

曹植文思敏捷，才華出眾，是建安時代最負盛名的作家，詩歌、辭賦和散文都有突出的成就，尤以詩歌為最。他的存詩，在建安詩人中最多，共有九十多首。

㈠詩歌方面

曹植的詩歌脫胎於漢樂府，有四言、六言，但五言詩占現今九十餘首存詩的四分之三。他是文學史上第一個大力寫作五言詩的作家，在建安詩歌從漢樂府脫胎而文人化的過程中，他對五言詩的發展有重要的推動作用。

由於東漢末年無名氏的《古詩十九首》，讓五言詩脫離了「質木無文」的幼稚狀態，有了長足進步。但內容上多是遊子思鄉、思婦閨怨和士子傷時的失意之作，題材嫌狹窄，風格少變化。到了曹丕卻能靈活地運用五言詩的形式，將範圍擴至敘事、詠史、寫志、抒懷，表達出悲壯、憤慨、熱烈、哀怨各種不同的感情，具有鮮明的個性色彩，這對五言詩而言是一個重大發展。其詩同時汲取漢樂府民歌和《古詩十九首》的藝術營養，講究內容的充實、語言的華美、情感的真摯和形式的精巧，具有「骨氣奇高，詞采華茂，情兼雅怨，體被文質」（鍾嶸《詩品》）的特點。鍾嶸曰：「陳思爲建安之傑，公幹、仲宣爲輔。」曹植無疑是建安時代最重要的詩人。

(二)辭賦、散文方面

曹植的辭賦和散文也不乏佳作。〈洛神賦〉是其賦中的名篇，想像豐富，描繪細膩，極富藝術感染力。〈與楊德祖書〉、〈與吳季重書〉是兩篇著名的散文書札，文采煥發，意氣恣肆。〈求自試表〉、〈求通親親表〉為其章表之作的代表，劉勰盛稱其「體贍而律調，辭清而志顯」。鍾嶸《詩品‧序》說曹植是「建安之傑」，皎然《詩式》謂「鄴中諸子，陳王最高。」從文學史上的地位和影響來看，除少數人持異議外，大都不能不承認曹植是建安文學的傑出代表。

四、建安七子

㈠孔融

「七子」中，孔融輩份最長，政治態度與其他六人不同。王粲等人在政治上都依附曹操，而孔融卻反對曹操，因此為曹操所害。他在文學上的成就主要是散文，曹丕說他「體氣高妙」，劉勰稱之「氣盛於為筆」。〈論盛孝章書〉和〈薦禰衡表〉體現了孔融文章以氣運詞的特點，反映了建安時期文學的新變化。孔融詩歌流傳至今的甚少，其〈雜詩〉二首寫得較為感人。

㈡王粲

「七子」中，王粲的文學成就最高。劉勰《文心雕龍．才略》說：「仲宣溢才，捷而能密，文多兼善，辭少瑕累，摘其詩賦，則七子之冠冕乎。」由於飽嘗了戰亂流離之苦，目睹了軍閥混戰所造成的社會災難，因此，王粲的不少詩歌能夠真實地反映當時社會的面貌，如〈七哀詩〉（其一）所寫「出門無所見，白骨蔽平原」，就是當時中原地區遭受戰禍洗劫後的慘酷景象的真實寫照。王粲的賦以其滯留荊州時所作的〈登樓賦〉為最著名。賦中抒寫自己因壯志難伸而產生的羈旅之憂、鄉思之愁，狀物抒情，蒼涼悲壯，感人至深，是歷代辭賦中的名篇。

㈢劉楨

「七子」中劉楨與王粲齊名，亦以詩歌著稱於世，可惜傳世之作很少。〈贈從弟〉三首為其代表作。其中第二首運用比興手法，藉松樹的形象來寫自己的志趣和操守，鍾嶸曾稱他「貞骨凌霜，高風跨俗」（《詩品》）。

㈣其餘諸子

王粲、劉楨以外的四位作家，應瑒和徐幹的作品今存不多，文學成就也較差；陳琳、阮瑀以書檄擅名當時，曹丕說他們的「章表書記，今之雋也」。陳、阮的詩歌在當時無甚名聲，但他倆各有一首詩至今仍為人傳誦，即阮瑀的〈駕出北郭門行〉和陳琳的〈飲馬長城窟行〉，這兩篇作品的風格酷似漢樂府民歌。

18、解釋名詞：「建安風骨」。（79成大、81中央、84東吳、90華梵）

答

一、「建安風骨」的意義

「風骨」在我國古代文學家及批評家所指的，是意氣駿爽、情志飛揚而辭義又遒勁有骨力的風格。而劉勰評建安文學「志深而筆長」、「梗概而多氣」便是指建安詩人繼承和發揚《詩經》、漢樂府民歌的現實主義精神，以真摯熾烈的感情、剛健質樸的語言，反映漢末的社會現實，抒寫自己的情志襟懷，形成了悲涼慷慨、明朗遒勁的藝術風格——建安風骨，對後世詩歌創作有極為深遠的積極影響。

二、建安風骨對後代詩歌的影響

建安以後的不少詩人，繼承了建安詩歌中的「風骨」，自覺地反映現實，關心民瘼，從而在我國古典詩歌中形成了一個優良傳統。如正始時期的阮籍，太康時期的左思，劉宋時期的鮑照，盛唐時期的杜甫，中唐以元稹、白居易為代表的「新樂府詩派」，晚唐以杜荀鶴、聶夷中為代表的「現實主義詩派」，北宋的蘇舜欽、梅堯臣，南宋的楊萬里、范成大等，他們的現實主義詩篇與《詩經》、漢樂府民歌和建安詩歌，前後輝映，一脈相傳成為我國古典詩歌中的優良傳統。

劉勰在《文心雕龍．時序》中就高度評價建安詩歌「志深而筆長」、「梗概而多氣」，在〈明詩〉中又說它「造懷指事，不求纖密之巧；驅辭逐貌，唯取昭晰之能。」劉勰雖然沒有直接提「建安風骨」，但其〈風骨〉篇論述「風骨」時，卻是把建安詩歌作為典型代表來看的。稍後的鍾嶸在《詩品》中則直接提出了「建安風力（即風骨）」。劉勰、鍾嶸強調風骨，推崇建安，是針對當時的形式主義文風的。

至唐，建安風骨得到了大力發揚。陳子昂在高舉詩歌革新旗幟時，就標舉「漢魏風骨」（即建安風骨）。大詩人李白更明確地把建安風骨作為學習的榜樣：「蓬萊文章建安骨」，認為「自從建安來，綺麗不足珍」。

縱觀數千年的文學發展史，我們會發現，一些文人在反對綺靡柔弱的形式主義文風時，往往要提倡建安風骨，由此可見建安風骨在我國文學發展史上所產生的影響是極為深遠的。

19、蔡琰的〈悲憤詩〉有什麼思想意義？藝術上有哪些特點？（台大期末考）

答 蔡琰是建安時代唯一的一位女詩人，也是我國文學史上第一個傑出的女作家。她的〈悲憤詩〉是我國文學史上第一篇文人創作的五言體長篇敘事詩，代表了建安時期文人敘事詩的最高成就。作品通過詩人自身不幸遭遇的敘述，控訴了軍閥混戰的罪惡和胡兵的殘暴，反映了漢末人民妻離子散、備受凌辱的悲慘生活，具有典型的時代意義。

〈悲憤詩〉曾被譽為建安末年寫離亂主題的壓卷之作，藝術上具有很高的成就。具體說來，有以下幾點：

一、結構完整，層次分明

〈悲憤詩〉採用一般敘事詩常用的描寫方法，即依照事件發展的順序來寫，故顯得條理清楚，結構謹嚴。詩先寫漢末大亂和自己被虜入胡，再寫在胡地的孤苦和對家國的思念，接著寫得悉能夠回國的欣喜、不忍與子分別的悲痛及難友送別，最後寫歸漢、改嫁。全詩層次井然，脈絡分明。

二、主要情節和細節描寫繪聲繪色

詩中「卓兵掠眾」、「被虜入胡」和「別子歸漢」等段，寫得頗為生動。詩人用「馬邊懸男頭，馬後載婦女」，揭露羌胡兵的凶殘；用「輒言斃降虜，要當以停刃，我曹不活汝」，描寫羌胡兵對難民的侮辱，從而反映被虜入胡者的痛苦。詩寫「南歸到家」一段，亦是精彩之筆：「城郭爲山林，庭宇生荊艾。白骨不知誰，縱橫莫覆蓋。出門無人聲，豺狼號且吠。」形象生動地描繪了戰亂以後社會殘破的景象。這種描寫在古代敘事詩中是不多見的。

三、敘事和抒情有機結合

〈悲憤詩〉為蔡琰「感傷亂離，追懷悲憤」之作，故她在敘述自己的悲慘經歷時，傾注了強烈的思想感情，把敘事和抒情成功地結合在一起。如「別子歸漢」一段，可謂字字血，聲聲淚，很能體現「悲憤」之情。因此，〈悲憤詩〉既是一首敘事詩，也是一首具有強烈的感人力量的抒情詩。

四、人物心理活動刻畫細膩生動

詩人居留胡地期間，便「聞之常歡喜」，然從漢地來的使者並非自己的親朋，故又萬分失望。詩人南歸之際，與兒抱頸痛哭，不禁「復回疑」，「馬爲立踟躕，車爲不轉轍」即寫她不忍別子的矛盾心理。「歸漢改嫁」一段，描寫「流離成鄙賤，常恐復捐廢」的心理，更是細膩生動。

20、正始文學與建安文學相比，發生了哪些重要變化？原因是什麼？（台大期末考）
21、建安詩與正始詩二者有何異同？試比較以明之。（79文化期末）
22、試以魏晉隋唐間的文學為例，說明政治上的鬥爭，對文人及其文學會產生什麼樣的正負面影響。（88中央）

答

一、建安詩與正始詩之比較

以嵇康、阮籍為代表的正始文學，發生在魏晉交替之際，雖然上距建安文學只有一、二十年時間，但與建安文學相比，無論是作家的思想，還是作品的內容與風格都發生了明顯的變化。建安文學中反映人民疾苦和追求建功立業的內容在正始詩文中沒有了，反而是對黑暗恐怖政治的揭露與反抗，和對死亡禍難隨時來臨的憂嘆；建安文學中所具有的慷慨奮發的進取精神消失了，代替它的是否定現實、韜晦遺世的消極反抗思想；正始詩文中有著濃厚的老莊色彩，這是建安文學中沒有的；正始詩風的曲折含渾也和建安文學的明朗剛健的風格有別。

二、正始詩風形成的背景因素

正始文學緊接建安文學之後所以會發生如此巨大的變化，是與魏末的特定的政治環境分不開的。

魏國在明帝曹叡死後，曹魏集團與司馬氏集團便展開了激烈的奪權傾軋。司馬氏一方面以禮教相標榜，通過收買、拉攏樹立自己的黨羽；一方面以殘酷的屠殺剪除曹魏集團的力量，造成正始時期黑暗、恐怖政治的局面。在這種政治局面下，消極遁世的道家思想便迅速蔓延開來。恐怖政治與消極思想氣氛對作家的思想與創作產生巨大影響。嵇、阮等人不滿司馬氏在禮教幌子下的篡權行為，於是極力崇尚道家放任自然的一面，與虛偽禮教相對抗。他們憤慨司馬氏的殘暴政治，就用道家否定一切現存制度與秩序的精神來否定現實，拒絕與司馬氏合作。由於司馬氏用滅族的酷刑消滅異己，嵇、阮等人經常處於憂生念亂的恐懼之中，他們有話不能直說，於是散文多旁敲側擊，詩歌多用比興象徵。因此，正始文學雖緊承建安文學之後，卻在內容與風格上發生了顯著變化。但正始文學的基本傾向是對黑暗現實的批判與反抗，所以在基本精神上與建安文學仍然是一致的。

23、《文心雕龍．明詩》云：「正始明道，詩雜仙心。何晏之徒，率多浮淺。惟嵇哲清峻，阮旨遙深，故能標焉。」試以文學史觀點解釋之。（63輔大、87輔大）
24、試述正始詩歌之風格特色，並舉其代表作家論述之。（81師大）

答 文學史上所謂的「正始」，包括從魏明帝太和到司馬炎代魏為晉這段時間，前後將近四十年。當時曹魏和司馬氏兩個集團奪權傾軋，政治異常黑暗。不少文人學士為了全身遠禍，被迫消極遁世，從老莊思想中尋找寄託，其詩歌創作也就很自然地反映出避世求仙、虛無超脫的思想傾向。「正始明道，詩雜仙心」，即是對這一時期文學特徵的概括。

這一時期的詩人以「竹林七賢」最為著名，他們是：阮籍、嵇康、山濤、向秀、阮咸、王戎、劉伶。這七人中，山濤、向秀、王戎、阮咸四人沒有詩歌流傳下來，劉伶除〈酒德頌〉外，只傳下一篇〈北芒客舍〉的五言詩。所以，能夠作為正始文學代表的，只有阮籍和嵇康。

阮籍和嵇康同為正始文學的傑出代表。儘管由於受社會思潮和政治環境的影響，他們的作品中帶有較為濃厚的老莊思想的色彩，但「激烈悲憤，自在言外」，其基本精神還是繼承了「建安風骨」的，他們深沉清峻的作品，與情辭慷慨的建安詩歌是一脈相承的。正因如此，初唐陳子昂在反對六朝的綺靡文風時，除提倡「漢魏風骨」外，同時還標舉「正始之音」。

一、阮籍

阮籍是建安七子之一阮瑀的兒子，曾做過步兵校尉，故世稱阮步兵。由於政治抱負無法施展，自身安全沒有保障；既不願與司馬氏政權合作，又不敢對司馬氏的殘酷統治作正面的反抗，因此，他只得終日飲酒昏酣，遺落世事，言談交際更是「發言玄遠，口不臧否人物」（《晉書．阮籍傳》）。在正始險惡的政治環境中，阮籍崇尚老莊，提倡「自然」，反對司馬氏虛偽的「名教」，生活上採取放縱自恣的態度。在恐怖的現實環境中，他用象徵、曲折的手法，寫出了對現實的不滿和自己的苦悶，故其詩寄託至遙。綜觀其八十二首五言〈詠懷詩〉的內容，不外刺譏時政，感嘆人生，歌頌老、莊，嚮往仙界。《文心雕龍．明詩》用「阮旨遙深」評論他的詩，應是很恰當的。

二、嵇康

嵇康曾為魏中散大夫，故世稱嵇中散。他性情孤高，為人耿直，不肯沉落流俗，追逐名利。和阮籍一樣，他亦好老莊之學，反對虛偽的禮教，對司馬氏的殘暴統治深為不滿，但在反抗現實的表現上，比阮籍來得激烈。他剛介疾惡，鋒芒畢露，公開宣稱拒絕與司馬氏政權合作，大膽地與為政者作正面的反抗，因此為司馬氏所不容而被誣害處死。其代表作主要有〈幽憤詩〉和〈贈秀才入軍〉十八首，是其詩歌的代表作。〈與山巨源絕交書〉，思想新穎、筆鋒犀利，代表其散文的特色。

25、試述阮籍作品之特色。（79政大）

答 阮籍的詩歌，主要是五言體〈詠懷詩〉八十二首。〈詠懷詩〉是其生平詩作的總題，並非一時之作，是阮籍在魏晉之際的險惡政治環境中，「濟世之志」無法實現等種種人生痛苦的曲折抒寫，情感積鬱，語言隱約，比較全面地反映了阮籍一生複雜的思想感情。

一、〈詠懷詩〉的內容

〈詠懷詩〉的內容大致說來有以下幾方面：

㈠表現詩人的苦悶情緒

〈夜中不能寐〉描寫詩人自己在孤鴻哀號的月夜裡，因孤獨苦悶而不能入眠的情形。結尾兩句：「徘徊將何見，憂思獨傷心」，就透露了詩人看不到希望的沈重憂傷；在〈西方有佳人〉一首中，詩人以佳人比喻理想，表達了理想不能實現的深深苦悶。

(二)揭露現實的黑暗

〈駕言發魏都〉藉戰國時魏王荒淫導致亡國的史實，影射批評曹魏統集團的腐敗，指出其必然滅亡的命運。在〈嘉樹下成蹊〉中詩人把司馬氏比作秋風、嚴霜，把曹魏比作被風霜摧殘而憔悴的桃李，斥責司馬氏的殘暴，惋惜曹魏的衰敗，反映了當時政局的恐怖。

(三)揭露禮法之士的虛偽

〈洪生資制度〉斥責禮法之士是：「外厲貞素談，户內滅芬芳」的偽君子，並說：「委曲周旋儀，姿態愁我腸」，表達了對虛偽禮法的厭惡態度。

(四)表達在恐怖政治中生命難保的憂懼心情，以及決不為暴政所屈的決心

如〈一夕復一夕〉，詩人說自己內心十分痛苦，好像「胸中懷湯火」。並且時時有喪生的危險：「但恐須臾間，魂氣隨風飄。終身履薄冰，誰知我心焦？」他表示決不屈服於黑暗勢力的重壓：「小人計其功，君子道其常。豈惜終憔悴，詠言著斯章。」

〈詠懷詩〉的內容是複雜的，除了以上積極內容外，也有不少作品表現了詩人意志消沈、畏禍避世的消極情緒。

二、〈詠懷詩〉的特色

阮籍是文學史上第一個以組詩形式抒發複雜多樣的思想感情的詩人，〈詠懷詩〉是一個創造。後代左思、陶潛、庾信、陳子昂、李白等都受到啟發。

由於處在恐怖的政治環境中，阮籍不敢在詩中直截明白地表露心跡，所以多用比興象徵等手法，或以歷史、神話暗示，或以自然事物象徵，形成一種隱約曲折的藝術風格。《詩品》說他的詩「言在耳目之內，情寄八荒之表。」，「厥旨淵放，歸趣難求。」李善在《文選．注》中也說他：「雖志在譏刺，而文多隱避，百代之下，難以情測。」〈詠懷詩〉的這種特點與建安詩歌的明朗剛健形成對照。詩風雖然隱約曲折，愛憎卻異常強烈，感情卻十分摯著。正因如此，阮籍大大提高了五言詩的表現藝術，使五言詩完全脫離了模仿樂府的階段，對五言詩的發展有一定重要的貢獻。

26、嵇康的文學成就如何？

答

一、散文方面

嵇康的文學成就不及阮籍，其主要成就在散文方面，劉勰說他「師心以遣論」。這是說，他不但以文章見長，而且還具有「師心遣論」的態度和精神。所謂「師心」，即作者以自己之心為師，不以傳統「聖賢爲師」，不以「舊說爲師」，敢於在文章中發表自己的觀點，表明自己的態度。

嵇康的散文論點明確，析理綿密，富有生活哲理和藝術創造性，為論辯文的發展起了推動作用。其中以〈與山巨源絕交書〉為代表。作者在文中公開宣稱「每非湯武而薄周孔」，對虛偽的傳統禮教表示極大的蔑視，對託身禮教屈己求仕的小人進行辛辣的諷刺，字裡行間洋溢著對傳統禮教、黑暗現實和傳統思想的批判精神。〈養生論〉是一篇批判禮法之士的名作。作者主張「清虛靜泰，少私寡欲」，認為「富貴多殘，伐之者眾也；野人多壽，傷之者寡也」，「形恃神以立，神須形以存」。他的觀點，富有生活哲理。〈釋私論〉闡述公、私的區別，認為公、私之辨全在於真偽，「名教」是虛偽的集中表現。只有「越名教而任自然」才可稱為君子。論點雖然不免偏激，但在當時社會環境裡卻有積極意義。

二、詩歌方面

嵇康的詩，劉勰評曰「清峻」，鍾嶸評為「峻切」，都是結合他的個性所下的切中肯綮的評語。他的詩歌現存五十多首，大多是四言，亦有五言和雜言。但五言缺少婉轉，六言、樂府、騷體均嫌直露，而以四言成就為最高。其四言詩句式短促，「文約意廣」。漢以後能像曹操那樣寫出優秀的四言詩的作家已寥若晨星，嵇康是繼曹操之後在四言詩創作方面取得成功的人。其代表作是〈贈兄秀才入軍〉十八首和〈幽憤詩〉。

〈贈兄秀才入軍〉十八首是詩人送其兄嵇喜入司馬氏軍幕而作。表現了兄弟離別的痛苦與思念，也包含著對人生的慨嘆與追求。這些詩，或矯健超邁，或清麗婉轉，雖多仿效《詩經》的體格，而謀篇布局，獨具匠心，傳神寫態，尤多會心獨到之語。

〈幽憤詩〉是詩人因呂安事牽連入獄後所作。詩中敘述了他託老莊不附流俗的志趣和耿直的性格，雖然也責備自己「惟此褊心，顯明臧否」，以致「謗議沸騰」，但他並不肯改變素志，最後表示要「採薇山阿，散發岩岫」，仍然是以俊逸之辭表現他的硬骨頭。在黑暗的專制時代，有才能而又剛直的知識分子往往雖欲「守樸」、「養素」而不可得，終陷於悲劇結局，嵇康就是一個典型。這首詩追溯平生，直抒所懷，深刻地揭示了他這種悲劇的命運。全詩語句簡勁而委曲詳盡，幽憤之情溢於言表，千載之下猶可想見。

27、解釋名詞：〈悲憤詩〉、〈幽憤詩〉。（64.台大）

答

一、〈悲憤詩〉

〈悲憤詩〉五言詩。三國．魏．蔡琰作。見《後漢書．董祀妻傳》，共二章，本詩為首章，次章為騷體，兩首內容大致相同，係作者被曹操從匈奴贖歸，再嫁董祀後，對自己慘痛經歷的描敘。先寫作者在董卓之亂時被胡兵所虜經過；次寫她被贖歸時與在匈奴所生的兒子生離死別，「恍惚生狂癡」的悲楚情景；最後寫她歸來所見荒涼景象和種種矛盾心理。詩中心理刻劃細致而有個性，對話逼真傳神，言情波瀾層疊，在當時詩歌中別具一格。全詩長達五百餘字，為中國文學史上由文人所作的首篇五言敘事長詩。清沈德潛評：「激昂酸楚。讀

去如驚蓬坐振，沙礫自飛。」（《古詩源》）

二、〈幽憤詩〉

〈幽憤詩〉，嵇康的四言詩。這首詩作於景元三年（西元二六二年），是嵇康臨刑前被囚獄中時的絕唱。所謂「幽憤」，即因被幽執而發的憤慨。史載嵇康與呂安為友，呂安被其兄呂巽誣罔入獄，供辭牽及嵇康。又嵇康一貫蔑視當時專權的司馬昭，與司馬昭的親信鍾會也有嫌隙。在鍾會構陷下，嵇康與呂安終被司馬昭所殺。此詩雖因遭受拘捕而發，但敘事重點不在憤世嫉俗、詈朋怨友，而是申明初志，檢討致禍根由。全詩分為六個段落，以「養素全眞」四字貫穿首尾，悔恨由此而生，怨憤也由此而生。

嵇康的這首詩亦悔亦怨，反映了他對社會對人生的全部看法，一反往昔閃爍其辭的做法，直敘真情，淋漓暢達，是魏晉之際的一首好詩。

第九章　晉代詩文

研讀重點

一、太康詩歌的特色與代表作家
二、永嘉詩歌的特色與代表作家
三、魏晉樂府詩的發展
四、左思的文學成就與特色
五、劉琨的詩歌特色
六、郭璞詩歌之特色
七、陶淵明的成就與特色及其影響
八、魏晉文章的風格與發展
九、魏晉駢文興起的原因及發展的情形

1、試述建安、正始、太康、永嘉四期詩歌之特色及其代表作家。（80中央）
2、試比較太康與永嘉詩風之殊異，舉其代表作家論述之。（82師大）
3、試述從漢到魏、晉、南北朝各階段的詩風。（86輔大）
4、由東漢末建安開始，至南朝為止，詩歌發展有那些主要階段？各階段的作品特色及代表性詩人為何？（87淡江）

答 三國兩晉是中國詩歌發展的重要時期，文人創作的重點轉向了詩歌並掀起了幾次創作高潮。依次是三國的建安、正始，西晉的太康及永嘉；其中尤以建安為最盛，成就也最大。

一、建安詩歌特色及代表作家——請參見第八章第2、16題。

二、正始詩歌特色及代表作家——請參見第八章第24題。

三、太康詩歌特色及代表作家——請參見本章第5題。

四、永嘉詩歌特色及代表作家

西晉後期以「永嘉詩人」為代表，最有成就是劉琨和郭璞。他們二人生長在西晉、東晉之交的亂世，因此詩篇的現實色彩頗為濃厚。劉琨抒寫自己在孤身救國逆境中的感受，「善爲悽戾之詞，自有清拔之氣」（鍾嶸《詩品》）；郭璞以遊仙方式含蓄地表現自己感時懼禍，嚮往「高蹈」、「遺世」的心情。這些都是上承建安、正始之餘緒，而與太康詩風有所相同的。但劉琨、郭璞的生活經歷和思想志趣畢竟具有獨特性，他們的清剛俊逸之氣，未能扭轉詩壇流俗。

5、太康時期有那些重要詩人？這個時期的詩對後代詩歌在形式方面的發展有何重要影響？（78清華）

答

一、太康時期的代表詩人

文學史上的「太康」，包括從泰始（晉武帝年號，西元二六五～二七四年）到永嘉（晉懷帝年號，始於西元三〇七年）以前這段時間。在這五十多年中，我國古典詩歌又一次出現繁榮的局面。鍾嶸《詩品・序》：「晉太康中，三張（張協、張載、張亢）二陸（陸機、陸雲），兩潘（潘岳、潘尼）一左（左思），勃爾復興，踵武前王，風流未沫，亦文章之中興也。」此外，還有傅玄、張華等人也有為人稱道的名篇。

「三張」中張載以文章擅長，其〈劍閣銘〉在當時頗享盛名。張協則以詩勝，〈雜詩〉十首為其代表作。他的詩，語言樸素明淨，風格清幽淡雅，與當時潘岳、陸機的體貌迥然殊異，和後來陶淵明的詩風相近。《詩品》稱其詩「詞采蔥蒨，音韻鏗鏘」，「巧構形似之言」。與兄齊名的張亢，文學成就在「三張」中最差，故一般文學史上均不述。

「二陸」中陸雲以詩著稱於世。其詩頗重藻飾，多為短篇。他雖與兄陸機齊名，但文學成就遠不如其兄。陸機是太康文學的重要作家，能詩善文。「兩潘」中潘尼是潘岳的侄子，其詩長於文采，但傳世佳作甚少，文學成就不及其叔。潘岳亦是太康文學的重要作家，當時與陸機同負盛名。他「善爲哀誄之文」，詞采華艷，感情真摯，詩藝比陸機要高出一籌。

太康詩人中年輩最長的是傅玄。他的詩今存百餘首，多為樂府體，其中不乏歌功頌德的宗廟樂章，但也有一些作品能繼承漢樂府民歌的優良傳統，較有現實意義，如〈豫章行·苦相篇〉、〈秋胡行〉、〈秦女休行〉等。他的愛情詩也很有特色，如〈雜言〉、〈雲歌〉等都寫得很有情味。張華是西晉文壇一位有影響的詩人。其詩追求排偶和妍麗，鍾嶸說他「巧用文字，務爲妍冶」，「兒女情多，風雲氣少」（《詩品》），這種詩風在當時很有代表性。

太康時期文學成就最高的是左思。在形式主義文風盛行之時，他能繼承和發揚「建安風骨」，寫出了許多具有充實內容的作品。他的〈詠史〉八首，藉古諷今，抒寫了詩人建功立業、平定邊患、濟世救人、不慕富貴爵祿的宏大抱負和高尚的情操，對士族和門閥制度表示不滿，予以鞭笞，代表著太康時期詩歌的成就。

二、太康詩歌的特色影響

太康詩人中，除左思外，大多以攀龍附鳳、歌功頌德為能事，作品偏重於修煉辭藻，喜愛華艷，在文句上下功夫多，思想內容即比較空虛。風格則是流於輕綺靡麗，不但建安風骨蕩然無餘，西晉詩人，多固多矣，在中國詩歌發展史上占據重要地位者，罕見其人。但他們在藝術上競秀爭妍，專務精巧，所取得的成績，諸如選詞造句之精工，表情達意的傳神入化等，這自然是和平環境，生活安定，偏向於技術的鑽研，有益於詩藝的提高的結果，對於詩歌創作的重要意義，也是不應抹煞的。

6、試述兩晉詩人之成就。（60師大）

答

兩晉詩歌的成就，以太康詩人，永嘉詩人及陶淵明為代表：

一、太康詩歌特色及代表作家——請參見本章第5題。

二、永嘉詩歌特色及代表作家——請參見本章第1題。

三、陶淵明詩歌的成就——請參見本章第14題。

7、論兩漢到魏晉樂府詩的發展（郊廟祭祀歌辭除外）。（78淡江）

答

一、兩漢樂府——請參見第六章第1題。

二、魏晉樂府

建安時代，文人樂府詩創作蓬勃發展，上至帝王，下至一般文士，無不傾心樂歌，相率操觚，形成了以樂府詩為中心的詩歌創作高潮。

漢魏之際戰爭頻繁，社會激烈動蕩，「世積離亂，風衰俗怨」，文人的生活和經歷也深深烙上時代的印記。他們有的「遭亂流寓」，屢遭顛沛，有的「生乎亂，長乎軍」，像曹操大部分時間也生活於戎馬倥偬之際。他們的見聞思想，不僅不適合寫以排比鋪張為特色，以頌美謳歌為能事的大賦，而且也無暇為之。體制短小、適宜於敘事抒情的樂府詩成為當時文人喜歡的文學樣式，正是順應了表達內容的需要。

魏晉樂府機關都不採集民歌，今存樂府詩全是文人作品。曹操、曹丕諸作，尚是合樂的歌辭；而從曹植起，樂府詩的性質又開始起了變化，逐漸脫離音樂和歌唱，愈易成為案頭文字。

西晉的擬古樂府，大致可分為兩種。一是用古題敘古事，如傅玄〈秋胡行〉即詠秋胡戲妻，陸機〈婕妤怨〉就寫秋扇見捐。一是用古題與古意，也就是完全襲用古題或古辭的原意，掉換一些詞彙，改變一些句式，敷衍成篇。這種刻意效顰之作，文字上或有可取之處，但內容卻都捃拾古人餘唾，缺乏創意。

魏晉文人樂府中，曹氏父子和阮瑀、應瑒、王粲、陳琳、蔡琰、李延年、傅玄、張華、陸機和陶淵明等人皆有樂府詩傳世，他們對樂府詩的發展有重要的作用。

從形式上看，魏晉樂府詩有四言、五言、七言體，篇幅也較長；內容則多能反映現實生活。這是文人擬作樂府詩的第一個興盛時期。曹氏父子不僅憑其政治地位而團結了一批有文才的詩人，而且還以自己的創作實踐，為樂府詩的繼承和發展做出了貢獻。東漢末年，社會動亂不已，曹操南征北戰，馳騁疆場三十餘年，軍旅生活的艱苦（〈苦寒行〉）、戰爭帶給人民的災難（〈蒿里行〉）、戰亂時念友思才、並表現出老當益壯的昂揚精神（〈短歌行〉）。這些作品既反映了戰亂年代的社會風貌，同時也從詩歌的字裡行間流露出詩人的個人感情色彩。曹植有才，卻一生懷才不遇，倍受壓抑，故其所作多表現為苦悶抑鬱不平之情的傾吐，如

〈箜篌引〉以「欲可求」而表現其有所求；〈美女篇〉以美女「盛年處房室，中夜起長嘆」表現其才識被埋沒；〈七哀〉以思婦之「悲嘆」表現其無所依傍的自傷。其餘如〈薤露行〉、〈門有萬里客行〉等，亦從不同方面滲透著詩人的個人情感。曹丕的〈燕歌行〉，寫思婦懷遠，感情極其細膩，被稱之為最早的一首完整七言詩。建安七子中成就最高的王粲，其代表作品〈七哀〉詩「西京亂無首」篇，以董卓餘黨之亂為背景，寫了一個「飢婦人」而「抱子棄草間」的人間悲劇。阮珍的〈駕出北郭門行〉是一篇後母虐待前妻之子的「孤兒行」。陳琳的〈飲馬長城窟行〉通過寫修長城之苦以揭露秦政之暴。

魏晉樂府詩以文人擬作為主，敘事抒情緊密結合，在不少「藉古題寫時事」的篇什中，常常有詩人主觀情感的渲洩。如張華的〈輕薄傜〉、傅玄的〈董逃行〉、〈秦女休行〉和〈秋胡行〉。此外，還有陸機的〈猛虎行〉、〈君子行〉和陶淵明的〈挽歌詩〉等。

8、元好問《論詩絕句》「心畫心聲總失真，文章寧復見為人。高情千古閒居賦，爭信安仁拜路塵。」解釋詩句的字句與大意，並抒己見。（68台大）

答

元好問論詩是注重人品的，所以他的論詩希望人品和詩品能夠合一。所以特別注重誠於中形於外。就人品言詩品極為明顯，這首論潘岳詩就是一例。

潘岳是一個在文學史上很著名的「身在江湖，心懷魏闕」的虛偽人物，《晉書》上說他和石崇等人諂事賈謐，每到賈謐出來的時候，他和石崇就站在路邊，望著賈謐的車塵而拜。後來仕宦不得意，就作了一篇〈閒情賦〉，表示要退隱。

我們若不知道潘岳後來不但沒有退隱，而且還繼續出仕。被孫秀誣殺時還在中書省內。單看這篇辭賦，我們真要被騙，認為他也像陶淵明那般「守拙歸田園」呢。

元好問這首絕句便是慨歎一些文行不符的文人。首句「心畫心聲總失眞」，「心畫心聲」指揚雄《法言》：「言，心聲也；書，心畫也。」本來言語是傳達一個人心聲的，但被一些狡詐虛偽的人利用了，這句話就失真了。次句「文章寧復見爲人」文章既被用作掩飾的工具，從文章就再也看不出一個人的為人了。末兩句舉了潘岳為例子：像潘岳的〈閒情賦〉宦所顯示的情操何等清高，看了這篇文章，你會相信潘安仁竟是一個諂事權貴，望塵而拜的人嗎？可是他卻真是這麼一個人！

人品和詩品，無論就創作的觀點，或是就批評的觀點都是合一的。就創作的觀點來講，有好的人品，他的詩品更好，如陶淵明和阮籍。沒有好的人品，雖然也可寫出某種程度的好詩，但絕達不到一流的地步。就批評的觀點來講，人品不好，詩品也就無足觀；人品好，讓我們讀他的詩，想見其為人，也就增加了詩的價值。

中國傳統的文學批評一向是把文學和文學的道德背景連在一起的，從元好問這首〈論詩絕句〉我們可以得到證明。

9、試述左思的為人及其在詩歌上的成就。（台大期末考）
10、班固〈詠史〉與左思〈詠史〉試比較之。（65台大）

答

一、左思的爲人

左思，字太沖。生卒年不詳。他家世業儒學。少時曾學書法鼓琴，皆不成，後來由於父親的激勵，乃發憤勤學。左思貌醜口訥，不好交遊，但辭藻壯麗，曾用十年時間寫成〈三都賦〉。秦始八年前後，因其妹左棻被選入宮，舉家遷居洛陽，曾任祕書郎。元康年間，左思參與當時文人集團「二十四友」之遊，並為賈謐講《漢書》。元康末年，賈謐被誅，左思退居宜春里，專意典籍。後齊王冏召為記室督，他辭疾不就。太安二年，河間王顒部將張方縱暴洛陽，左思移居冀州，數年後病逝。

二、左思的詩歌成就

左思詩歌代表作品是〈詠史詩〉八首。〈詠史詩〉自班固以來大抵是一詩詠一事，在客觀事實的復述中略見作者的意旨，而左思的〈詠史詩〉錯綜史實，融會古今，連類引喻，「詠古人而已之性情俱見」（沈德潛《古詩源》）。左思早年有著強烈的用世之心，自認才高志雄，「左眄澄江湘，右盼定羌胡」（第一首），希望有所作為。但是在門閥制度的壓抑下，他始終懷才不遇。在〈詠史詩〉第二首中，他以「鬱鬱澗底松，離離山上苗，以彼徑寸莖，蔭此百尺條」的藝術形象，深刻地揭露「世冑躡高位，英俊沈下僚」的不合理現象；在第七首中他藉詠古代賢士的坎坷遭遇，沈痛地指出：「何世無奇才，遺之在草澤。」對扼殺人才的黑暗現實進行了猛烈的抨擊，其筆鋒之尖銳，在兩晉南北朝是不多見的。〈詠史詩〉還藉詠古人，闡明自己的生活態度和志向，聲稱：「貴者雖自貴，視之若埃塵。賤者雖自賤，重之若千鈞。」所以鍾嶸說左思「文典以怨，頗爲精切，得諷喻之致」。

〈詠史詩〉中多用對偶句，但無呆滯之弊；講究練字練句而不失自然；祖述漢魏而不刻板仿古，落落寫來，自成大家，像「振衣千仞岡，濯足萬里流」，「長嘯激清風，志若無東吳」等都是寫得很傳神的詩句。〈詠史詩〉語言樸實，感情充沛，氣勢雄健，雖然抒發了內心的鬱悶苦惱，但沒有流露出沮喪頹廢的情調，一氣貫注的詩篇中迴蕩著壯志不已的悲涼，很近於建安文學的慷慨任氣。

三、左思〈詠史〉與班固〈詠史〉之比較

東漢班固〈詠史詩〉，為五言詩草創時期的最早作品，象徵五言詩之正式被承認，但班詩純為客觀敘述，鍾嶸《詩品．序》稱此詩「質木無文」；而左思的〈詠史詩〉在題材上有很深的開拓，他的〈詠史詩〉「或先述己意，而以史事證之；或先述史事，而以己意斷之；

或止述己意，而史事暗合；或止述史事，而己意默寓。」（張玉谷《古詩賞析》），總能在對史的歌詠中體現自我，體現自己的思想感情、個性與人格，形成一種以史事抒懷的具有獨創性的表達方式，所以劉勰推崇左思「拔萃於詠史」。

11、試述劉琨的為人及其在詩歌上的成就。（台大期末考）

答

一、劉琨的爲人

劉琨（西元二七〇～三一七年）字越石。他年輕時就有「雋朗」之譽，以雄豪著名。《晉書．祖逖傳》還記載過他和祖逖共被同寢，夜間聞雞起舞的故事。但劉琨的生活、思想又有虛浮、放誕的一面，好老莊，也參與「二十四友」之遊。後來他經歷了「國破家亡，親友凋殘」的痛苦，思想也起了劇烈的變化。

懷帝永嘉元年，劉琨為并州刺史，後誤信讒言，被奸人所害，敗於劉聰，父母亦皆遇害。愍帝建興三年，劉琨為司空，都督并、冀、幽三州諸軍事，但不久又敗於石勒。敗後投奔幽州刺史鮮卑人段匹磾，相約共同扶助晉室。後因段匹磾的部下末波暗通石勒，俘獲琨子劉群，並迫使劉群作書約琨為內應反對段匹磾。事洩，劉琨被段匹磾殺害。

劉琨雖不長於政治軍事才略，但在艱危困頓中志存社稷，屢經挫敗，卻鍥而不捨，奮鬥不遺餘力，在當時的文人中具有這樣的抱負和意氣，確屬難能可貴。

二、劉琨的詩歌成就

劉琨的詩歌傳世的只有三首，均為他後期保衛中原時所作，具有豐富的現實內容和深厚的愛國之情。〈答盧諶〉，四言八章，詩前有〈答盧諶書〉。《文選》載盧諶〈贈劉琨〉一首，亦四言，詩前亦附〈贈劉琨書〉，此〈答盧諶〉當即回贈之作。詩的第八章寫道：「光光段生，出幽遷喬。資忠履信，武烈文昭。……何以贈子，竭心公朝。何以敘懷，引領長謠。」可知此詩是與段匹磾盟好時的作品。另一首為〈扶風歌〉，敘述自洛陽至并州赴任沿途所見所感，這首詩的情調跌宕起伏、變化多致，暢述豪情則意氣飛動，筆挾風雲；寫時局艱危、旅途困頓，則筆觸婉曲；敘事抒情，清新剛健，富有樂府民歌韻調。〈重贈盧諶〉是劉琨的代表作，當是被段匹磾囚禁時所作。此詩前半鋪敘歷史上賢人輔助聖君故事，暗比自己和盧諶、段匹磾共扶晉室，並說明自己一心為國，不計私怨，「苟能隆二伯，安問黨與仇」。詩的後半寫功業未建而身被拘縶的痛苦，傾吐自己壯志未酬、時不我待的悵恨和悲哀：「時哉不我與，去乎若雲浮。朱實隕勁風，繁英落素秋。狹路傾華蓋，駭駟摧雙輈。何意百煉剛，化爲繞指柔。」悲涼慷慨，千載之下，尚動人心魄。

劉琨「善爲淒戾之詞，自有清拔之氣」（鍾嶸《詩品》），格調悲涼雄渾，被劉勰稱為「雅壯而多風」（《文心雕龍．才略》）。其氣骨、風神有類於建安。這種詩風的形成，與他身逢亂世、英雄失路的經歷直接有關。

12、試述郭璞〈遊仙詩〉的特色。（66台大）

答 郭璞是永嘉文壇的重要作家。他好經術，博學有高才，精通古文奇字，善卜筮之術。永嘉之亂，隨晉室南渡，東晉元帝時為著作佐郎，明帝時為王敦的記室參軍。王敦謀反，郭璞藉卜筮諫阻，因而被殺。郭璞著有《爾雅・注》、《三倉・注》、《方言・注》、《穆天子傳・注》、《山海經・注》及〈子虛賦・注〉和〈上林賦・注〉等學術著作。文學創作方面，詩歌的成就較高。詩今傳二十餘首，〈遊仙詩〉十四首為其代表作。

遊仙詩，顧名思義，是寫遨遊仙境的。它起源很早，屈原在〈離騷〉的結尾表示將遨遊崑崙，遠逝西海，可說是遊仙詩的濫觴。至於寫遊仙詩的目的有二，一種是相信仙術，追求所謂神仙世界的享樂與長壽，表現帝王的迷信與妄想；一種是藉遊仙以表示對現實的不滿與反抗，如曹植、阮籍的某些作品。郭璞的遊仙詩就是繼承了後一種傳統。

郭璞學博才高，生當西晉末、東晉初的亂離之際，政治上不得志。他有感於現實的黑暗與個人的失意，於是寫作遊仙詩以表達對現實的不滿，抒發心中的抑鬱不平。所以他是藉遊仙以詠懷。其中有的表示對朱門的輕視與否定；有的表達才志之士生不逢時的感慨；也有的表現求仙的渺茫和傷時嘆逝之情。所以鍾嶸《詩品》說郭璞的遊仙詩「乃是坎壈詠懷，非列仙之趣也。」

東晉玄言詩盛行，理過其辭，缺少詩意。郭璞遊仙詩雖也有玄言成分，但它有著較濃厚的抒情色彩，又富於形象性，加上語言的豪邁俊爽，使得藝術性遠遠超過一般的玄言詩。所以《詩品》說：郭璞遊仙詩「文體相輝，彪炳可翫。始變永嘉平淡之體，故稱中興第一。」

13、試述陶詩對後代文學的影響？（57文化）

14、陶淵明詩之特徵何如？試評論之。（67政大）

15、略述陶淵明詩之要旨。（68輔大）

16、陶淵明為一出世而不忘世之詩人，試就陶詩之風格，舉其作品以論述之。（77師大）

答

一、陶詩的風格與特色

㈠風格平淡淳美，清峻自然

陶淵明的詩歌在藝術上具有平淡淳美、清峻自然的特色。由於他長期生活在農村，並且躬耕田畝，對農村生活有較真切的感受，因此，恬美的田園風光和熱愛田園生活的志趣，就自然成了詩人歌詠的主要內容。而這些內容又都是通過質樸的語言、白描的手法，真率自然地抒寫出來的。如〈讀山海經〉其一，作者寫草木、眾鳥，寫酌酒、耕讀，全用白描手法，語言明白如話，清新峻潔，作品富有生活氣息和真情實感，讀後令人感到非常親切。

(二)語言質樸，簡潔含蓄

在陶詩中，很難找到華麗的詞藻，作者繪景敘情樸實自然，如談家常，有些詩句簡直就是口語，如「種豆南山下，草盛豆苗稀」、「方宅十餘畝，草屋八九間」等等。但這些簡淡質樸的「田家語」卻又都是經過高度藝術提煉的，愈讀愈覺得淳厚有味。蘇軾評論陶詩「質而實綺，臞而實腴」，惠洪說「淵明詩，初視若散緩，熟視有奇趣」，這些都是中肯之見。代表作如〈飲酒詩〉、〈歸園田居〉、〈詠貧士〉等都使人感到「言有盡而意無窮」。

(三)結構渾厚完整

陶詩的另一個特點是比起同時詩人的作品來，顯得渾厚、完整。他繼承了漢魏詩歌「氣象渾沌，難以句摘」的風格，講究通篇的渾厚，不去斤斤追求一二名句。他的詩並不是沒有好句，例如「採菊東籬下，悠然見南山。」，而是整篇都好，顯不出那句特出了。

(四)富有意境和哲理

陶淵明的詩歌還富有意境和哲理。這在他的田園詩中表現得最為突出。他的田園詩，不僅生動地描繪恬靜幽美的自然風光，真切地表現身居田園的生活情趣，而且還成功地創造出一種令人神往的藝術境界。比如〈歸園田居〉其一，作者描寫房後榆柳、堂前桃李，八九間草屋、十餘畝田地，傍晚遠處的村莊、緩緩飄散的炊煙，以及深巷中的狗吠、桑樹上的雞鳴。詩人筆下的農村風光充滿詩情畫意，讀後我們彷彿感到和詩人一起來到了田園，領略到了村居生活的無窮樂趣。〈飲酒〉其五是一篇既富於情趣、又饒有理趣的佳作。其中「採菊東籬下，悠然見南山。山氣日夕佳，飛鳥相與還」四句，王國維曾稱讚此詩達到了「無我之境」。作者在詩裡刻意創造靜謐安閒、物我交融的意境，充分表達自己擺脫世俗環境干擾之後的恬淡心境。詩末「此中有眞意，欲辨已忘言」兩句，寫詩人從大自然的美景中領悟到了人生的意趣，認識到恬美閒適的田園生活才是自己真正的人生，很有哲理的意味。此外，像「盛年不再來，一日難再晨」、「及時當勉勵，歲月不待人」、「氣變悟時易，不眠知夕永」等，也都是具有生活哲理的佳句。

二、陶詩對後代文學之影響

陶淵明詩歌對後世的影響，主要表現在三個方面：

㈠就思想內容而言

陶淵明蔑視富貴、不與為政者同流合污的高尚品格，給後世有進步理想的知識分子樹立了榜樣並從陶詩中汲取精神力量。如唐代的李白、宋代的辛棄疾、晚清的龔自珍等。

㈡就藝術技巧和風格而言

縱觀南朝以後的詩壇，我們可以發現凡是成就較高的詩人，幾乎都或多或少地受到陶詩藝術的薰陶。尤其是山水田園詩人，受其影響更深。沈德潛曾說：「陶詩胸次浩然，其中有一段淵深樸茂不可到處。唐人祖述者：王右丞（維）有其清腴，孟山人（浩然）有其閒遠，儲太祝（光羲）有其樸實，韋左司（應物）有其沖和，柳儀曹（宗元）有其峻潔，皆學焉而得其性之所近。」（《說詩晬語》）雖然沈德潛說的只是陶詩對唐代詩人的影響，但我們由此可以想見陶詩藝術影響的深遠。這一點，可從宋代梅聖俞、蘇軾、陸游、金代元好問，直至清末黃遵憲等人的詩歌或詩論中找到佐證。

㈢就題材而言

陶淵明的田園詩為我國古典詩歌創作開闢了一個嶄新的天地。從他之後，田園詩不斷發展，到了唐代就形成了田園山水詩派。宋以後，以田園風光為創作題材的詩人則不勝枚舉。陶淵明詩歌平易自然、清新的藝術風格，影響後世的詩風。

17、陶淵明被鍾嶸詩品評為中品，是否公平？試加評析。（84中正）

答 鍾嶸《詩品》稱陶淵明為「古今隱逸詩人之宗」，並認他的詩有「協左思風力」，「文體省淨，殆無長語；篤意眞古，辭典婉愜。」等特點，但卻只把他的詩列為中品，顯然不公平。不過也可就此明白，陶淵明的作品起初並未受到任何的重視，因為魏晉時期玄言詩及遊仙詩已遭人生厭，而宋初正是駢文雕琢之風盛之際，陶詩的清空意味、樸素自然之風，很難受到當時人的青睞，到了梁陳時期的鍾嶸，雖開始重視他，但也僅能將他列為中品。

18、曹植、陶潛同為中國文學史上重要人物，然其成就途徑各有不同，其故安在？試說明之。（81成大）

答

(一)曹植自幼便有良好的文學環境和文學修養，早年隨曹操南征北戰，培養了強烈的功名事業心。另一方面，他又深受時代風氣的薰陶，養成了一種放縱不羈的性格，對世俗禮教採取蔑視的態度，這種拯世濟物的理想和恃才傲物的性格，貫徹在他一生的思想行動中，並且成為他作品的基本精神，然而曹丕篡漢以後，他卻無日不在壓迫困苦中討生活，想作一番事業卻一事無成，於是作品的情調逐漸轉為深入幽峭、多憤怨與苦悶之嘆。

(二)陶潛天性愛好自由，以「逍遙自適」為人生的高遠理想，其懷抱「曠而且眞，加以貞志不休，安道苦節，不以躬耕爲恥，不以無財爲病。」表現在作品上，自然「文體省淨」，意境深遠無涯，而建立田園文學的典型，成為古今隱逸詩人之宗。

19、試舉三位兩晉詩人，並說明其為人及作品之特色。（71台大）

答

一、左思的爲人及其作品特色——請參見本章第9題。

二、劉琨的爲人及其作品特色——請參見本章第11題。

三、郭璞的爲人及其作品特色——請參見本章第12題。

20、魏晉文章的風格如何？試評述之。（54台大）

答

魏晉時期，是社會動蕩不安的時代，又是文學獨立自覺的時代。這個時期的散文具有如下的特徵：

(一)在內容上抒情色彩越來越濃，表達社會政治見解和抒發個人感慨往往密切結合。

(二)在形式上駢偶化傾向逐漸明顯，更加講求遣詞造句的藝術技巧，體裁愈益多樣化。

其發展過程大致可以分為建安黃初、魏晉之際、西晉、東晉幾個階段。

一、建安黃初時期

這一時期的散文成就，以地區而論，曹魏為最，吳、蜀次之。以體裁而言，主要是應用文字，論辯散文次之。劉師培認為曹魏散文與漢代散文不同之處在於：書檄之文，騁詞以張勢；論說之文，漸事研求名理；奏疏之文，質直而摒華。此外，筆札之文，意真而語暢，也是這時散文有別於前代的一個方面。

曹魏散文名家，首選即曹氏父子。曹操文章清峻通脫，質樸簡約，如〈讓縣自明本志令〉、〈求賢令〉、〈整齊風俗令〉、〈軍譙令〉、〈祀故太尉橋玄文〉等。曹丕以書札見長，如〈與吳質書〉、〈與繁欽書〉、〈答曹洪書〉等，清麗卓約，富於情韻意趣，對後來曠達一派有一定影響。曹植表章，「獨冠群才」（《文心雕龍．章表》），如〈求自試表〉、〈求通親親表〉、〈陳審舉表〉，多有哀怨；其〈與吳季重書〉、〈與楊德祖書〉亦富於抒情意味，辭藻比其父兄華美。「建安七子」中，孔融文章多寓譏諷，如〈與曹公書〉、〈難曹公制酒禁書〉，而像〈薦禰衡表〉、〈與曹公論盛孝章書〉，則奮筆直書，剛勁鋒利。陳琳檄文最為出色，如〈為袁紹檄豫州〉、〈檄吳將校部曲〉，鋪張揚厲，貫古及今，是傳世之作。阮瑀亦擅長符檄，文思敏捷，下筆倚馬可待。

二、魏晉之際

這一時期最重要的是論難散文，其次是書序之屬。其內容，或為玄理之辯，或多嫉世之辭，而後又轉化為超然物外之音。其文體風格，或清峻通脫，或富艷宏闊，但都析理嚴密，渾厚典重。這是由於時勢險惡，情多壓抑，雖以老莊為旨趣，卻不敢汪洋恣肆，而蓄氣於內，更顯得狷急深邃。

這時散文家，大致可分為兩派，一為阮籍、嵇康，一為王弼、何晏。阮籍長於論辯，名作如〈大人先生傳〉，語重意奇，驚風駭俗，發前人所未發；其他如〈通易論〉、〈通老論〉、〈達莊論〉、〈樂論〉等，多闡發道家之緒，而才藻艷逸，託體高遠，行文奇偶相成，散體之中或用韻語。嵇康散文使氣騁辭，明快犀利，立論新穎，如〈管蔡論〉，藉管蔡事為毋丘儉起兵反對司馬氏辯護；〈與山巨源絕交書〉，名為與友人書信，實為帝王者的抗爭，公然「非湯武而薄周孔」；〈難自然好學論〉，竟斥仁義為「臭」「腐」、「六經未必為太陽」；〈聲無哀樂論〉、〈養生論〉等，析理之美，優於前代，對南朝論辯散文深有啟迪。「竹林七賢」中，劉伶有〈酒德頌〉，思想、語言都近乎嵇康，而文體則頗似辭賦。王、何的文章不多，深辨玄理，言約意深，雖曰精微，而動人心魄之力卻遠不如嵇、阮。

蜀國散文家有諸葛亮。其〈出師表〉，言辭誠懇，志篤文實，叮嚀周詳而幾於涕零，感人至深，被認為是章表之英；又如〈與群下教〉、〈誡子書〉，內容充實，說理透闢，精確簡練。陳壽《三國志》是這個時期最重要的歷史著作，其中有許多成功的史傳散文，如〈諸葛亮傳〉、〈華佗傳〉等。文筆簡潔質樸，上承《史記》、《漢書》，下啟范曄、沈約。

書序類中以李密〈陳情表〉最出色。剖陳衷曲，辭語懇切，筆調哀婉，通篇以情感人，連晉武帝也不得不為之動容。向秀的〈思舊賦．序〉，即景生情，寥寥數語，卻淒神寒骨。

三、西晉時期

西晉散文一個突出特點是駢偶化越來越嚴重，駢文作為一種文體這時已臻於成熟。有的文章通篇皆用對句，建安時期的疏散之氣逐漸消失。文體越來越多，賦序甚至獨立成為一種專門體裁。

散文名家，首推陸機、潘岳。陸機被認為是駢文的奠基者。他的〈豪士賦．序〉、〈嘆逝賦．序〉、〈弔魏武帝文〉等，說理與抒情結合，是當時駢體文的典型。潘岳尤善為哀誄之文，如〈馬洞督誄〉、〈夏侯常侍誄〉、〈哀永逝文〉，都富於感情。

晉初筆札，首推張華。現存多為短製，信筆寫去，自然灑脫，不假雕飾。陸機的〈與趙王倫牋薦戴淵〉，音韻和諧，詞藻華麗，是整齊的駢體。陸雲的〈與兄平原書〉三十餘篇，多討論文章寫作之事，娓娓如道家常，純用散語。劉琨的〈答盧諶書〉，悲涼慷慨，充滿不平之氣，語句整飭而錯綜，介乎駢散之間。這些文章，都風格各異。

四、東晉時期

東晉文壇盛行駢文，不過，有少數人仍沿用散文寫作，或以散馭駢，取得了優異的成績，前期如王羲之，後期是陶淵明。

王羲之文風清淡，不尚辭藻而多情致。名篇如〈蘭亭集序〉，由敘事而寫景，用感物以抒懷，筆勢飄逸，一如其書法。後世很多人想學而不可及，只有李白的〈春夜宴從弟桃李園．序〉獨得其妙。他的書信如〈與會稽王牋〉、〈報殷浩書〉、〈遺謝安書〉等，均得自然之體。其雜帖文字，短小精悍，文約義豐，氣清辭美，雋永有味，是六朝散文中不可多得者。

陶淵明是魏晉時期最重要的詩人，也是重要散文家之一。他的文章自然淡泊而內涵豐腴，在內容上一掃魏晉間玄學佛理的虛緲空幻，代之以山水田園、人情物態的清新淳樸，革除嵇、阮以下的壓鬱憤懣而歸於真率超脫；在辭句上則摒棄潘陸的駢偶雕砌，返於明白省淨。代表作有〈桃花源記〉、〈歸去來兮辭．序〉、〈五柳先生傳〉、〈與子儼等疏〉、〈晉故征西大將軍長史孟府君傳〉，其中有的是傳誦千古、家喻戶曉的不朽名篇。

21、試述魏晉時代駢文發展的情形。（政大期末考）

22、魏晉以前人為文，不拘奇偶，而後世駢文，古文皆出於此，試舉群經諸子及秦漢之文以證之。（58師大）

23、駢體文為中國唯美文學之極品，在文學史上之地位與價值，論者不一其辭，就所知暢加論述。（85中山）

24、駢文為中國文學的大宗，其發展演進的過程頗為漫長，試從先秦諸子以至漢魏六朝，而後隋唐之時，各舉文學作品為例說明之。（85逢甲）

答 一、駢文的發展

㈠先秦兩漢駢文

先秦兩漢文章對偶均係自然形成，而非有意講求，側重內容之對比，不尚字句之雕琢，風格質直渾厚。除個別外，大多數文章還是以散體為主，或駢散間雜，難以截然畫分的。如果說對偶駢句就是駢文的萌芽，那麼它很早就存在於古代散文和詩歌中了。例如《尚書》中的「滿招損，謙受益」、「九州攸同，四隩既宅」。《周易》中的「同聲相應，同氣相求。水流濕，火就燥。雲從龍，風從虎」。《詩經》裡的對句更多，如：「參差荇菜，左右流之；窈窕淑女，寤寐求之」，「就其深矣，方之舟之；就其淺矣，泳之游之」等等，不勝枚舉。

春秋時期的行人辭令和戰國時期的百家爭鳴，都常常採用對偶和排比的句式。如《左傳》中的「呂相絕秦」，連用十幾個四言排句。《國語》中的「伍舉論臺美」，大量使用駢偶句式。而像《荀子．天論》中的「強本而節用，則天不能貧；養備而動時，則天不能病；修道而不貳，則天不能禍。」《戰國策．趙策》中的「古今易則，遠近易用。陰陽不同道，四時不一宜。」已經是很整齊的駢文。秦代李斯的〈諫逐客書〉，駢儷色彩也很濃重。其中從「致崑山之玉，有隨和之寶，垂明月之珠，服太阿之劍，乘纖離之馬，建翠鳳之旗」，一直到「泰山不讓土壤，故能成其大；河海不擇細流，故能就其深；王者不卻眾庶，故能明其德。」一連幾十句，排比對仗，十分工整。

漢初文章，首推賈、晁二人。賈誼〈過秦論〉總結秦朝覆亡的教訓，富於氣勢，長於排比。晁錯〈言兵事疏〉將中國形勢與匈奴對照，幾乎全是偶句。但二文都還不夠整齊，所以《駢體文鈔》不曾收錄。鄒陽〈獄中上梁孝王書〉，廣引譬類，與李斯同風，而辭意更形複沓，儼然形成一種儷習，駢體之經脈隱約可尋。西漢中葉，辭賦發達，波及散文，奏疏書信，益趨富贍。如劉向〈論起昌陵疏〉：「德彌厚者葬彌薄，知愈深者葬愈微。」〈條災異封事〉：「執狐疑之心者，來讒賊之口；持不斷之意者，開群枉之門。」匡衡〈戒妃匹勸經學威儀之則疏〉：「情欲之感，無介乎容儀；宴私之意，不形乎動靜。」對仗精細而析理嚴密，後世駢文家（如陸贄）深受其影響。不過，西漢文章中的駢句依然只是偶爾使用，在全篇中並未占主要地位。

東漢時期，文風漸趨綺靡，散文中的駢句越來越多，漢末尤甚，蔡邕的作品是其典型。如〈郭有道碑〉，幾乎通篇皆用駢句，淵雅肅穆，典重茂密，而且音調鏗鏘。如「若乃砥節厲行，直道正辭，貞固足以幹事，隱括足以矯時。遂考覽六經，探綜圖緯，周流華夏，遊集帝學。收文武之將墜，拯微言之未絕。於是纓緌之徒，紳佩之士，望形表而景附，聆嘉聲而響和者，猶百川之歸巨海，鱗介之宗龜龍也。」像這樣的文章，瞿兌之認為已經是純乎為駢文立格了。王闓運所謂「駢儷之文起於東漢」，正是指蔡邕等人的作品而言的。

(二)魏晉時代駢體文

1、魏晉時代駢體文興盛的原因

駢體文確立於魏晉，繁興於六朝，最主要的原因，是純文學觀念的確定。從我國文學的發展來看，我國文學早在先秦時代就已有了豐富的內容，但人們把文學看做為一門獨立學科，並從事於文學創作活動，卻是經過兩漢、魏晉，到了六朝時期才逐步明確起來的。而駢體文的發展和繁興，正與我國文學觀念的發展有關。一般認為從曹魏時代開始，我國文學開始步入了「文學的自覺時代」，而這時的所謂「自覺」，實際的表現就在於對所謂「詩賦欲麗」的認識和肯定，以及由此擴展到崇尚辭藻華麗的文風。這是經過兩漢至魏晉，包括詩賦在內的各體文字，都開始走向駢化的很重要的一個原因。

2、魏晉駢文發展之情形

(1)曹魏時代

建安三國，文風通脫，較之東漢有所不同。內容更加豐富深刻，形式越發自由多樣。如曹操、諸葛亮的文章，基本上不用駢偶，這是當時的主流。與之同時，追求辭藻講究字句的風氣仍然存在。如陳琳的檄文，鋪張揚厲，騁辭使氣，較戰國縱橫家有過之而無不及。其〈為袁紹檄豫州〉，歷數曹操種種劣跡罪行，使其奸惡面目暴露無遺，讀來令人扼腕。他如曹丕的〈與吳質書〉，是情文並茂的抒情文。曹植的表章書信，情采絢爛，才華橫溢。如〈求自試表〉、〈求通親親表〉、〈與吳質書〉，以及吳質的〈答東阿王書〉、應璩的〈與侍郎曹長思書〉等，駢儷色彩都很鮮明，實為駢文之先導。但其時風尚，仍是以氣運文，駢散兼馭，既呈現出富贍勻稱之美，又貫注著疏暢諧婉之氣，既不似東漢之凝重，又未如六朝之輕靡。

(2)西晉

西晉一代文風，整體看來還是散多於駢。尤其章表政論，大都不講藻飾，只求說理達意。然而駢文畢竟已經形成，儘管還是處在襁褓之中。其代表人物就是陸機。他有不少文章，整篇都用駢偶，純粹為修辭而使文詞屬對的成分加多，已不僅限於內容的對照。用語力求從古籍中提取，事理的闡述多借助於典故。如〈豪士賦．序〉中「政由寧氏」、「祭則寡人」，摘取《左傳》成語，用衛宣公與寧氏分權故事。「君奭」二句，用周公攝政，召公不悅舊典。「高平」二句，用霍光與漢宣帝故事。句式均為嫻熟的四六體，裁對工整，用詞造句，緊緊相對，駢文的主要特徵至此已完全具備。其他如〈弔魏武帝文〉，評價曹操的功業；〈辨亡論〉總結東吳滅亡的教訓，仿傚賈誼的〈過秦論〉；〈薦戴淵疏〉向趙王倫推薦處士戴淵：這些文章都是很成熟的駢文。與陸機齊名的潘岳，長於哀誄，如〈馬汧督誄〉、〈夏侯常侍誄〉等，序文中都有一些對句。此外，劉伶的〈酒德頌〉、李康的〈運命論〉、江統的〈徙戎論〉及劉毅的〈請罷中正疏〉等，都是當時著名的文章，都很喜歡採用排比，不過，都不如陸機文章那樣完全駢偶化。

(3)東晉

東晉比之西晉，駢化速度慢了一些。駢體作品多在應用文字方面，如溫嶠的〈讓中山監表〉，庾亮的〈重與陶侃書〉，孫綽的碑銘等等，但影響不如散文大。學術議論文字中有少數也用駢體。如《抱朴子．詰鮑》所引的〈無君論〉，這是一篇聲討君主專制制度的檄文，揭露犀利，行文潑辣，是中國政治思想史上不可多得的傑作。遊記文字有廬山諸道人〈遊石門詩・序〉，這是我國第一篇完整的山水遊記，於細致的寫景中寄寓佛理，同時滲透著遊人的歡悅心情，技巧比〈無君論〉更為嫻熟。

二、駢文在文學史上的地位及價值

魏晉南北的駢文成為「一代之學」幾乎取代散文的地位，因為駢文自先秦時期起，就被作為一種修辭的手法，到了漢魏時期開始發展，形成於兩晉時期，為文人刻意運用在文章之中，而正式嚴格的駢文，始自任昉及庾信之後。韓柳古文運動起，有意識的推翻駢文，使的駢文的獨霸地位受到相當程度的動搖，雖然到了清代有所謂的駢文中興的場面，但已起不了多大的作用，一直到了民國初年的「五四運動」後，在大力推廣白話文運動的同時，這種講究詞采華茂、對偶工整、繁用典故以及講求用四六言句法的「選學妖孽」就與「桐城謬種」一起消失。

第十章　南北朝文學

研讀重點

一、六朝文學的特色及重要作家
二、元嘉體、永明體的特色、代表作家與影響
三、山水詩興盛的原因、重要作家及其風格特色
四、宮體詩興起之因及其得失
五、謝靈運、鮑照、顏延之、徐陵、庾信作品特色與影響
六、魏晉南北朝詩人的組詩及其共同旨趣
七、吳歌、西曲、梁鼓角橫吹曲的特色、風格與影響
八、南朝文學的價值及其影響
九、〈木蘭詩〉的藝術成就
十、駢文的特徵及重要作家與作品
十一、北朝散文的重要作品與特色

1、何論六朝?試言其文學特色及其重要作家。(70政大)

答

一、六朝的定義

中國歷史上,孫吳、東晉、宋、齊、梁、陳,相繼建都於建康,素稱南朝六朝;曹魏、西晉、後魏、北齊、北周、隋,因建都於北方,素稱北朝六朝。當代所謂六朝,則兼指南北六朝。因此六朝和魏晉南北朝所涵蓋的時間和範圍其實是相同的。

二、六朝文學特色

六朝文學,以詩歌與駢文最為重要,並極具創新的作風的。

(一)以詩歌而論

在寫作技巧方面,由講究對偶以求形式之美,進而運用四聲以求聲律之美,上變漢魏,下啟唐律,在詩歌史上有承先啟後的地位。就寫作題材而論,六朝詩更有其輝煌的成就,由詠懷而詠史,而哲理,而遊仙,而田園,而山水,而宮體,新的題材一波逐一波的盛行。可以說,我國詩歌發展到六朝,稱得上為大宗的題材幾乎已應有盡有。接著來的唐代雖然是公認的我國詩歌史上最燦爛的時代,但在寫作題材上能夠創新的,卻只有邊塞一項而已。

㈡以駢文而論

自後漢蔡邕有意的用對偶句法寫了篇〈郭林宗碑〉，駢儷文體日漸流行。到了齊梁間沈約、王融等創聲律之說，文士們不但把聲律用之於詩歌，同時用之於駢文。於是，駢文呈現了前所未有的美觀與和諧。我國單音孤立的文字，至此發揮了最大的功效。

三、六朝的重要作家

建安時期湧現了曹氏父子和「建安七子」（孔融、王粲、劉楨、陳琳、阮瑀、徐幹、應瑒）為代表的一大批作家。他們敢於面對動亂的社會現實，在作品中敘述喪亂及感嘆身世，同時也吐露憂國之思和濟世宏願，具有「志深而筆長」、「梗概而多氣」的時代特色。像曹操的〈蒿里行〉、王粲的〈七哀詩〉及女詩人蔡琰的〈悲憤詩〉等，都是反映漢末現實的佳篇。建安詩人中成就最高的是曹植，他的詩歌氣格高古，文體華美，情辭兼勝，代表作有〈白馬篇〉、〈箜篌引〉及〈贈白馬王彪〉等。

魏晉之際，最傑出的詩人是阮籍和嵇康。尤其是阮籍的八十二首五言〈詠懷詩〉，筆力矯健，旨意遙深，獨具特色。

西晉太康前後，以陸機、潘岳為代表的詩人「采縟於正始，力柔於建安，或析文以爲妙，或流靡以自妍」，講究詩歌的藝術形式，但內容貧乏。左思的〈詠史詩〉八首等作品則以充實的內容、雄渾的筆力，獨樹一幟。左思之後，比較有成就的詩人是劉琨、郭璞。

東晉時期，以闡述老莊哲理為主旨的玄言詩流行。而陶淵明以真率自然的筆調描繪田園風光和田園生活感受，像〈歸園田居〉、〈移居〉及〈和郭主簿〉等作品，自然平淡，言淺旨深，宛如一股清新的風吹進了沈悶的詩壇。陶淵明開創了田園詩派，他的作品一直被後人奉為典範。

劉宋時期最有成就的詩人是謝靈運和鮑照。謝靈運擅長描狀山水景色，是山水詩派的創始人。鮑照的樂府詩最出色，代表作是〈擬行路難〉十八首，風格遒麗，對後世七言歌行有很大影響。

齊梁時期，沈約、謝朓等人把魏晉以來聲韻學研究的成果運用到詩歌創作中，創造了一種注意聲律和對仗的新詩體：「永明體」，代表中國詩歌從比較自由的「古體」走向格律嚴整的「近體」。

梁陳時期，詩風日趨柔靡，「宮體詩」流行，但也有一些清新之作。這一時期比較優秀的詩人有江淹、何遜、吳均、陰鏗。

北朝的文人詩歌創作不如南朝繁榮。最有成就的詩人是庾信。庾信本仕梁，後被強留北朝，經受了國破家亡、羈留異域的痛苦後，詩歌創作一洗早年的浮華，而形成一種蒼勁、悲涼的風格。代表作是〈擬詠懷〉二十七首。此外，王褒的〈渡河北〉也是傳誦之作。

2、分析魏晉南北朝社會政治的變革作用於當代新思潮及新文學觀的主要現象。（81淡江）

答

魏晉南北朝不論是政治、社會、經濟等各方面，都有很大的變動，這些對當時的思想或文學都帶來鉅大的影響：

一、政治混亂與文士的被屠殺

自東漢到東晉兩百多年中，內憂外患接踵而來，使民眾陷入飢餓流亡的絕境，在那幾百年中，政治派系對立與篡奪不斷的局面中，文人是動輒得咎，命如草芥，再加上東漢末年黨禍的大屠殺，不僅封住了讀書人的口，連心也被摧殘的破碎了，魏晉的文人故意裝聾作啞、寄情藥酒，或文尚曲隱，如阮籍〈詠懷詩〉；或詩雜仙心，如郭璞〈遊仙詩〉；或揮麈以談玄理，如妙玄言詩；或隱田園，如陶淵明的田園詩文；或樂山水，如山水詩，在這種環境下，文學的轉變是很自然的。

二、儒學衰微，玄學興盛

魏晉時代，儒家在思想界失去了信仰與指導人心的力量，風靡一時的是新起的玄學。到南北朝時，佛教大盛與道家的思想相輔而行，儒學更趨沈寂，好的影響是文學擺脫了儒學的控制，純文學得以自由發展重要的文學理論有曹丕的《典論．論文》、曹植的〈與楊德祖書〉，應瑒的〈文質論〉，李充的〈翰林論〉、陸機的〈文賦〉，摯虞的〈文章流別〉等文章；及齊梁時代的《文心雕龍》與《詩品》兩大鉅著，而文學批評的蓬勃發展和這種思想的變遷有著密切的關係。

三、宮廷掌握了文學的領導權

南朝四代的君王，政治上雖沒有建樹，但都愛好文學，有的是提倡獎勵，有的能創作批評，於是造成文學極盛的空氣。至於當代宗室，也都以獎勵文學、招集文士著稱，將近兩百年間，宮廷完全掌握了文學的領導權。生活環境的限制和門閥制度的種種約束，造成他們和廣闊的社會處於隔絕狀態，精神狀態空虛萎靡乃至低下。使他們難於寫出內容充實的作品，因此大量出現在詩文集中的，泰半是些飲宴、應酬、詠物的作品，等而下之的就是艷體詩，「宮體詩」也就應運而生。

四、高門世族的社會型態

西晉以來，高門世族不僅壟斷經濟和政治，同時也壟斷文化。東晉渡江之後，南北政權保持了相對穩定的局面。劉宋初年開始，江南地區的農業、手工業都有很大的發展，商業和城市隨之興盛。物力富饒，為高門世族優遊於文藝之林準備了充分的物質條件。

創作活動受到空前的重視，作品的社會功能又日見其廣，高門世族的自我標榜、互相欣賞，寒士的進取仕進，都離不開文學。為了掩飾內容的貧乏，作家們於是在形式上銳意潛心，力求精美。自晉代以來，士族的生活情趣和審美標準均偏重在辭藻華美、聲律和諧、隸事精當、屬對工切這些形式方面。《文心雕龍‧明詩》說：「晉世群才，稍入輕綺。」輕，可以指內容的單薄空虛，綺，應當指形式上雕文織采、側艷華麗。這種輕綺之風，從陸機、潘岳發端，到南朝已成為文學的時代風貌。

五、佛道盛行

魏晉時老莊哲學和假託黃老的道教分道而馳，一為民間信仰的宗教，一為當代學術思想界的正統，再加上佛學與玄學的相輔而行，大為清談人士所愛好，魏晉是政治動搖，人們生活最痛苦的時代，遁世超俗之風日盛。佛教文學在魏晉時代助長新人生觀與虛無主義的發展，同時又給文藝精神上的影響，至於道教徒所倡導的練丹服藥以及求仙的事跡，無論在詩歌、小說方面，都表現出濃厚的色彩。

> 3、南朝偏安江左，宋、齊、梁、陳雖一再革易，然卻為文學極佳之發展環境，形式主義美學因而興起，試就其所以產生之歷史環境，加以稱述之。（85成功）

答 魏晉南北朝雖然自劉裕伐晉到隋滅陳為止，共一百六十九年的時間裡，南北分裂，戰亂頻仍，而南方的朝代不斷更迭的大背景下，文學的發展卻承繼兩晉華豔綺麗之風而擴大發展，形成南朝形式主義美學，其所以產生的歷史環境有以下幾點：

一、社會的安定性

南朝雖然歷經宋、齊、梁、陳四個朝代，可是在政權的轉移上，卻是以禪讓的方式所完成的，雖有偶有戰亂，但對整個社會環境而言，仍能保持一定的安定性，經濟也因此繁榮起來，再加上東晉人口大量南移的結果，一些大城市自然造成人才集中的效應。在富裕的物質生活基礎上，南朝帝王及士族日益腐朽荒淫，因此沒有太大的經國救世的理想，所以鋪采摛文，刻意追求形式主義的文學。

二、統治階層的推波助瀾

南朝的君主和諸侯大半愛好文學，對提倡文學不餘遺力，甚至有的本身還能創作及批評的，諸如劉宋臨川王劉義慶廣收天下文人，獎勵著作。所謂「天下向風，人自藻飾。」，於是大量的作家及作品在這個時候出現。但在南朝的君主和諸侯刻意引導下，文學只有往形式主義發展，如梁元帝所說：「至於文者，惟須綺縠紛披，宮徵靡曼，唇吻遒會，情靈搖盪。」

三、儒學衰微及佛老盛行

東漢末年儒學開始式微，老莊哲學取而代之，到了南北朝，佛教思想與道家思想相輔相成，形成推動儒學的最大阻力，至此儒學更是銷沈寂寞。雖有梁武帝的崇尚經學，但已和兩漢的尊儒在實質內容已經是不相同了，也因此社會道德缺乏監督及指導的準則，而文學的內容便容易趨向浮華，但形製上卻是得以自由發展。

四、文學觀念的進步

魏晉時期因創作越來越多，已有如曹丕《典論．論文》及陸機〈文賦〉等文學批評和文學理論的出現，到了南朝時的文筆之爭，如劉勰《文心雕龍．總術》：「今之常言，有文有筆，以為無韻者筆也，有韻者文也。」要區分所謂的純文學及雜文學，劉勰《文心雕龍》及鍾嶸《詩品》這兩部文學批評名著的誕生，使得作者在創作時更會注意藝術技巧的展現。

五、聲律說的興起

自魏晉開始文人已經注意文章聲律之美，到了齊梁期，佛經東傳中土，受到佛經轉讀的影響，為求漢語貼切地誦讀梵文佛經，發現了漢語的四聲，而後永明時期的周顒依據和模擬佛經的讀音，把漢字定為平、上、去、入四聲，寫了《四聲切韻》一書。沈約提出「四聲八病」說，將詩文的創作除形式之外，更致力於聲律對偶的追求，進而帶動講求形式的唯美文學。

4、何謂「元嘉體」？有那些代表作家？對後世詩歌有何影響？（政大期末考）

5、在五言詩的發展中，太康與元嘉兩個時期，詩風有何異同？請舉出各時期的代表詩人三人，並簡論各人的詩歌成就。（83台大）

答

一、太康體詩風之特色與代表作家——請參見第九章第5題。

二、元嘉體詩風之特色與代表作家

㈠元嘉體的定義

「元嘉體」指南朝宋文帝元嘉年間（西元四二四～四五三年）形成的一種詩風。「元嘉體」之名始見於宋代嚴羽《滄浪詩話》，用以概括「元嘉三大家」：謝靈運、顏延之和鮑照的詩風。《文心雕龍．明詩》中說：「宋初文詠，體有因革，莊老告退，而山水方滋，儷采百字之偶，爭價一句之奇。情必極貌以寫物，辭必窮力而追新，此近世之所競也」意指這個時期的體式要求排偶，辭藻趨向雕琢、新奇，又好用典故來增加文勢。

㈡元嘉體代表作家

謝靈運擅長寫山水詩，以辭藻富贍，善於描寫自然景物著稱；顏延之以侍宴、應制之作居多，其特點是典雅、凝煉，往往雕琢過甚，用典過多，雖亦有寫景之句，常有「雕繢滿眼」之弊；鮑照作品以樂府詩為最有名，反映社會現實的深度遠勝顏、謝。其他樂府以外的一些詩則較重辭藻，與顏、謝相近，其特點是以奇險取勝。

㈢元嘉體對後世詩歌之影響

《南齊書．文學傳論》談到齊梁詩文時，曾指出有三個流派，一派學謝靈運，一派學鮑照，另一派雖未指出具體人名，而說他們的特點是最講究對仗和用典，顯然指顏延之等人。可見這三位詩人在元嘉年間及以後一段時期確有很大影響。他們的詩改變了東晉多數詩人平典無味的玄言詩風，形成了注重辭藻、講究對仗的共同趨向。鮑照的七言樂府成就很高，對七言詩影響頗大，明末清初的文評家譽他為「七言之祖」。由此可見他對七言詩體演進的貢獻。

6、何謂「永明體」？有那些代表作家？對後世詩歌有何影響？（台大期末考）

答

一、永明體的定義

「永明體」是南朝齊武帝永明年間（西元四八三～四九三年）形成的一種詩體。而「永明體」一詞首先出現在《南齊書．陸厥傳》：「永明末盛爲文章，吳興沈約、陳郡謝朓、琅邪王融，以氣類相推轂；汝南周顒，善識聲韻。約等文皆用宮商，以平上去入爲四聲，以此制韻，不可增減，世呼爲永明體。」此期代表人物有沈約、謝朓、王融及周顒等人。這些人發現詩歌音律，並和晉宋以來的詩歌駢偶的形式相互結合，就形成「永明體」。而這類新詩是我國詩歌從較自由的「古體」過渡到格律嚴整的「近體」的一個重要階段。

二、永明體的代表作家

寫作「永明體」的著名詩人有所謂「竟陵八友」，即在齊竟陵王蕭子良周圍的沈約、謝朓、王融、任昉、陸倕、范雲、蕭琛、蕭衍等八個貴族文人。八友中，任昉、陸倕工於文章。任昉的表、奏、書、啟等應用散文在永明年間頗負盛名，當時曾有「任筆沈（約）詩」之稱。王融在八友中以文藻富麗、才思敏捷而被世人所推重，其〈三月三日曲水詩．序〉是當時較有影響的名篇。沈約在八友中聲譽較高，早年負有清名，為人深得時輩及後人稱美。李商隱〈漫成詩〉曾高度評價他和范雲：「霧夕詠芙蕖，何郎（遜）得意初。此時誰最賞，沈范兩尚書。」沈約十分強調詩歌的音律協調美和形象美，同時又要求作詩必須直舉胸臆，表情自然。其詩以五言為最，鍾嶸稱之「不閒於經綸，而長於清怨」。〈傷謝朓〉、〈別范安成（岫）〉等是其詩集中頗具特色的作品。不足的是其詩較少興寄、蘊藉，有時因過於講究聲律、對仗，不免失之刻板。謝朓是八友中文學成就最高的詩人。他繼承和發展了謝靈運的山水詩，寫出了一些清新工麗的作品，對唐代王維、孟浩然等有較大影響，連大詩人李白、杜甫也都對他表示擊節稱賞。

三、永明體對後代詩歌的影響

「永明體」詩歌創作，針對我國漢字為單音節的特點，講究細密的聲律和工整的對仗，篇幅一般比較短小，這就為唐代律詩的形成奠定了基礎。因此，「永明體」是我國格律詩的開端，它反映了詩歌從比較自由的形式走向格律化的必然趨勢。「聲律說」的產生，除對詩歌有直接影響外，對辭賦、駢文、詞、曲等文學形式也都有很大影響。

7、略述山水文學興起之原因。（72、78政大）

8、南北朝時代山水文學所以興盛之原因為何？有何重要之詩人作家？其作品之風格特色又為何？（82成大）

9、南朝何以會產生山水詩？有何代表作家及作品？試說明之。（83師大）

10、南北朝時代山水詩所以興盛之原因為何？其有何特質？並至少舉出當代之代表人物二位，及其代表作品與風格特色，加以稱述。（86成功）

11、人與自然關係之察照是中國文學的重要主題之一，請就所知，敘述此一主題在魏

晉南北朝文學史上的發展情形。（86南華）

12、試述晉宋山水詩興起的背景，並略說明其代表詩人謝靈運作品（山水詩）之特色。（88政大）

答

一、山水文學興盛的原因

山水詩勃興於劉宋期間，隨著諸多因素的變遷，逐漸取代東晉以的玄言詩成為主流文學，是南朝詩歌發展上的第一個重要變化，其興盛的原因有：

㈠社會的因素

魏晉時期社會動亂，政治黑暗，士大夫們懼亂畏禍，大都崇尚隱逸，於是山水園林就成了他們嚮往的樂土。他們的詩文創作在讚美隱逸生活的同時也讚美山水美景。這樣，關於山水的描寫在詩文中就逐漸增多。

㈡文學歷程的發展

魏晉時期玄學盛行，欣賞山水，崇尚自然，認為只有在自然之中才能保持個性的完美。這是玄學的一個重要的內容。士人們把親近山水欣賞山水作為精神生活的一個重要方面。這種思潮影響到詩歌創作，於是，東晉後期玄言詩中描寫山水的成分逐漸增多。

另外，從詩歌本身來看，空洞枯燥的玄言詩流行了百年之久，人們對之已經厭煩，詩歌到了不能不變的時候了。

(三)經濟的發展

晉室南遷以後，江南經濟得到發展，士族地主在山水佳麗之地廣建園林別墅，接觸自然的機會大大增加，對山水美的認識日益加深。因此遊山玩水，吟詠山水，成為風氣。

二、山水文學的代表作家及其風格特色

(一)謝靈運

謝靈運是山水詩派的開創人。他出身士族，政治失意後便寄情山水，寫作山水詩。由於他對山水景物有著獨到的觀察與體驗和較高的藝術修養，故而他的山水詩對景物的描寫頗為細致，十分注意形象的描繪，如「野曠沙岸淨，天高秋月明」、「林壑斂暝色，雲霞收夕霏」等，明麗清新，揭示了大自然的美；語言上，他講究對偶和辭采，形成一種富艷精工、典麗厚重的風格。〈登池上樓〉、〈登江中孤嶼詩〉、〈郡東山望溟海詩〉及〈七里瀨〉等，是其優秀的代表。其詩的缺點是不能做到情與景的統一，並且常在詩中空談玄理，令人生厭，所以他的詩往往有佳句無佳篇。另外，他有時雕琢過甚而流於堆砌。但相對於枯燥乏味的玄言詩，他的清新的寫景和艷麗的辭采，畢竟是進步的。

(二)謝朓

謝朓是南朝齊代詩人，是繼謝靈運之後寫作山水詩，對山水詩的發展作出較大貢獻的

人。他與謝靈運出身經歷相仿，詩也受謝靈運影響較大，有的作品有模仿謝靈運的痕跡。但不管是何種情感意趣，都可以藉山川景物來表現，而且達到情景交融的境界，這是謝朓詩歌的重要特點，也是他對於詩歌藝術發展的重要貢獻。

謝朓山水詩的內容，主要是表達對昏暗現實和仕途的畏懼與不滿，以及對清靜生活的追求，表現的是士族文人的情趣；藝術上他吸收了謝靈運作品那種細緻觀察、逼真描寫的長處，而避免了謝靈運晦澀平板的弊病。他的詩較少繁蕪詞句和玄言成分，情景協調一致，詩風清新流麗使山水詩達到了比較優美完整的境界。

謝朓詩中有不少出色的寫景詩句，如「天際識歸舟，雲中辨江樹」，「魚戲新荷動，鳥散餘花落」，「大江流日夜，客心悲未央」等，都清新優美，使人嘆賞。〈遊敬亭山詩〉、〈新亭渚別范零陵雲詩〉、〈之宣城郡出新林浦向板橋詩〉、〈晚登三山還望京邑詩〉等，是其山水之作的名篇。

13、陶淵明、謝靈運均以描寫自然著稱，然兩人作品風格，截然不同，其故安在？（81成大）
14、陶淵明與謝靈運皆擅長山水田園之作，然二人詩歌之內容精神卻頗有差異，其情形為何？試說明之。（84逢甲）
15、試分別論述陶淵明與謝靈運在田園、山水詩方面的表現與影響。（86文化）

16、陶淵明、謝靈運是常常被相提並論的六朝詩人。試從家世、性格作風、觀物態度、作品意境、題材內容與對世影響等方面比較兩人之異同。（89靜宜）

答

陶淵明田園詩與謝靈運山水詩為晉宋間詩歌主流的兩個不同流派，陶謝兩家均有意使詩歌脫離玄學走向自然，但因個性及生活背景的不同，兩家詩歌遂有極顯著的差異：

一、內容方面

陶以田園代玄學，謝以山水代玄學，前者偏重田園生活，山水景物僅居其次；後者則純以山水風景為主。

二、風格方面

陶詩屬正始系，重質不重文，故平淡自然，恰能表現淳樸的農村生活；謝詩屬太康系，雕琢駢儷，使山水美景活躍紙上。

三、作者心情方面

陶乃真正歸隱，故能安於田園生活；而謝則身在江湖，心存魏闕。

四、寫作態度方面

陶雖寫田園，亦兼及山水，均以主觀、寫意的態度為之；而謝以山水為我而存在，供我賞玩，故以客觀、寫實的態度為之，景物中並無其本人存在。

17、鮑照為元嘉詩人之一，元嘉詩風乃上承太康而變體加厲，除體盡排偶，語盡雕刻之外，又繁用典故，五言詩至此，麗靡有餘，而生氣殊乏，然《南史》本傳，謂「鮑照嘗為古樂府，文甚遒麗」，是何故？（台大期末考）

18、試由中國古詩發展的角度說明鮑照詩與陶淵明詩的特色。（82清大）

答

一、陶淵明詩的特色——請參見第九章第14題。

二、鮑照詩的特色

鮑照與謝靈運、顏延之同時，皆以詩著稱，合稱「元嘉三大家」而文學成就較顏、謝要高。鮑照工詩，兼擅駢文與賦，今存作品中，數量最多的是詩歌。他大力學習和寫作樂府詩，其傳世約二百首詩裡，樂府詩占了八十多首，其中有三言、五言、七言和雜言等多種形式，〈擬行路難〉十八首為這種詩體的代表。除寫作樂府外，鮑照還有〈擬古〉和〈詠史〉之詩作。由於鮑照出身寒微，受到當時門閥制度的壓抑，一生不得意。因而鮑詩多懷才不遇的憤懣之氣並繼承和發揚漢魏樂府的現實主義傳統，廣泛地反映了當時的社會現實。

鮑照精於七言歌行，詩歌氣勢雄放，感情激越，語言遒勁，俊逸挺拔，富有浪漫主義色彩。七言詩自曹丕後很少作者，到他才大量寫作，並且最成功，這對當時詩體的發展起了很大的推動作用。

鮑照的詩歌具有鮮明的藝術風格。鮑照的詩充滿一種剛健，這就是許多詩論家所說的氣骨勁健。這「氣骨勁健」來自於詩人希冀用世的銳氣、立志報國的豪氣和不滿現實的憤氣，與「西漢氣骨」、「建安風骨」、「左思風力」一脈相承。與鮑照同時的著名詩人，如謝靈運的山水詩富艷精工，雖有「初發芙蓉」之譽，然「頗以繁富爲累」；顏延之的詩則好用典故，雖有「錯彩鏤金」之貴，亦獲「殆同書抄」之譏。他們都缺乏鮑照獨有的「俊逸」。所謂「俊逸」，即指他詩風的俊美奔逸，不致因煉字而傷斫、煉句而傷氣，所以能為杜甫所推服，對唐代李白、岑參等人的詩風也都產生過積極的影響。

19、何謂「宮體詩」？其得失何如？試說明之。（74政大、75東吳）

20、說明南朝詩歌元嘉體、永明體、宮體的特色；詩家謝靈運、鮑照、謝朓、徐陵作品風格的不同。（84暨南）

21、試從文學史的角度，評價南朝宮體詩及詠物詩之地位。（85台大）
22、試說明「宮體詩」產生之時代，代表作者，及其文體特色。（87中興）

答

一、宮體詩定義

「宮體詩」是南朝梁後期和陳代所流行的一種詩歌流派，詩作內容主要以最豔麗的詞句，和諧的音律及精巧的藝術表現來描寫在婦女閨情、貴族放蕩的行為。「宮體」之名，始見於《梁書．簡文帝紀》對蕭綱的評語：「然傷於輕艷，當時號曰宮體」。但這種風格的詩歌，自梁武帝及吳均、何遜、劉孝綽已開其端。「宮體詩」的主要作者就是蕭綱、蕭繹以及聚集於他們周圍的一些宮廷文人如徐摛、庾肩吾、庾信、徐陵等，陳後主陳叔寶及其侍從文人也可歸入此類。這些詩人的變態心理及低級趣味左右著整個詩壇，自梁到初唐，其影響力綿延了一百多年之久。

二、宮體詩的得失

歷來對「宮體詩」的批評，多以為其中有不少以寫婦女生活及體態為內容，其實「宮體詩」內容並非限於婦女生活，也有一些詠物之作，即使寫婦女生活的作品，格調低下的也只占少數。總體而言，「宮體詩」的情調流於輕艷，詩風比較柔靡緩弱。至於被稱為宮體詩人的蕭綱、蕭繹等人，也寫過不少清麗可讀之作，至於庾肩吾、徐陵等，更有一些比較優秀的詩篇。

三、宮體詩的價值

從詩歌發展史上看，「宮體詩」的作用有兩個方面。一方面，隋及唐初詩風流於靡弱，多少是受它的影響；另一方面，它在形式上比「永明體」更趨格律化。《梁書．徐摛傳》稱徐摛「屬文好爲新變，不拘舊體」。這種「新變」正是宮體詩的形式特點。據學者統計，宮體詩中符合律詩格律的約占百分之四十左右；基本符合的數量尤多。這說明「宮體詩」對後來律詩的形成，有著重要的推動作用。至於它用典多、辭藻穠麗的特點，對後世也有一定的積極作用，如唐代的李賀和李商隱的詩，顯然曾吸取過「宮體詩」的某些手法。

23、試就六朝玄言、山水、宮體文學而言，時代對作家之影響。（76成大）

答

一、玄言詩

「玄言詩」是西晉末至東晉時期所出現的一種詩體。代表作家有孫綽、許詢、桓溫、庾亮等人。西晉末年，由於玄學與清談風氣盛行，又有官高位顯的庾亮、桓溫等人提倡，遂風靡一時，幾至整體東晉詩壇。玄言詩嚴重脫離社會生活，皆為老莊哲學的學教和注解。故鍾嶸《詩品·序》斥之為「理過其辭，淡乎寡味」，並謂「孫綽、許詢、桓、庾諸公詩，皆平典似《道德論》，建安風力盡矣」。其詩雖盛極一時，但多被淘汰，流傳至今的很少。東晉後期，殷仲文、謝混等人起來反對，至陶淵明、謝靈運相繼登上詩壇後，玄言詩才逐漸衰退。

二、山水詩——請參見本章第9題。

三、宮體詩——請參見本章第18題。

24、⑴潘、陸⑵顏、謝⑶徐、庾，以上三組簡稱，請寫出他們的姓名、所屬的時代、以及他們在文學史上所起的作用和影響。（81清大）

25、自西晉以迄北宋，文學體製紛然雜出，其犖犖較著者有下列六種，試說明其產生之時代，代表作者，及其文體特色。⑴元康體⑵永明體⑶宮體⑷徐庾體⑸三十六體⑹西崑體（87中興、中山）

26、何謂「徐庾體」？其與唐詩之關係如何？（90台大）

答 一、潘陸

潘、陸指西晉太康詩人潘岳、陸機的並稱。

《宋書．謝靈運傳論》：「降及元康，潘陸特秀。」二人文學風格相近，同是太康文學的代表作家。兩人相比，陸機文學成就稍高。鍾嶸《詩品》說他：「才高詞贍，舉體華美。」又說：「陸才爲海，潘才如江。」評價是公允的。

陸機的詩喜仿古用典辭藻艷麗，而內容卻顯得貧乏無力，因此成就不大。但也有個別優秀之作，如〈猛虎行〉一詩，寫壯士的磊落心胸，筆力雄健，風格奇峭，一反平庸常調。陸機的文學成就主要表現在〈文賦〉的創作上，〈文賦〉是中國文學批評史上的重要著作，上承曹丕的《典論．論文》，下開劉勰的《文心雕龍》、鍾嶸的《詩品》，在中國文學批評史上占有重要地位。它系統地論述了文藝理論上的一些問題，語言形象、簡煉。謝混說：「陸文如披沙簡金，往往見寶。」

潘岳以善於寫哀傷詩文而著稱於世，代表作有〈悼亡詩〉三首，具有一定藝術價值，但社會意義不大。謝混說：「潘詩爛若舒錦，無處不佳。」實為過譽之詞。

二、顏謝

顏、謝是指南北朝時宋代詩人顏延之、謝靈運的並稱。

《宋書．顏延之傳》：「延之與陳郡靈運，俱以詞采齊名。自潘岳、陸機之後，文士莫及也。江左稱顏謝焉。」他們是晉宋之際名聲最大的詩人，並稱「江左第一。」在藝術風格上二人亦頗多近似之處：琢句雕章，鋪陳典故，色彩絢麗，有唯美主義傾向。二人相比，謝靈運成就較大，不僅活躍於南朝詩壇，而且是中國文學史上著名的山水詩人，開唐代王孟「山水田園詩派」的先河。

顏延之雖與謝靈運齊名，但成就卻遠不及謝。他一味堆砌典故，雕琢之病更甚。湯惠休說：「謝詩如芙蓉出水，顏詩如錯采鏤金。」形象地道出了二人詩風的不同。不過，他的〈北使洛〉、〈還至梁城作〉等少數作品，對中原的殘破所發的感慨，還是有些真情實感的。

三、徐庾

(一)定義

徐、庾是指南朝梁代徐庾兩家父子的並稱，即徐摛、徐陵父子和庾肩吾、庾信父子。他們都是當時著名文人，以寫「宮體詩」著稱，尤以庾信、徐陵名聲更大，故其詩作稱為「徐庾體」。徐庾父子都是典型的宮廷文人，徐摛為官左衛率，庾肩吾為梁太子中庶子。庾信十五歲就在梁宮廷做昭明太子的侍從，後與徐陵並為東宮學士。他們寫過大量纖巧艷麗、輕佻放蕩的宮體詩，據《南史．徐摛傳》：「摛文體既別，春坊盡學之，宮體之號，自斯而始。」徐陵所編詩歌總集《玉臺新詠》，收錄了大量這類文學價值不高的「艷歌」。不過，這本書也保存了六朝許多優秀的作品，這是它在文學史上的貢獻。

在徐、庾父子中，庾信的文學成就卻遠超他人。尤其是他晚年出使西魏，留在北朝做官後，「失節」的屈辱使他內心極為痛楚，作品格調大變，寫出了許多懷念故國鄉土，反映人民不幸，抒發身世感傷的詩賦。如著名的〈哀江南賦〉、〈枯樹賦〉及〈擬詠懷〉二十七首等，感情深沈，風格蒼涼，淒惋動人，具有很高的藝術價值。

(二)對唐詩的影響

庾信是南北朝詩歌集大成的詩人，他初步融合南北詩風，將南朝詩歌的表現技巧，如對偶、音韻、辭藻等與北方詩歌的樸實、清新、豪邁雄渾的特點結合起來，形成既秀麗細膩又富於清剛之氣的新風格，是唐詩的先驅，對唐人的影響也是最直接的，所以杜甫盛稱庾信：「清新庾開府」；「庾信文章老更成，凌雲健筆意縱橫」。

庾信在詩歌形式格律上也有所發展，他幾乎諸體皆備，成為唐詩的直接開啟者。劉熙載在《藝概．詩概》中說：「庾子山〈燕歌行〉開唐初七古，〈烏夜啼〉開唐七律。其他體爲唐五律、五絕、五排所本者，尤不可勝舉。」

總之，庾信是南北朝時期最後一位優秀詩人，他的創作直接啟迪了唐代作家。《四庫提要》稱庾信文章「集六朝之大成，導四傑之先路，自古至今，屹然爲四六宗匠。」實為確論。

27、《四庫提要》稱庾信文章「集六朝之大成，導四傑之先路，自古至今，屹然為四六宗匠。」其言是否有當，試評論之。（81中山）

28、簡述庾信的生平，比較其前後期創作技法與風格的變化，並說明其詩、賦、駢文成就。（86暨南）

29、杜甫〈詠懷古蹟〉五首曾云：「庾信平生最蕭瑟，暮年詩賦動江關。」，試論庾信詩賦之特色及其文學史上的地位。（89台大）

答

一、庾信的生平

庾信是南北朝時期最後一位優秀的詩人，是梁朝著名宮廷詩人庾肩吾之子，自幼聰敏，博覽群書，尤好左傳，擅長寫綺豔的宮體詩，他在文壇上脫穎而出，始於梁時為蕭綱東宮抄撰學士，與徐陵合稱「徐庾體」。侯景之亂時，為建康令，不戰而退，逃至江陵。梁元帝承聖三年奉命出使西魏，遂留不歸。後西魏亡於北周，又仕北周，為大將軍開府儀同三司，人稱「庾開府」。隋文帝開皇元年，病卒，年六十九。有《庾子山集》、《庾開府集》等傳世。

二、庾信的文學特色及在文學史上的地位

庾信之文學創作，於詩、賦、駢文各方面，均有特殊的表現，是總結魏晉六朝傳統並「啓唐之先鞭」的著名詩人。由於其經歷之故，使得他的作品在一定程度上展現了南北文學合的趨勢。其文學風格大致可以分為前後，而以出使北朝不歸為分界點。

庾信的前期在南朝度過，正逢梁立國以來為安定的階段，那時他完全是一位宮廷的文學侍臣，以宮體詩著名於世，詩作主要為奉和、應制之作，內容淺薄，題材境界狹窄，文詞量纖巧艷麗、輕佻放蕩，如〈詠舞〉、〈奉和示內人〉等詩作。

杜甫〈戲為六絕句〉：「庾信文章老更成，淩雲健筆意縱橫。」、〈詠懷古蹟〉：「庾信平生最蕭瑟，暮年詩賦動江關。」對庾信的作品給予極高的評價，指的是他後期的作品。因為此期他出使被扣進而入北朝仕敵，雖仕途顯達，但屈辱之心不曾稍減，這種生活及思想上轉折，再加上受到北方特有文學的薰染，造成他詩賦內容及風格一轉而為蒼涼悲壯、剛健深沈，藝術技巧更臻於成熟。此期的代表作為〈擬詠懷〉二十七首，這詩組是藉擬古之名，抒發自身悲痛之感，如「一朝人事盡，身名不足親。」、「殘月如新月，新秋似舊秋」等。庾信除了將詩風轉為蒼健剛強外，他在詩歌的形式也多所貢獻，諸如他將新體詩多方的發展，如〈秋日〉、〈寄徐陵〉等已與後來的唐五言律詩和五言絕句暗合。總而言之，庾信繼往開來，初步融合南北詩風，為唐的繁榮作了必要的準備。

庾信是南北駢賦及駢文成就最傑出的大家，《四庫提要》說：「其駢偶之文，則集六朝之大成，導四傑之先路，自古至今，屹然為四六宗匠。」，駢文發展到了庾信，他融合北賦風為一體，既有北朝賦貞剛氣質，又有南朝賦的發越清綺，境界擴大，內容更為深刻，形式上也多變，更富靈動美。其中以〈哀江南賦．序〉為代表，這篇用宋玉〈招魂〉：「目極千里傷春心，魂兮歸來哀江南，」為題目的作品，其內容與他的〈擬詠懷〉二十七首相表裡。

這篇作品以三千多字的篇幅，以個人身世、經歷和時事相穿插，成為這篇可目為「賦史」的傑作。

30、魏晉南北朝詩人好作組詩，題為雜詩、詠懷、詠史等，試問當時詩人有何重要組詩，其表現之內容與時代精神為何？（68師大）

答 魏晉南北朝詩人，喜好作組詩，較重要的有：

㈠阮籍的〈詠懷詩〉八十二首——請參見第八章第25題。

㈡左思的〈詠史詩〉八首——請參見第九章第9題。

㈢郭璞的〈遊仙詩〉十四首——請參見第九章第12題。

㈣陶淵明的〈飲酒詩〉二十首，〈讀山海經〉十三首，〈詠貧士〉七首，〈歸田園居〉五首。

這些組詩的內容主要包括對田園優美的自然風光的描繪，對自己耕作的體驗和閒居交遊，讀書飲酒、以及甘於貧賤的人生態度等方面。

㈤鮑照的〈擬行路難〉十八首——請參見本章第16題。

這些組詩的標題不同，表現手法也有所不同，但是在內容上大多用來抒發懷抱，卻是它們共同的旨趣。

31、試將吳歌、西曲與梁鼓角橫吹曲，就其發生之原因及其文學上之特色加以比較。（66師大）
32、晉代南北朝民歌，最主要有：吳聲歌曲、西曲及梁鼓角橫吹曲，試說明三者之特色。（68政大）
33、略述北朝民歌之特色。（77政大）
34、解釋名詞：吳歌西曲（79成大）
35、今存魏晉南北朝樂府民歌，其內容如何？特色何在？（88文化）
36、吳歌與西曲同為東晉以降之樂府民歌，其形式與內容有何不同？試說明之。（89高師大、花師）

答 南北朝民歌繼承了漢魏樂府民歌的優良傳統，並有新的發展，形成了自己的特殊風格，所以《樂府詩集》說：「艷曲興於南朝，胡音生於北俗。」，正扼要說明這種不同性。一般說來，篇幅比漢樂府短小，抒情多於敘事。又由於南北處於對峙的局面，政治、經濟、文化都有許多差別，因之南朝民歌與北朝民歌也呈現出不同的色彩與情調。南方民歌玲瓏活潑，但由於多種原因，內容較單調，幾乎全是情歌，北方民歌內容較廣闊，風格也較遒勁，酷似漢樂府。

一、南朝民歌

南朝樂府民歌，大多數屬於《清商曲辭》中的「吳歌」（吳聲歌）、「西曲」（西曲歌）兩部分，總數共約五百首。吳歌產生於江南建業（即今江蘇南京市）一帶，〈子夜歌〉、〈華山畿〉是其主要部分，其次是〈讀曲歌〉。西曲產生於荊、楚（即今湖北、河南一帶），即長江中游和漢水兩岸城市的歌謠。從內容上看，南朝民歌大都是情歌，且多作女子口吻，基調是哀怨的、纏綿的。南朝民歌這種軟綿綿的調子，很投合貴族文人的趣味，他們競相仿作，客觀上對宮體詩的發展起了推波助瀾的作用。

從形式上看，南朝民歌主要是五言四句，它的出現為絕句奠定了基礎。大量運用雙關語，是南朝民歌，尤其是吳歌的顯著特點。雙關語是利用同音字構成的，如：蓮——憐，蓮子——憐子，絲——思，籬——離。如〈子夜歌〉：「始欲識郎時，兩心望如一。理絲如殘機，何悟不成匹。」這些巧妙的雙關語，增加了語言的活潑與委婉。

㈠吳歌

吳歌原是晉、宋時代產生於建業一帶的民間徒歌，後來採集「被之管弦」，形成了十幾種曲調，其中以〈子夜歌〉、〈子夜四時歌〉、〈讀曲歌〉及〈華山畿〉等曲為主。吳聲民歌現在只存情歌，但它從多方面寫愛情生活，又具有多種多樣的表現手法，因而在單調中又呈現著豐富；體製雖多為五言四句的小詩，但風格清麗，寫感情纏綿細膩，委婉含蓄，表達出年輕女子戀愛時的真摯情感。〈子夜歌〉共四十二首，〈大子夜歌〉裡說：「歌謠數百種，子夜最可憐。慷慨吐清音，明轉出天然。」這說出〈子夜歌〉語言上的特點。〈華山畿〉共二十五首，抒寫婦女在愛情上的痛苦往往比〈子夜歌〉還深刻。

㈡西曲

西曲較吳聲晚出，盛於齊、梁時代。曲調也較多，有三十餘種。重要曲調有〈三洲歌〉、〈採桑度〉、〈青陽度〉、〈孟珠〉、〈石城樂〉、〈莫愁樂〉、〈烏夜啼〉、〈襄陽樂〉等。它所寫的生活面也較吳歌稍廣，又由於地區差別與歌者的身分不同，多寫水上船邊旅客商婦離別的愁苦，與吳聲的家庭兒女風味，在情調上有明顯的差異。這些民歌不僅寫出了商婦的離別情懷，還側面透露出南朝商業的繁榮，水上船隻來往之盛。在表達感情上，比起吳聲的委婉含蓄來，西曲顯得熱烈坦直。

二、北方民歌——梁鼓角橫吹曲

北朝民歌主要見於《樂府詩集·梁鼓角橫吹曲》中，在《雜曲歌辭》、《雜歌謠辭》中也有一小部分，共約六十多首。

所謂《橫吹曲》，是在馬上演奏的一種軍樂，因為樂器有鼓有角，所以叫「鼓角橫吹曲」。北朝民歌大部分是這種軍樂的歌詞。這些民歌多半是北魏以後的作品，陸續傳到南方，由梁代的樂府機關保存下來，所以叫「梁鼓角橫吹曲」。它們出自北方不同的民族。北朝樂府民歌以鮮卑民歌居多，也有漢人的作品。

北朝民歌表現北方的景色和風俗，富有地方特色。如〈折揚柳歌辭〉：「健兒須快馬，快馬須健兒。䟦跋黃塵下，然後別雄雌。」〈琅琊王歌〉：「新買五尺刀，懸著中梁柱。一日三摩娑，劇於十五女。」都像一幅風俗畫似的，鮮明地表現了北方少數民族的特點。〈敕勒歌〉反映北方的游牧生活，對草原景色描繪得尤為出色。

北朝戰爭頻繁，反映戰爭的詩較多。〈企喻歌〉四首描寫軍中生活，第四首寫戰爭的傷亡：「男兒可憐蟲，出門懷死憂。屍喪狹谷口，白骨無人收。」真實地反映了北朝社會的現象。

北朝樂府中也有不少情歌，大膽潑辣，與南朝民歌迥異。如〈地驅樂歌〉：「月明光光星欲墮，欲來不來早語我！」還有不少表現婚姻問題的，多半是希望早嫁，如〈折楊柳枝歌〉：「門前一株棗，歲歲不知老。阿婆不嫁女，哪得孫兒抱？」與南朝民歌的委曲婉轉大異其趣。

由於社會經濟和生活習慣的不同，北朝民歌與南朝民歌，內容和風格都有不同。北歌內容偏重社會生活，反映的現實較廣泛、深刻；藝術上，由於北方人民感情熱烈、坦率，語言樸素無華，風格豪邁剛健。在形式上，北歌雖也以五言四句為主，但同時創造了七言四句的七絕體，並發展了七言古體和雜言體，這對唐代詩歌的發展有直接的影響。

37、略述南北朝樂府之異同及其對唐詩之影響。（76政大）
38、漢代與南北朝民歌各自有何特色？其對中國文學之影響又如何？試述之。（79清大）
39、試比較南北朝民歌在語言、內容、音律、情感等項之差異，並探討其所以形成南北不同特色之原因所在。（80成大）
40、試據詩經、楚辭及南北朝民歌，論述南北文學之不同。（84師大）
41、地域特性對文學傳統的形成有很大的影響，試以五代（含）以前的中國文學為討論場域。（88中央）
42、六朝南北朝民歌的差異。（90政大）

答

一、南北朝民歌之比較

由於長達二百多年的南北對峙以及北方地區長期為鮮卑族所統治，南北朝時期南北雙方在政治、經濟、文化傳統、風俗習慣、自然環境各方面差異很大，因此這就造成南北兩地民歌在內容形式式上有種種不同。

㈠曲調上不同

南朝民歌屬《清商曲辭》，主要有吳聲歌和西曲歌以及神弦曲。它們產生於晉宋年間以建業為中心的太湖流域和宋、齊、梁時代的長江中下游（以江陵為中心）。北朝民歌則屬《梁鼓角橫吹曲》，是北方民族在馬背上演奏的軍樂，且多是用少數民族語言創作的。

㈡內容上不同

南朝民歌現存四八六首，絕大多數是女子口吻的情歌，以情歌為主。其中不乏優秀之作，如〈子夜四時歌〉、〈西洲曲〉等。北朝民歌現存雖只六十五首，但內容比較豐富。反映了較為廣闊的社會生活。有寫愛情，還有反映男女尚武精神的，如〈李波小妹歌〉、〈折楊柳歌〉；有反映北方草原風光的，如〈敕勒歌〉；有反映戰爭的，如〈企喻歌〉、〈木蘭詩〉，有反映人民疾苦的，如〈隴頭歌辭〉。

㈢形式上不同

南朝民歌多是五言四句，語言自然清新，且多用雙關諧音字。北朝民歌形式活潑，五言、四言、七言都有，語言質樸、潑辣、率直。

由於上述三方面的差異，便形成了南北方民歌絕不相同的風格。比如同是情歌，南朝民歌寫得溫柔、婉轉、含蓄，風格清麗。如〈子夜四時歌〉：「青荷蓋綠水，芙蓉葩紅鮮，郎見欲採我，我心欲懷蓮。」既有比喻，又有雙關諧音，技巧圓熟。而北朝民歌則直率樸實，潑辣粗獷，豪邁剛健。如〈折楊柳枝歌〉：「阿婆不嫁女，哪得孫兒抱。」都是直抒胸臆，不飾文采，與南朝民歌迥然不同。

二、南北朝民歌對後世文學之影響

南北朝民歌繼承了周民歌和漢樂府民歌的寫實主義精神，這在北朝民歌，尤其突出。在形式主義文風泛濫的南北朝時期，這種「剛健清新」民歌的出現，就顯得特別可貴。

㈠在詩的體裁方面，南北朝民歌開闢了一條抒情小詩的新道路

五言四句的小詩，漢民歌中雖已經出現，但為數極少，也沒有發生甚麼影響。因此絕句的真正源頭要算南北朝民歌。當時有名的詩人如謝靈運、鮑照及謝朓等已紛起模擬，但還是一種嘗試。到了唐代，便由附庸而蔚為大國，而在和音樂的結合上幾乎壟斷了唐三百年間的歌壇，並出現了以絕句擅名千古的詩人李白和王昌齡。漢代民歌中雜言體雖很多，且有不少優秀作品，但篇幅都較小，像〈木蘭詩〉這樣長達三百多字的巨製，還是前所未有的。這對唐代七言歌行的發展有了示範性的推動作用。

㈡在詩的內容方面，影響梁代宮體詩的興起

南朝帝王貴族與文人模擬樂府不僅改變了原有的民謠，也影響了文士的詩篇，在聲節上詩的韻致因之婉轉得多了，在辭采與內容方面，造成了綺艷色情的風格、所謂「宮體詩」的形成，實際上便是貴族模擬樂府離開了民謠的範圍，而成為貴族享有的一種新體詩。

㈢在表現手法方面，南北朝民歌對唐代詩人也有許多啓發

杜甫〈草堂詩〉：「舊犬喜我歸，低徊入衣裾；鄰舍喜我歸，沽酒攜葫蘆；大官喜我

來，遣騎問所須；城郭聞我來，賓客溢村墟。」一連用四個「喜」字造成排句，便是從〈木蘭詩〉：「爺娘聞女來」等句脫化而來的。前人說李白的〈長干行〉以〈西洲曲〉為「粉本」，說他的絕句「從六朝清商小樂府來」，也都是信而有徵的。此外口語的運用，對後代詩人也是一個很好的借鑒。李白、杜甫及白居易等大詩人就都善於提煉口語融化入詩。雙關語，雖可溯源於先秦的隱語，漢代歌謠中也偶有一、二，但大量使用則始於南朝民歌。唐以後，詩人們由於處境的險惡，往往利用雙關語寫作政治諷刺詩，來曲折地表達他們那種難以明言的愛國深衷，這一發展也是基於南朝民歌的。

43、試述〈木蘭詩〉的藝術成就。（政大期末考）

答 〈木蘭詩〉是一首成功的敘事詩，在我國古代敘事詩的發展史上有重要地位。此詩則全用單線，著重於木蘭的經歷，情節騰挪跌宕，出人意表。它也有精采的場面描寫，但下筆大刀闊斧，粗獷健邁，擅長渲染一種喜劇情調。〈木蘭詩〉的藝術成就很高，這表現在：

一、敘事與抒情的結合

〈木蘭詩〉是一首敘事詩，但抒情的成分很重。它不是著重事件過程的敘述，而是著重通過木蘭的行為、動作和對話表現其精神狀態、心理活動和情感變化。如出征前，詩歌著重表現木蘭躍躍欲試地迎接困難的精神狀態；在行軍和戰鬥中，突出表現她的思親心理和剛毅、幹練的戰鬥風貌；歸家之後，通過換裝的描寫，表現木蘭欣喜自得的心情。由於詩歌對人物的心理、精神、情感揭示入微，所以雖然沒有寫她的外貌、武藝、戰鬥經歷，木蘭的形象卻栩栩如生地浮現在讀者眼前。

二、語言修辭豐富多采，富於韻律美

從語言角度看，此詩既有古樸自然，似信口道出的口語，如開頭「問女何所思，問女何所憶」、「東市買駿馬，西市買鞍韉，南市買轡頭，北市買長鞭」等，均極本色，又有華麗工穩、精妙絕倫的律句，如「朔氣傳金柝，寒光照鐵衣，將軍百戰死，壯士十年歸」等，造成一種活潑明快、流暢自然的語言風格。從修辭角度說，它運用了多種修辭手法，有誇張，如「萬里赴戎機，關山度若飛」、有比喻，如「雄兔腳撲朔，雌兔眼迷離，雙兔傍地走，安能辨我是雄雌」、有頂針，如「軍書十二卷，卷卷有爺名」、「歸來見天子，天子坐明堂」、有對偶，如「策勳十二轉，賞賜百千強」、「當窗理雲鬢，對鏡貼花黃」、有鋪排，如「爺娘聞女來，出郭相扶將；阿姊聞妹來，當戶理紅妝；小弟聞姊來，磨刀霍霍向豬羊」等等。運用了如此多的修辭手法，卻未見雕琢斧鑿之痕，未失古樸剛健、本色自然的特色。本詩的押韻也體現了民間歌謠押韻的特色，它不避重字，通篇除開頭數句押仄韻外，其餘都平韻相轉，而且轉得很自然，讀起來也覺鏗鏘諧和，具有音樂美。

44、南朝文風綺靡，因此一向所受的評價不高。然則，從文學史的視界來看，南朝文學究竟有何價值？其價值之高低如何？（81中央）
45、試述南朝文學之特色。（84高師大）
46、魏晉以來，文學逐漸走上自覺的道路，得到蓬勃的發展，出現重情尚文的傾向，其後，更導致淫靡文風之產生，因而廣受批評。然則，六朝文學之重情與尚文，其正面的價值與負面的影響，該如何評價。其次，文學若是情感的表達，這究竟是何種感情？請說明之。（86華梵）

答

南朝時期的詩歌，從形式方面考察，從元嘉詩人謝靈運、顏延之就開始致力於辭藻聲律和形式的講求，因此到了齊朝遂有永明體的產生。一般說來，「永明體」詩人，如「竟陵八友」詩歌創作成就不高，但「永明體」是我國古典格律詩的發端，明顯地體現出詩歌從比較自由的形式走向格律化的自然趨勢；而「聲律說」的影響，更遍及辭賦、駢文到詞曲的整個文學領域。由此看來，南北朝的詩歌形式，是上承漢、魏，下開唐朝，各種古典詩歌的形體，都在這時期中，經過許多詩人的嘗試努力而漸漸的趨於完成。

㈠古詩的變體

從前的詩大抵一韻到底，自此時而有了換韻，其基本要求乃詩歌能活潑而富變化，蓋一韻到底有單調、韻字不足重複出現」之病，再加上沈約的鼓吹，使詩的音調趨於和諧活潑，呈現出一種新氣象。

㈡長短體的產生

詩中長短句的雜用，產生甚早，在《詩經》、《楚辭》及漢代的樂府中早已有之。但那些長短句的使用，只是一種自然的安排，並沒有形成一種固定的格律。到了南朝，有規律的長短體出現了，如〈江南弄〉，沈約有四首，蕭衍有七首，蕭綱有三首，字數體裁完全相同，可知在當時已成定體，而這種長短體的製作，實為後代詞體雛形。

㈢小詩的勃興

小詩就是唐人的絕句，用四句的五言或七言，抒情寫景，語少意深，是中國詩歌很精采的作品。推其源流，五言先於七言，在漢代樂府中，如〈枯魚過河泣〉已是五言四句的形成，《曹子建集》中也有幾首這樣的詩，到了兩晉，如傅玄、陸機、郭璞之流，都有此種作品，不過質量上都不很高，然亦可看出這種小詩暗中滋長的趨勢。南朝時代，受了吳歌的影響，其體漸盛，如謝靈運、鮑照諸人皆嘗試這種小詩的製作，作品雖不多，然技巧比兩晉進步。到了永明，小詩才達到了成熟的階段。五言小詩於此時正式成立，而七言小詩亦漸漸成熟。

㈣律體的逐漸形成

律體一面須講求韻律，同時還要講求對偶，這種體裁在南北朝時代，由嘗試的製作，達到快要成熟的階段，在謝莊的作品裡，如〈侍東耕〉已具備五律的雛形，唯平仄尚不夠嚴密，但對仗已工。至於七律，發生較遲，梁簡文帝蕭綱的〈春情〉，末二句雖為五言，然可看作是七律的雛形，到了庾信的〈烏夜啼〉，已具備了七律的形態。

此外，時期的詩歌內容也有新的表現，首先是山水詩取代了玄言詩，這個變化使詩歌內容從平淡無味的談玄說理中解脫出來，把自然界的美景引進到詩歌中去，一新人的耳目；其次是梁陳時期「宮體詩」的勃興，反映出當時帝王貴族生活的荒淫靡爛。總之，南朝這一時期的詩歌雖然反映社會現實遠不及建安詩歌，但在藝術形式和技巧方面則有重要進展，為唐詩繁榮準備了充分的條件。

47、何謂駢文？六朝駢文之分類如何？有何主要之作家及作品？試擇要述之。（87文化）

答

一、何謂駢文

駢體文是中國特有的一種以字句兩兩相對而成篇章的文體，它是從古代對偶排比的修辭手法逐漸發展形成的，於魏晉南北朝盛極一時。以駢文作為一種文體是在唐代提出來的，韓柳古文運動把講求駢偶的文章稱為駢文。

二、駢文的特點

㈠語言上追求駢儷

包括句式結構的平行對稱，事類的對稱；有言對、事對、正對、反對等的區別；又有反對優於正對、避免同字相對的講究等等。

㈡句式上講求四六

駢文以四六字為主，有幾種基本結構：四字句對四字句，六字句對六字句，上四下四對上四下四；上四下六對上四下六，上六下四對上六下四。

㈢講求音韻聲律

駢文可分作有韻駢文的無韻駢文兩類。有韻駢文包括用駢體寫成的賦（即駢賦）、箴、銘、贊、頌、詠等，其他體裁一般不用韻。講究平仄，在每句的節奏點上要求尤為嚴格。

㈣講求用典

駢文用典特別多，並且追求用典技巧。內容上包括用古人的故事、言論、詩文；手法上包括正用、反用、明用、暗用、化用等。

㈤講求藻飾

駢文的形成和興起與鋪采摛文的騷賦有直接聯繫，加上六朝華麗文風的影響，使注重藻飾從一開始就成為駢文的特點。駢文追求煉字煉意，偏愛使用色彩濃艷、富麗典雅的詞彙。

三、駢文的代表作家

劉宋文章，用典逐漸增多，已達到「殆同書抄」的地步；句子愈益整齊，但散句還是不少。代表作家有顏延之、鮑照等人。顏的〈三月三日曲水詩．序〉，全以屬對為主，已純是四六文字。其〈陶徵士誄〉讚揚陶淵明的高尚情操，是後人研究陶淵明的重要資料。這時的章表詔誥，已通用駢體，書信則尚多散語。像鮑照的〈登大雷岸與妹書〉，恐怕是我國文學史上以書信作遊記的第一篇。文章依次鋪陳東西南北景物特色，顯然受了當時辭賦，如郭璞的〈江賦〉的影響。鮑照的〈瓜步山揭文〉，藉景抒情，充分體現了作者自己的個性。

齊和梁初，因永明體的啟發，駢文開始有意講究聲律，這是前代所未有的。這一時期著名的駢文作家作品很多。如孔稚圭的〈北山移文〉，以嘲諷的口氣，假託鍾山之神靈，譴責虛偽的隱士，自始至終，對仗工切而且音韻和諧，是傳頌千古的名作。謝朓的〈拜中書記室辭隋王箋〉，辭意委婉，造語精妙，也很有特色，丘遲的〈與陳伯之書〉，其中佳句如：「暮春三月，江南草長，雜花生樹，群鶯亂飛。」自然真切，很能勾起鄉思，終於感動叛離祖國的將軍陳伯之，使他幡然悔悟而決意南歸。劉孝標的〈廣絕交論〉，痛斥人情冷暖，世態炎涼，燭照各種趨炎附勢醜類的靈魂，思想性、藝術性都很高。而像劉令嫻的〈祭夫徐敬業文〉，哀婉淒絕，技巧十分純熟。梁代除家書之外，一般書信已通行駢體，而且出現了一批雋永的山水小簡，如吳均的〈與宋元思書〉等是。即使學術著作，也有採用駢體的，沈約《宋書．謝靈運傳論》、劉勰《文心雕龍》即是，後者已設專篇總結駢文的寫作經驗。

梁後期和陳代，駢文進入高潮。梁昭明太子、簡文帝、元帝都是駢文能手。在他們提倡之下，南國文事特盛。這時文章的特點，一是用典激增，以致晦澀；二是四六句型漸成常規；三是雕琢之風大盛。代表作家首推徐陵、庾信，後人稱他們的作品為「徐庾體」。庾信早年生活在梁朝，後來羈留北方。其駢文名作有〈哀江南賦．序〉，語言雄健清新，筆勢紆曲轉折，用典含蓄貼當，細膩地表現出自己被迫出仕異朝的苦楚。徐陵的駢文名作是《玉臺新詠．序》，語言華美，風格纖細，技巧高超。

48、南北朝時代，北方有何重要之散文巨著？作者為何人，其內容與文學之價值如何？（75成大）

49、請論述北朝散文名著：酈道元的《水經注》和楊衒之的《洛陽伽藍記》二書。（89輔大）

答　南北朝時代北方的散文有三本最重要的作品，即所謂「北朝三書」，習慣上指《水經注》、《洛陽伽藍記》及《顏氏家訓》，這三部作於北朝中後期的著作。從基本上來說，這三部書都是學術性的著述，本非文學作品，《水經注》是記述河流為主的自然地理和人文地理學著作；《洛陽伽藍記》是記述洛陽城邑建制兼及當代史事的史地著作；《顏氏家訓》則「述立身治家之法，辨正時俗之謬」。這三部書在記述、敘事和論理的過程中，對於各種藝術技巧和文學語言的運用，達到了很高的水準，從不同的角度，反映了北朝文風的某些特點，所以是具有很濃的文學意味的三書。

一、《水經注》

北魏．酈道元著。《水經注》是在《水經》基礎上擴充成書，《水經》作者不明，舊題漢．桑欽撰。清代許多學者都認為不可靠，懷疑是三國時無名氏作。酈道元以《水經》為綱，作了二十倍於原書的補充和發展，實際上已另成專著。全書共四十卷，約三十萬字，所記水道一三八九條。逐一說明各水的源頭、支派、流向、經過、匯合及河道概況，並對每一流域內的水文、地形地理沿革，歷史故事、神話傳說、風俗習慣等並大都能抓住特點，寫得姿態各異。像《江水注》「巫峽」一節，作者在盛弘之〈荊州記〉素材的基礎上進行加工，僅用二百字，就寫出了巫峽兩岸高峻的山形、急速的水勢，以及峽中四季景色的變化，描繪出清幽深邃的境界。如大明湖上「目對魚鳥，水木明瑟」的湖光山色，陽城淀上兒童乘舟採菱的勞動生活，華山的峭直，廬山的多姿，會稽山水的隨地賦形，長江沿岸的奇景迭現，作者一一寫來，或用白描，或施彩筆，不拘一格，無不曲盡其妙。不但寫景，而且還能傳達出作者和遊人的不同心情。

全書行文以散體為主，寫景狀物有時也採用駢文修辭手法，對後世山水散文有巨大影響。清代劉熙載《藝概》說：「酈道元敘山水，峻潔層深，奄有《楚辭．山鬼》、〈招隱士〉勝境。柳柳州遊記，此其先導耶。」其他如蘇軾、袁枚、姚鼐等人，都曾紛紛效法，以致於逐漸形成了一種所謂「《水經注》體」。

二、《洛陽伽藍記》

東魏．楊衒之撰。「伽藍」是梵語「僧伽藍摩」的省稱，也就是佛寺的別名。《洛陽伽藍記》實為記述洛陽寺廟之作。全書分五卷，記述寺廟七十多處。不僅具體描寫了殿堂屋宇的形制規模和建立寺廟的始末興廢，而且記述了有關的政治歷史事件、社會經濟情況，以及當時社會的風俗人情，如爾朱榮之亂、皇室諸王的奢侈貪婪、北朝南朝間的交往、北魏全盛時期洛陽手工業、商業的繁盛、民間藝人的卓越技藝和演出盛況等，深受歷代史學家的重視。

全書敘事主要用散文，形容描寫則往往夾用駢偶，條理清晰，潔淨秀麗。如寫永寧寺的佛塔，僅用「至於高風永夜，寶鐸和鳴，鏗鏘之聲，聞及十餘里」等語，其巍峨莊嚴之狀，讀之如同親見。其中有不少歷史故事和神怪傳聞的記述，如「法雲寺」條中記軍樂家田僧超的吹笳、陳白墮的釀酒、孫岩的娶狐女，與南朝的志怪小說和《世說新語》內容相近，情節雖不複雜，文字也頗簡練，但寫得生動具體，形象鮮明，引人入勝，表現了作者高超的駕馭語言的能力。

三、《顏氏家訓》

北齊・顏之推撰《顏氏家訓》共二十篇，作於隋初。內容主要是以傳統儒家思想教育子弟，講如何修身、治家、處世、為學等。其中也有許多意義積極的見解。如提倡學習，反對不學無術；認為學習以讀書為主，又要注意工農商賈等各種技藝和知識；主張「學貴能行」，反對空談高論，不務實際，對南朝士大夫虛浮柔弱之風進行了深切的揭露和批判。

《顏氏家訓》以說理為主，每篇各一題，都不是長篇巨製的專論，而是圍繞一個中心、綜合多則的隨筆。寫法是先提出思想，然後列舉一些故事作為例證。既有正面，也有反面，對比鮮明具體。故事雖然短小，描寫卻極生動。如寫健康令王復，從未騎馬，「見馬嘶噴陸梁，莫不震懾，乃謂人曰：『正是虎，何故名為馬乎！』」寥寥幾筆，把愚昧怯懦的門閥子弟的形象刻畫得活靈活現。對一些正面人物的描寫也能抓住主要特點，給人深刻印象，從中不難看出《世說新語》的某些影響。文章說理時常常採用形象的比喻以及精彩的民謠諺語，如「博士買驢，書券三紙，未有驢字」等，頗似先秦諸子而又更加從容隨便。全書語言通俗平易，樸素無華，既不是六朝駢體，也不完全像秦漢古文，而是接近當時口語的文體，在南北朝文學史上別具一格。

50、解釋名詞：《玉臺新詠》。（77淡江、88中山）

答 梁・徐陵輯，十卷。這是《詩經》、《楚辭》以後最古的詩歌總集，選梁以前詩。成書年代，略晚於《文選》。

《玉臺新詠》所選的詩歌，偏重於艷情，但也選錄了一些優秀的民間作品，如長篇敘事詩〈古詩為焦仲卿妻作〉（〈孔雀東南飛〉）即首見於此書。由於它成書較早，保存了許多古代詩歌，所以，後人在考訂漢魏六朝詩歌時，常以此書為重要依據。清康熙時吳兆宜有《玉臺新詠箋注》。紀容舒有《玉臺新詠考異》十卷。

第十一章　魏晉南北朝文學批評

研讀重點

一、先秦至南朝「文學」觀念之演進
二、曹丕《典論．論文》之文學見解
三、陸機〈文賦〉之文學理論
四、《文心雕龍》的內容與文學主張
五、《詩品》的內容與文學理論
六、魏晉南北朝文學批評之演進
七、「文筆」說
八、聲律論

1、試述自先秦至南朝文學觀念之演進。(64台大)

答 「文學」的概念在我國歷代是不同的，大體上處在一個逐漸明確完善的過程中。周秦的文學概念包括著一切學術、文學與歷史、哲學是不分的。兩漢則把學術著作稱為「文學」，而把文學稱作「文章」，但所謂「文章」，仍比今天的文學含義為廣。魏晉南北朝則進一步明確了，從曹丕的「詩賦欲麗」到蕭統的「事出於沈思，義歸乎翰藻」，文學才以美感的形象作為畫分的主要標準。由此可以看出文學觀念的由混淆而清晰，以及文學地位的由附庸而獨立。

一、周秦的「文學」

《論語．先進》云：「文學：子游、子夏。」邢昺疏：「文章博學則有子游、子夏二人。」可見論語中的「文學」，兼有文章、博學二義。《論語》中言及「文」的有十二處之多，推知其意，實包括一切應知的學問，甚至於也指一切的文物制度而言。其言及「文章」的，旨二處：一是〈泰伯〉孔子頌堯之為君的「煥乎其有文章」；一是〈公冶長〉子貢所說的「夫子之文章可得而聞也」。前者謂堯有「文章」，應指文物制度而言；後者稱孔子之「文章」，蓋指孔子的學問而言。

孔子的「文學」觀念，雖然有指「一切學問」的意思，但並未明言。《荀子》的〈大略〉則說：「人之於文學也，猶玉之於琢磨也。詩曰：『如切如磋，如琢如磨。』謂學問也。和之璧，井里之厥也，玉人琢之，爲天子寶。子贛、季路，故鄙人也，被文學，服禮義，爲天下列士。學問不厭，好士不倦，是天府也。」可見荀子已經很明白的用「學問」來解釋「文學」了。至於《墨子．非命》中「凡出言談，由文學之爲道也，則不可不先立義法」所積極提倡的「文學」，以及《韓非子．五蠹》：「工文學者非所用，用之則亂法」所一再攻擊排斥的「文學」，也都是指「一切學問」的意思。

二、兩漢的「文」與「學」

到了兩漢，由於文化漸進，於是周秦的所謂「文學」，便分化為「文」與「學」，若以複詞稱，則「文」為「文章」，「學」為「文學」。也就是一為襲周秦之舊，以「文學」名學術文，而另以「文章」名文學文。《史記》、《漢書》中所說的「學」或「文學」，自廣義來說，是指一切學術的意思；即就狹義來說，也指儒術而言。而其所謂的「文」或「文章」，則指當時的文學作品辭賦而說，蓋以其講求形式的華美，故以為名。《漢書》公孫弘等傳贊，以「儒雅」、「儒術」和「文章」對言，揚雄傳更以章句之「學」與辭賦之「文」並舉。〈儒林傳〉又云：「（今上）延文學儒者數百人，而公孫弘以春秋，白衣爲天子三公」，則儒雅、儒術俱指文學而言。至於所謂「文章」，則形式方面，當如司馬遷所說的「訓辭深厚」，而內容方面則當如班固所說的「或以抒下情而通諷諭，或以宣上德而盡忠孝。」其指當時流行的「辭賦」而言是很顯然的。也因此《漢書．藝文志》乃本劉歆《七略》而特立「詩賦略」，使文學類的創作和關於學術的書籍「六藝略」、「諸子略」等有所區別，文學於是有了獨立的地位。

以「文學」指學術，而以「文章」指現在所謂的「文學」，這種分別，直至曹魏猶然。《三國志．魏志．劉劭傳》記載夏侯惠薦劭之語有云：「文學之士，嘉其推步詳密；……文章之士，愛其著論屬辭。」但也有覺得不應當以「文學」指學術，而以儒學代之的。如劉劭《人物志．流業》云：「能屬文著述，是謂文章，司馬遷、班固是也。能傳聖人之業，而不能幹事施政，是謂儒學，毛公、貫公是也。」由此可見，「文學」一辭有脫離「學術」而逐漸與「文章」冥合的趨勢，這種趨勢到了劉宋便具象而顯然了。

三、六朝的「儒」、「學」、「文」、「筆」

劉宋．范曄的《後漢書》特立〈文苑傳〉，或稱「文章」，或稱「文學」；梁．蕭子顯的《南齊書》，亦立文學傳，而篇中則稱為「文章」。

他們所說的「文章」或「文學」和我們現在所謂的「文學」，實在沒有多少區別。所以宋文帝立「四學」，「文學」與「儒學」、「玄學」、「史學」對立，「文學」的觀念，至此已相當明朗。所以梁昭明太子蕭統編《文選》，便不把經子史算作文學。他所選錄的，必須

「事出於沈思，義歸乎翰藻」的作品，可見他是從藝術的觀點來定文學的範疇。他的兄弟梁元帝蕭繹，於金樓子立言篇指出，所謂「古人之學者二」，即指兩漢的「文」和「學」；「今人之學者有四」，即指由兩漢之「文」所孳乳的「文」和「筆」和由「學」又別出的「儒」和「學」。由元帝對於「學」所作的說明，可見當時學術的衰落；而由「情靈搖蕩、流連哀思者謂之文」、「不便爲詩，善爲章奏之流謂之筆」，也可見當時的文學相當發達，因為性質的差異而有「文」、「筆」之分。

2、試述曹丕《典論·論文》之文學見解？並申其意。（50師大、59台大、81成大）

3、請說明曹丕《典論·論文》的主要批評論題為何？（87清華）

答

《典論·論文》是我國文學批評史上專篇論文的開始。曹丕以獨到的見解，突破了兩漢以來輕視文學的觀點，指出了文學的獨立地位，提示了文學的寶貴主張。雖然他對這些問題，僅僅是略引端緒，但對後代的影響來說，是重要的。

一、「文以致用」的文學價值

在文學的價值方面，曹丕本著文以致用的精神，指出文學和政治的密切關係，他強調了文章（本文所說的文章，主要是指詩賦、散文等文學作品。）是「經國之大業，不朽之盛事」，把文學提到與事功並立的地位，肯定文學的價值。他鼓勵作家們「不托飛馳之勢」而去努力寫文章，這對魏、晉以後文學的發展，有推動的作用。

二、論文氣

曹丕論文氣，認為「文以氣爲主」，而「氣之清濁有體」。「清」是俊爽超邁的陽剛之氣，「濁」是凝重沈鬱的陰柔之氣。後來劉勰《文心雕龍．體性》稱「才有庸伯，氣有剛柔」、「風趣剛柔，寧或改其氣」，多少是受了曹丕《典論》的啟發。人的氣質個性，各不相肖，大體上歸納為這兩大類型。一篇作品的氣勢、聲調、語言，和作家個別的材性、生活、思想，血脈相通，形成了各家獨特的風格。因此，各有所長，難可兼擅。徐幹則「時有齊氣」，應瑒則「和而不壯」，劉楨則「壯而不密」，孔融則「體氣高妙」。但作者強調氣的「不可力強而致」，「雖在父兄，不能以移子弟」，不免流入於「天才決定論」。而且強調了作家各別的材性，忽略了作品風格是作家的社會實踐和藝術素養的結果，說法也就不夠全面。

三、區分文學體裁

《典論．論文》說：「夫文本同而末異」，所謂「本」，大致是指基本的規則而言，這是一切文章共同的要求。所謂「末」，是各種文體的不同的特點。奏議、書論，晉以後人所謂無韻之筆；銘誄、詩賦，晉以後人所謂有韻之文。因文章具體功能的殊異，而體裁和表現手法也就跟著有所不同。雅、理、實、麗，各具特點。儘管這裡所提到的各種文體特點，未必完全正確。但是對推進了後來的文體研究是頗有貢獻的。從陸機的〈文賦〉、李充的〈翰林論〉、摯虞的《文章流別志論》到劉勰的《文心雕龍》，這些著作裡的文體論述，正是《典論．論文》的進一步發展。

四、批判文學批評者的態度

《典論．論文》首先指出了兩種錯誤觀念。一是「常人貴遠賤近，向聲背實」；一是又患「闇於自見，謂己爲賢」、「文人相輕，自古而然」，「各以所長，相輕所短」。曹丕從對不同的文氣和不同的文體的認識出發，說明不同的作家作品都各有短長。「闇於自見」的人，必然是「善於自見」的人，「闇於自見」的是自己的短處，「善於自見」的是自己的長處，這樣「各以所長，相輕所短」，就不可能產生正確的文學批評。曹丕提出「審己以度人」的態度，才能客觀評論別人的文章。

4、陸機〈文賦論〉文學有何可貴之見解？試引賦中原文加以闡明。（83師大）
5、請說明陸機〈文賦〉的主要批評論題為何？（87清華）
6、陸機不僅為文學創作家，亦是文學理論家，他在此二方面的成就如何，試說明之。（87暨南）

答 〈文賦〉是我國文學理論批評史上第一篇系統而完整的論文學創作的專著，是我國文學理論批評史上的重要文獻。陸機在自己寫作體會的基礎上，吸收了前人的經驗，對於文學創作上的一系列重要的問題，如文學上的想像、構思過程、立意和遣詞的關係，繼承和創新等等，都有一些精闢的分析和闡發，給後來《文心雕龍》的寫作，開創了道路，提供了經驗。

〈文賦〉實際上是一篇創作論，他是從創作的全過程來探究「作文利害之所由」的。涉及了創作過程中各個方面的問題。

一、創作的來源

陸機認為創作的來源是由於外界事物的激發或受前人作品的啟示。即所謂「佇中區以玄覽，頤情志於典墳。遵四時以嘆逝，瞻萬物而思紛；悲落葉於勁秋，喜柔條於芳春」。觀察萬物、鑽研古籍和懷抱高潔的心情是文學創作的主要條件。觀察萬物，所以豐富生活經驗；鑽研古籍，也所以豐富間接生活的經驗，而更重要的，還在於學先士之盛藻；得才士之用心，以增加自己的寫作技巧。

二、創作過程

陸機認為經過構思的階段，便要考慮結構、布局、剪裁、修辭等表現手段。這是一個複雜的過程：

第一，是「選義按部，考辭就班」。一方面要注意銓衡去留，作到辭意雙美；另一方面要「立片言而居要，乃一篇之警策」。同時還要防止意興偏枯，唱言靡應；妍蚩相匹，應而不和；情寡詞浮，和而不悲；絕曲高聲，悲而不雅；古調質詞，雅而不艷等毛病。

第二，是正確處理內容與形式的關係。作者雖強調辭藻，仍認為內容是主要的。他說「理扶質以立幹，文垂條而結繁」，他認為輕視內容而僅追求形式，則成了「徒尋虛而逐微」，結果必然是「言寡情而鮮愛，辭浮漂而不歸」。

第三，是要在眾多的形象中去進行選擇和概括；有時要先樹要領，有時要後點主題；有時從晦到明，逐步闡述，有時又求易得難，須要層層深入；有時文章枝幹雖具而根本未安，有時文章的根本已立而枝節未妥；有時感到招來即得，有時又感到煞費經營。總之，必須「罄澄心以凝思，眇眾慮而爲言」，以期達到「籠天地於形內，挫萬物於筆端」。

三、文體與風格

〈文賦〉中對各種文體及其與風格的關係，也提出了自己的看法。他認為人們由於性情的不同，對文風的好尚也各異，「故夫夸目者尚奢，愜心者貴當；言窮者無隘，論達者唯曠」。這實際上是更明確地發揮了曹丕在《典論．論文》中所說的「文非一體，鮮能備善」；「各以所長，相輕所短」的說法。他把文體分成十類：「詩緣情而綺靡，賦體物而瀏亮，碑披文以相質，誄纏綿而悽愴，銘博約而溫潤，箴頓挫而清壯，頌優游以彬蔚，論精微而朗暢，奏平徹以閑雅，說煒曄而譎誑。」這種分類比曹丕所分的「奏議」、「書論」、「銘誄」、「詩賦」四科要細致得多，並且已經奠定了後來《文心雕龍》、《文選》等書關於文體分類的基礎。更重要的是曹丕所分「四科」，並未對文體本身的特點作什麼說明，如關於「詩賦」，只說到「欲麗」的要求。陸機則具體地說到了詩的作用在於緣情，而賦則在體物。後來許多人往往以緣情、體物作為詩、賦的一種專稱。更重要的是他用緣情、體物二詞概括詩和賦的特點，正體現了魏晉人的文學觀。在此之前的戰國秦漢人大抵贊成詩言志（《尚書．堯典》）之說，重在表現思想而不是表達感情；兩漢論賦，又多強調諷喻之意。陸機的主張卻強調了詩要表現作者的感情；而對賦也強調體物圖貌等藝術特點。他這種主張雖然在一定程度上忽視了文學作品的思想意義，但在當時的條件下，強調作品的藝術特點，使之擺脫儒家傳統思想的束縛，有一定的進步作用。

7、中國之文學批評，起始只是一些零星的言論，而後有專文產生，而後有專書產生。試舉實例以證此說。（75台大）

答 我國古代的文學批評萌芽於先秦時代，這個階段有關文學的意見只有片斷的資料，散見於有關學術著作之中。到了兩漢，有了新的進展，然而大部分也還是片段的，散見於哲學、歷史著作；雖已產了《毛詩．序》、班固的〈離騷．序〉和《兩都賦．序》、王逸的《楚辭章句．序》等專篇文學論文，但大都是針對具體作品而發，並且表現出濃厚的依經立論的色彩。

魏晉南北朝，取得了進一步的發展和重大成就。但是在《文心雕龍》之前，文論絕大部分仍然是單篇論文，論述比較零碎，內容不可能很充實豐富。

《典論．論文》是我國古代文學批評史上最早的一篇文學理論論著，它探索並企圖解決關於文學批評、文學發展中的一些共同問題，諸如文學批評方法、作家與作品的關係、文學的體裁、文學的價值作用、作家的風格特點等。〈論文〉全文只六百字，但涉及的範圍頗為廣泛。像《典論．論文》這樣綜合論述多種文體，多方面的理論問題，是前所未有的，它標誌著我國古代的文學批評進入了一個新階段。

陸機〈文賦〉是我國古代文學理論史上具有重要意義的文學理論專著。全文用賦體寫成，文前有「序」，說明寫作〈文賦〉的原因，目的。「恆患意不稱物，文不逮意」，「故作〈文賦〉以述先士之盛藻，因論作文之利害所由」。〈文賦〉以藝術構思為中心，較為細致地分析了文學創作的過程，涉及到文學與現實關係、文體風格、感興活動、文學的社會功用等很多重要的文學理論問題。〈文賦〉對後世的文學批評影響很大，章學誠說：「劉勰氏出，本陸機氏說，而昌論文心。」

摯虞的《文章流別志論》雖是一部專門論文的著作，但也只是論述了文章的性質、歷史發展和寫作方法，而未涉及其他問題。到《文心雕龍》與《詩品》的出現，才有了文學批評的專書。

融史、論、評為一體，以精美的駢文寫成的《文心雕龍》，是一部內容豐富、體制宏闊、結構非常嚴密的古代文學理論巨著。全書共三萬八千多字，由五十篇單篇文章組成。它們具有各自的生命，每篇論述一種（或一組）文體，或剖析一個理論問題，自成首尾，篇末各係以「贊」，無論從內容或形式方面看，都是完全可以獨立存在的優秀單篇文學論文。另一方面，這五十篇文章又具有總體的配合性，彼此呼應，相互之間存在著緊密的有機聯繫。《文心雕龍》就是以這五十篇各具獨立生命的文章為基本單位，構成了一個脈絡連貫、條理井然、層次清晰，主旨鮮明的文學理論體系。

比《文心雕龍》稍晚的《詩品》，一名《詩評》，是我國現存最早的一部詩歌評論專著。它系統評論了漢魏以迄南朝的一百二十多位五言詩作者，指出其特色和優缺點，分為上中下三品。其中上品十二人（內漢代「古詩」作者為無名氏），列在上卷；中品三十九人，列在中卷；下品七十二人，列在下卷。各品中前後次序，按作者年代前後排列。只品評已逝作者，存活者不予論列。對比較重要的詩人，是一人專論；對次要作者，則往往兩人或數人合論，三卷前各有序文一篇，後人把它們全部移置全書之首，稱為《詩品．序》或《總論》。《詩品．序》內容頗為豐富，論述了五言詩的歷史發展，詩歌的產生、功能和表現手法；說明了《詩品》的體例、特色：批評了南朝詩歌多用典故、崇尚聲律的風氣等等。

8、六朝文章有文筆之分，其分別何在？試網羅各家之說以論評之。（62師大）

答

六朝時期人們對文體的辨析、分類。漢時，凡具有文學性質的作品，一般通稱「文章」或「文」。後雖有「文筆」一詞，但仍為文章之別稱。隨著文學創作和文學理論研究的發展，對各種文體的差別的探討，日趨精細。南朝宋顏延之最早將「文筆」析之為二。之後，文論家們開始把文體劃分為「文」、「筆」兩大類。劉宋時顏延之論其子之各得父風，謂「竣得臣筆，測得臣文。」（《宋書．顏竣傳》）

范曄〈獄中與諸甥侄書〉云：「性別宮商，識清濁，斯自然也。觀古今文人，多不全了此處；縱有會此者，不必從根本中來。言之皆有實證，非爲空談。年少中，謝莊最有其分。手筆差易，文不拘韻故也。」劉勰《文心雕龍．總術》亦云：「今之常言，有『文』有『筆』；以爲無韻者『筆』也，有韻者『文』也。」可見范、劉二氏皆以有韻為「文」，無韻為「筆」；以韻之有無作為「文」、「筆」的區分，應當是聲韻說興起以後的事。

稍後於劉勰的蕭繹，從文章的性質上畫分「文」、「筆」。《金樓子．立言》說：「古人之學者有二，今人之學者有四。……至如不便爲詩如閻纂，善爲奏章如伯松，若此之流，汎謂之筆。吟詠風謠，流連哀思者，謂之文。……筆退則非謂成篇，進則不云取義，神其巧惠，筆端而已。至如文者，惟須綺穀紛披，宮徵靡曼，脣吻遒會，情靈搖蕩。而古之文筆，今之文筆，其源又異。」這裡說的「古之學者有二，」是指漢人「文學」（學術）與「文章」之分。所說「今之學者有四」，是指從「文學」（學術）中分出「儒」與「學」，從「文章」中分出「文」與「筆」。他的「文筆說」已不是從形式上的有韻、無韻來區分，而是從作品的性質上找他們的差異。這無疑是對文學特徵有了進一步的理解。蕭繹認為「吟詠風謠，流連哀思」、「情靈搖蕩」的抒情文學叫做「文」，講究辭采（「綺穀紛披」）和音樂美（「宮徵靡曼」）的才是「文」；「善爲奏章」、「善輯疏略」的論事說理實用之文，叫做「筆」。這裡說的「筆」雖不像「文」那樣具有辭采和聲律的美，但也要「神其巧惠（慧）」，也要講究藝術性，和「儒」、「學」仍有本質上的區別。「文」與「筆」同是屬於文學的範疇。這種對文學性質的深入認識，在文學理論史上是有極為重大意義的。

9、魏晉文學批評書略述。（74台大）

10、在漢魏南北朝這一時期的文學現象中，您認為足以成為文學史討論對象的重要問題有那些？請列舉，並稍做說明，以使出題人明瞭您對這一時期文學現象的瞭解狀況及史識如何？（79淡江）

11、魏晉南北朝時代，有關文學理論之撰述，其卓然有成者有那些？試就所知稱述之。（81成大）

12、魏晉南北朝時期可以說是中國文學批評發展上的一個重要階段，請說明這個階段

文學批評活動所關心的論題為何。（83清大）

13、六朝時代，文運大昌，有關文學理論之名篇鉅著甚多；試列舉五種暢加評介之。（84中山）

14、試論述魏晉之文學批評。（88師大）

15、請申述魏晉時期文學批評領域有哪些重要的論題。（88清華）

答 就文學發展的歷史而論，有作品即有評鑑。兩漢文學雖盛，但習知的如毛、鄭說詩，班、馬論騷，揚雄、王充之論文章，都並非專事評論文學。有專門文學評論，實始於魏、晉而盛於齊、梁。故知由曹丕到劉勰、鍾嶸，是純粹的文論產生及完備的時代。這時期批評文學的著作眾多，此處僅就內容方面頗能代表時代思想的作家，作扼要的舉例。

一、六朝文論代表作家與作品

㈠曹丕《典論．論文》及〈與吳質書〉

曹丕首標文學獨立的觀念及文氣說：前者是六朝文德論的主體，而「文氣說」是齊梁文氣論及音律說的先導。

㈡陸機〈文賦〉

〈文賦〉依作者為文的經驗，建立純粹的文學創作原理，討論創作過程中構思修辭的方法，立體成式的規格，為劉勰的文心樹立了立論的基礎。同時陸機主緣情說，成為六朝〈文賦〉的主流。〈文賦〉有「謝朝花於已披，啓夕秀於未振」之言，與弟陸雲，對於創作力主清新，啟南朝通變求新之論。

㈢摯虞《文章流別志論》

《晉書．摯虞傳》：「虞撰文章志二卷。又撰古文章類聚，區分爲三十卷，名曰流別集，各爲之論，辭理愜當，爲世所重。」摯虞原書，今並散佚，《全晉文》輯得其討論頌、詩、七、賦等十餘則，可略見摯虞對各體文章及作者的品評。

㈣李充《翰林論》

原書已佚，《全晉文》輯得賦、頌、表、駁等數條，《文鏡．祕府論》曰：「李充之製翰林，褒貶古今，斟酌利病。」其實對文學作品及作者的鑒賞及批評，歷代皆有，但成專著，當以此二書為首。此外，即是「第作者之甲乙而溯其師承」完成詩論的詩品了。

㈤葛洪《抱朴子》

《抱朴子》分內外篇，自序稱內篇屬道家，外篇屬儒家。而外篇之逸文、諸子、尚博、鈞世、辭義諸篇，皆論文章之事。葛洪倡言古不如今，盛讚諸子，提倡博富艱深的文學，又分德行與文學為二事，對後來的文學觀及創作論均甚有影響。

㈥范曄〈獄中與甥書〉、沈約《宋書．謝靈運傳論》、蕭子顯《南齊書．文學傳論》

三人是宋齊以還文論的代表，並主情性說及聲律說。〈謝靈運傳論〉及〈文學傳論〉，更敘及歷代文風之變化，與文心時序及通變篇立論相同。

(七)蕭統《文選．序》

《文選》摒除經、史、子及辯士之言，而專輯集「綜緝辭采，錯比文華，事出於沈思，義歸乎翰藻」的各體文筆，以為總集，與蕭綱、蕭繹，確立以文辭為主的純文學觀。不過昭明為文，不重華艷。而簡文、元帝，特趨輕靡，其影響於世的即是宮體詩文的興盛，由徐陵的《玉臺新詠》，可知重視辭藻之美的思想，至南朝末年尚未衰退。又文學思想出於南朝的顏之推，其兼重文質的觀念，卻與《昭明文選》相同，由《顏氏家訓．文章》，即可得知。

(八)劉勰《文心雕龍》

劉勰自稱彌綸群言，由《文心雕龍》內容看來，確是總括歷代各家之論見於一書，文學原理、創作原則、批評方法全備，故置此類之末。文心以原道、徵聖、宗經標其文學觀，主情性說；主創作本乎自然，倡言文體源出經籍，以辨騷提示文變，而主張法古求變。由情性說而有文德、文質、文氣、神思、風骨之論。由主自然及法古求新而成通變、文體、修辭之論。更從文氣引出聲律論。據此，遂完成其六觀的批評原理。劉勰循文學之史實，通古今之變易，以理論的方法，成一家之著述，所以論文學之創作及批評，都力主原則及方法。文心以其完密的體系及博富的內容，可稱集六朝文論之大成。

(九)鍾嶸《詩品》

鍾嶸以〈國風〉及《楚辭》為五言詩之二大主流，歷代詩人循此而生枝派，源流有自，而風格各異，高下有別。後世詩話，或有更清新的見解，但在體制上，皆不及《詩品》之自成統系。《詩品》及《文心雕龍》二書是中國文學批評史上的重要著作，也是六朝文學原理及批評原則的代表著作。

二、六朝文論的重要課題

㈠對文學構成的本質，專主情性說，一反兩漢的政教實用觀，而倡言文學的功用在攄發情性，使文學不再附庸於政教。再則文學既以表現個人情性而完成其功價，成不朽之盛事，所以它亦非立德的工具，於是一反秦漢文德合一之說，分文學與德行為二。

㈡既視情性為文學的特質，而人人稟賦各殊，才質互異，文思之通塞，神志之清濁，文章之體度風格，亦因此而生差別。由此神思、文氣之說出，風骨、體性之論生。

㈢據情性說，心生言立，言立文明，則文采用以飾言，於是有重文之論。文學之內涵既全訴於情志，所以情志即質，六朝文質並重之說，因而亦大異秦漢之文質論。

㈣因重視文辭之美化，所以體裁、修辭、聲律、描寫等原則及方法，亦成討論的課題。如何循文學史實的沿變，本個人性習的融鑄，以求一己風格的完成的通變論，就擴大了詩正變之說的範圍，由時事之變推論及創作方法之求新變。

原理原則俱備，客觀的評鑒準則亦以此確立。可見六朝文論的完備，固已籠罩後世，而將文學視為獨立之事，作確切精深的剖析，又是前所未有的。

16、試述《文心雕龍》一書之大要。（69政大）

答

《文心雕龍》十卷五十篇，在習慣上依照各篇內容之所近，可分成五個部分：

一、文學本原論

〈原道〉、〈徵聖〉、〈宗經〉、〈正緯〉、〈辨騷〉等五篇。這五篇作者自稱為「文之樞紐」，是劉勰文論體系的核心，其基本思想是：文、道並重，寫作文章應以儒家聖人和經典為取法的榜樣，在此前提之下吸取《楚辭》的優長，既要考慮思想內容及其對政治教化的積極作用，又要注意外在形式的美感特徵，風格上做到奇正相參，華實並茂。

二、文學體裁論

〈明詩〉、〈樂府〉、〈詮賦〉、〈頌讚〉、〈祝盟〉、〈銘箴〉、〈誄碑〉、〈哀弔〉、〈雜文〉、〈諧讔〉等十篇（有韻之文）〈史傳〉、〈諸子〉、〈論說〉、〈詔策〉、〈檄移〉、〈封禪〉、〈章表〉、〈奏啟〉、〈議對〉、〈書記〉等十篇（無韻之筆）。

第六篇至第二十五篇是文體論，把各體文章分為有韻之文和無韻之筆兩大類：自〈明詩〉至〈諧讔〉十篇論述各種有韻之文（其中〈雜文〉、〈諧讔〉兩篇兼有無韻之筆），自〈史傳〉

至〈書記〉論述各種無韻之筆。整個文體論重點論述了三十多種文體，還涉及其他許多種，總數達一百七十種以上。文體論各篇的寫作體例是「原始以表末」，是敘述該體文章的源流：「釋名以章義」，是解釋該體文章名稱含義：「選文以定篇」，是列舉該體文章的代表作家、作品予以述評（這一部分分量最大）；「敷理以舉統」，是陳述該體文章的寫作原則和基本特色。在這二十篇文體論中，劉勰以歷史發展的觀點為主線，以作家、作品評述為中心，把上古到六朝數千年之間的文學史料，組織成比較完整、承前啟後、有內在聯繫的各種文體的發展史。

三、文學創作論

〈神思〉、〈體性〉、〈風骨〉、〈通變〉、〈定勢〉、〈情采〉、〈鎔裁〉、〈聲律〉、〈章句〉、〈麗辭〉、〈比興〉、〈夸飾〉、〈事類〉、〈練字〉、〈隱秀〉、〈指瑕〉、〈養氣〉、〈附會〉、〈物色〉、〈總術〉等二十篇。這二十篇討論了有關創作各方面的問題，從重大的創作原則到具體的寫作方法。如藝術構思、作品風格與作家個性、內容與形式、繼承與創新、文學與時代及社會政治環境、煉意修辭、結構謀篇等等。

四、文學批評論

〈詩序〉篇：論文學與時代潮流的關係

〈才略〉篇：論文學與作家才情的關係
〈知音〉篇：論文學與讀者鑑賞的關係
〈程器〉篇：論文學與道德修養的關係

五、篇末〈序志〉

是全書的序言，說明本書的名稱，寫作目的，指導思想，基本內容等。

17、《文心雕龍》論文的要點為何？試就所知說明之。（86逢甲）

答

《文心雕龍》的理論對唐以後的作家批評家有相當大的影響，其理論的要點如下：

一、以弘揚儒道爲宗旨

在《文心雕龍》總論五篇中，他闡明了全書的理論基礎，就是「原道」、「徵聖」、「宗經」。道就是「自然之道」。這個道，只有聖人才可以領會。因此，儒家的六經就成為「道」的文字表現形式。由此可見他的文學理論是以弘揚儒家學說為主的。

二、內容須文質並重

為了補救當代文風過於雕琢淫靡，劉勰在〈情采〉篇中提出「文采所以飾言，而辯麗本於情性」的觀點。他一方面要節制文采的過度，以防內容的貧弱，同時又要不過分強調內容以致文采枯淡。要求文質並重，達到「文不滅質，博不溺心」的地步，這樣才是優秀的文學作品。

三、文學變化受社會、自然環境影響

劉勰以前的文論家，如曹丕、陸機，都以天才為文學的決定因素。到了劉勰，他一方面承認才性的重要，但另一方面他認為文學的種種變化，主要是由於外面的社會環境。在〈時序〉篇裡，他告訴我們自古以至宋、齊之間的文學轉變，都有時代環境的鮮明色彩。他的「文變染乎世情，興廢繫乎時序」的觀點，在當時可謂卓見。

劉勰還注意到氣候時令和山川景色等自然環境對作家的影響。這些自然環境一面刺激作家的創作動機（「山林皋壤，實文思之奧府。」），同時又能影響作家的個性和作品的風格（「屈平所以能洞鑒風騷之情者，抑亦江山之助乎！」）。

四、批評家的修養及批評標準

劉勰對於當代文學批評界偏於主觀印象的情況很不滿意。他認為要樹立精確的批評，批評家就要有公正的態度、廣博的學識與客觀的批評標準；而且要免去主觀偏見的流弊。

關於批評家的修養，他在〈知音〉篇中說：「凡操千曲而後曉聲，觀千劍而後識器。」指出批評家要有廣博的學識，才可以瞭解作品的微妙、藝術的優劣。

關於批評家的態度，他提出三點要求：㈠不能貴古賤今；㈡不能崇己抑人；㈢必得放棄主觀好惡的成見。否則，批評只會成為惡意的攻擊，或不正的諂媚。

關於批評的標準，他提出「六觀」：「一觀位體，二觀置辭，三觀通變，四觀奇正，五觀事義，六觀宮商，斯術既形，則優劣見矣。」

這樣就相當全面建立了文學批評的方法論。

18、解釋名詞：劉彥和六觀說。（85東吳）

答

劉勰在《文心雕龍．知音》中說：「凡操千曲而後曉聲，觀千劍而後識器。」對於所評論文章，要全面地觀察其形式才能深入內容，才不會有所偏見，而其方法為六觀：一觀位體，即文章之體製；二觀置辭，即文章如何運用；三觀通變，對前代文章之繼承及對後世的影響；四觀奇正，即文勢或奇或正；五觀事義，如何引典故來證明文章之觀點；六觀宮商，文章之聲律如何。

19、略述劉彥和成就及影響。（87暨南）
20、請說明梁劉勰《文心雕龍》在中國文學批評史上的意義。（89清華）

答

一、劉勰《文心雕龍》的成就

㈠初步建立了用歷史眼光來分析、評論文學的觀念

在〈時序〉篇裡，他從歷代朝政世風的盛衰來探索文學的盛衰變化，得出「文變染乎世情，興廢繫乎時序」的結論。在〈通變〉篇裡，他又系統地論述到歷代文風的先後繼承、變革的關係。就每一種文體來說，他也很重視歷史發展的追索。例如〈明詩〉篇對建安、西晉、宋初詩風的歷史變化，概括得相當準確。

㈡從不同角度闡發了質先於文、質文並重的文學主張，比較全面地說明文學內容和形式的關係

在〈情采〉篇中，他指出「文采所以飾言，而辯麗本於情性」，主張「為情造文」，反對「為文造情」。在〈風骨〉篇中，他發展了曹丕的文氣說，強調文章要有風骨。所謂「風」，是指高尚的思想和真摯的感情；所謂「骨」，是指堅實的內容和清晰的條理。在〈定勢〉篇中，他指出要「因情立體，即體成勢」，要適應不同的內容來選擇文體形式，並適應不同的

文體來確定文章的風格。

㈢劉勰的貢獻是從創作的各個環節、各個方面總結了創作的經驗

在〈神思〉篇中，他生動地描繪了構思的過程，並指出要思路敏捷，除了要「虛靜」之外，還要「積學以儲寶，酌理以富才，研閱以窮照，馴致以懌辭」。在〈鎔裁〉篇中，他對於寫作過程有具體、明確的指示。在〈附會〉篇中，他用生動的比喻說明了文章的有機的完整性。在〈體性〉篇中，他論述了形成風格的因素，有才、氣、學、習四個基本方面；而風格則大約可分為典雅、遠奧、精約、顯附、繁縟、壯麗、新奇、輕靡等八大類。在〈比興〉篇中，他指出兩漢以來作品只講形容、不講寄託的不良傾向。在〈夸飾〉篇中，他指出運用夸飾手法應該準確、得當。

此外，他還論述了用典、對仗、聲律等技巧，對我們寫作和欣賞作品都很有幫助。

㈣劉勰初步建立了文學批評的方法論

在〈知音〉篇中，他發展了曹丕的觀點，反對「貴古賤今」、「崇己抑人」、「信僞迷眞」的錯誤態度，提出「無私於輕重，不偏於憎愛」的正確批評態度；他更指出批評家必須有深廣的學識修養。對於評論的標準，他提出了六觀法：「一觀位體，二觀置辭，三觀通變，四觀奇正，五觀事義，六觀宮商。」既注意了文學作品的思想性，也照顧了藝術性。

㈤略述各種文體的發展概況

《文心雕龍》中共有二十篇文體論，論述每一種文體的起源和流變（「原始以表末」），解

釋各種文體的名稱和性質（「釋名以章義」），選出各種文體的代表作家及作品加以評定（「選文以定篇」），闡述每一種文體的寫作原理（「敷理以舉統」）。這樣就提供了各種文體的發展小史。

二、劉勰《文心雕龍》在中國文學批評史上的意義

劉勰的《文心雕龍》在中國文學批評史上具有相當重要的地位，因為它總結南齊以前中國文學創作和文學批評的成果，展現出比較全面的論述，比較完整的體系，對唐以後的批評文學在直接或間接上都受到有相當程度的影響。

(一)對劉勰《文心雕龍》的評價及研究

歷代文人對劉勰《文心雕龍》的評價甚高，諸如，梁．沈約說「深得文理，常陳諸几案」。唐劉知幾說：「詞人屬文，其體非一，譬甘辛殊味，丹素異采，後來祖述，識昧圓通，家有詆訶，人相掎摭，故劉勰《文心》生焉。」並作為寫《史通》的範本。明．胡應麟《詩藪．內篇》說：「劉勰之評，議論精鑿。」清．章學誠《文史通義．詩話》說：「文心體大而思精」、「籠罩群言」。從明清迄今，出現不少《文心雕龍》的研究者。

(二)受《文心雕龍》理論影響

唐以後的文學批評受到《文心雕龍》理論影響相大，諸如陳子昂革新詩歌標舉「風骨」、「興寄」。杜甫、白居易論詩重視「比興」等。

21、鍾嶸《詩品》以上中下三品與時代先後，品騭並溯源詩人作品，所謂「辨彰清濁，掎摭利病」之歷史批評法，其文學理論之優劣如何？試評述之。（70文化）

22、鍾嶸詩品的文學理論？其中對兩漢五言詩的評論為何？（85東海）

23、試述鍾嶸詩品之文學觀。（86政大）

24、請說明鍾嶸《詩品》的主要批評論題為何？（87清華）

答

一、《詩品》的歷史批評法

《詩品》與《文心雕龍》，是齊、梁時代文藝批評界的重要著作。《文心雕龍》兼論詩文，《詩品》則是專論五言詩而不及文章。書中所提出的重要論點是針對當時的詩風而發，在一些文藝基本問題上有其精闢的看法。

《詩品》是關於五言詩的作家與作品的評論，起於漢，迄於梁，所評價的詩人共一百二十二人，許多評語都很精當。對於這一百二十二個詩人，鍾嶸所做的工作有兩點：

㈠評定他們的高下，把他們分成上、中、下三品，最好的歸「上品」，其次的屬「中品」，更次的入「下品」。

㈡鑑定他們的淵源，把他們的作風，加以分析，逐一找出它們的源流，指明某一個人的作風，是從甚麼人來的，而這甚麼人的作風，又是從什麼地方來的。這樣追溯起來，就發現詩人可以大別而為兩派：一派追蹤《詩經》，一派傚法《楚辭》。

鍾嶸的這種研究，自然有點近於機械化。他單憑自己的主觀見解，就硬把詩人分成等級，這是很受後人疵議的；至於他把詩人的作風，一個接著一個地找出線索來，也未免帶點牽強。可是，他有他的卓見，他早就體會到《詩經》與《楚辭》之間，風格迥異，而且看出了自西漢至梁初這八百年間的一百二十多個詩人，不是受《詩經》的影響較深，就是受《楚辭》的影響較大，無形中可以分出兩大流派來，這卻是很有價值的一種發現。三品之分，鍾嶸自稱取自劉歆、班固。但詩的高下，很難有明確的品第分界，如置於下品的曹操，中品的曹丕、嵇康及陶淵明，今日的批評家已給予較高的評價，而認為應列於上品的陸機、潘岳之上。然則一方面由於鍾嶸受時代文學觀的影響，重視文藻，故三品之別與後人略有不同；再則他亦有完密的批評準則，這準則，即詩品序所述五言詩的義法：就內容言，要有風力，即趣高情深；就形式言，要有華采而能文質交被，內容形式兼美的作家如曹劉是詩中之聖，得其一偏具華采而不失實質者如陸謝，是體貳之才，皆可列之上品。其他如用事拘攣，取意淫靡，意深詞躓，過為妍冶，雕縷傷細，拘於聲病等有傷真美，及過於樸野的詩風，都難列入上品了。

二、《詩品》的文學理論

《詩品・序》的主要內容，有破有立。

屬於破的，就是對南朝詩風的批評，表現在這三個問題上：

㈠大力抨擊當時那些缺乏真實內容專門講究形式的詩，首先他反對玄言詩。

鍾嶸說那些詩「理過其辭，淡乎寡味」、「平典似《道德論》」。他感嘆說：「建安風力盡矣！」

㈡是反對聲病，主張自然和諧的音律。

鍾嶸時代，正當沈約提倡聲律之說，形成「永明體」詩風的氾濫。鍾嶸對此作了有力的抨擊。他認為「古曰詩頌，皆被之金竹，故非調五音無以諧會。……今既不被管絃，亦何取於聲律耶？」、「但令清濁通流，口吻調利，斯亦足矣」，如果一味追求聲律，反使「文多拘忌，傷其眞美」。鍾嶸所反對的是那種「傷其眞美」的八病等人為的矯揉造作，而對詩歌的自然的音節美，並不排斥。

㈢是反對做詩用典。

鍾嶸以為「吟詠情性，亦何貴於用事？」、「觀古今勝語，多非補假，皆由直尋。……大明、泰始中，文章殆同書鈔。近任昉、王元長等，辭不貴奇，競須新事，爾來作者，寖以成俗，遂乃句無虛語，語無虛字，拘攣補衲，蠹文已甚。」他感歎地說：「自然英旨，罕值其人」，而幽默地諷刺這些掉書袋的詩人為「雖謝天才，且表學問」。當然，寫作上的援古證今，有時也有它的需要，劉勰《文心雕龍》就有〈事類〉一篇專門闡明此義。鍾嶸對此，也不是一概排斥，他認為「若乃經國文符，應資博古；撰德駁奏，宜窮往烈」。至於作詩，就不適用這樣的標準了。

無論是反對聲病或是反對用典，總的都是主張自然真美，這對瀰漫在南朝詩壇上的雲霧，有廓清的作用。

屬於立的：

㈠鍾嶸認為寫作動機的激發，有賴於客觀事物的感召。

鍾嶸認為文學的源泉是現實：「氣之動物，物之感人，故搖蕩性情，形諸舞詠。」，這跟《文心雕龍．明詩》所說：「人稟七情，應物斯感」，〈物色〉篇所說：「春秋代序，陰陽慘舒，物色之貌。」鍾嶸這種詩歌反映現實的理論，出現在作詩偏重形式的齊、梁時代，是有它歷史的進步意義的。但是，他認為怨的抒發的效果，可以「使窮賤易安，幽居靡悶」，這種觀點，顯然並不正確。

㈡在詩歌創作問題上提出了滋味說。

鍾嶸既然重視詩歌的群、怨，就決定了他對詩歌的要求，認為好的詩歌必須是有「滋味」的。詩的「滋味」是什麼?文中指出應該是「指事造形，窮情寫物，最爲詳切」。詳，指描寫的細緻；切，指描寫的深刻。而要達到這一目的，必須賦、比、興並重，做到言近旨遠，形象鮮明，有風力，有藻采，乃可耐人玩味，而感染力也愈強。這才是「詩之至也」。「專用比興則患在意深，意深則詞躓。若但用賦體則患在意浮，意浮則文散。」詞躓文散，也就不會有味。永嘉以後的玄言詩之所以「淡乎寡味」，就是由於「理過其辭」，「平典似道德論」。「理過其辭」，「平典似道德論」，是概念化的意思。玄言詩僅僅是邏輯思維的產物，不是形象思維的產物，鍾嶸就認為「寡味」，認為是「建安風力盡矣」。然則鍾嶸的滋味說，主要還是強調文學作品形象性的特徵。從重味的觀點出發，他在詩歌的形式上，並不贊成採用「文約」的四言和「文繁」的騷體，而極力主張五言，因為「五言居文詞之要，是眾作之有滋味者也」。

25、齊、梁文學批評之專書，簡述之。（64政大、81成大）

答

齊梁時代文學批評專書有《文心雕龍》與《詩品》二書

一、《文心雕龍》一書的內容——請參見本章第16題。

二、《詩品》一書的內容——請參見本章第23題。

26、魏晉南北朝文學理論及文學批評之著述十分發達，究其原因，除了受到當時臧否人物等風氣之感染外，主要還是受到文筆說及聲律說之影響。何謂文筆說？何謂聲律說？試詳為說明之。（83中正）

27、鍾嶸之《詩品》，劉勰之《文心雕龍》，二者文學理論，有何差異？試比較之。（84中興）

28、比較鍾嶸與劉勰的文學思想。（88中山、中興）

答

一、「文筆說」——請參見本章第8題。

二、聲律說（論）

㈠聲律說的定義

聲律論萌芽於漢晉，發展於南朝，形成於南齊永明年間，這種演進的過程，是跟漢魏六朝詩賦駢文創作的日益追求形式美的發展過程緊緊伴隨著的。此外，它又跟這時期聲韻學的發展有著密切的關係。聲律論它要求文學作品（特別是詩歌）注意聲調節奏的變化與和諧，在這方面提出比較嚴密的格律，以求取得語音的和美。

《南史．庾肩吾傳》也說：「齊永明中，王融、謝朓、沈約文章，始用四聲，以為新變。」當時周顒著有《四聲切韻》，沈約著有《四聲譜》，是他們宣傳聲律論的理論專著。王融、謝朓、沈約等人，都是南齊永明年間（武帝年號）的作家，他們主張詩文創作要分平、上、去、入四聲。沈約除主張嚴分四聲外，還提出了「八病說」。八病是指在創作中區別四聲、具體運用時應當避免的八種弊病。據宋代李淑《詩苑類格》的記載，沈約所謂八病，是指平頭、上尾、蜂腰、鶴膝、大韻、小韻、旁紐、正紐八種詩病。這種具體主張，後人稱為永明聲病說。按照這種主張寫的作品稱為永明體。

「四聲八病」主要是對詩歌說的，但對當時講究聲調美的辭賦和駢文，也有一定的適用意義。所以《宋書．謝靈運傳論》評述歷代作品及其與聲律的關係時，詩歌辭賦兩方面的情況常同時並提，混而不分。

(二)聲律說的影響

語言的聲音是文學作品形式美的一種因素，特別是韻文更為重要。沈約他們在當時音韻學發展的條件下，總結了過去作家在這方面的創作經驗，發展成為系統的聲律論，使以後詩賦駢文更善於運用聲律，具有諧美動人的特色，是值得肯定的。在永明聲病的指導下，產生了新體詩。新體詩是古體詩演變到近體詩的橋梁，唐代聲律諧美的近體詩，就是在聲律論的基礎上，批判繼承、演化發展而成的。永明聲病說對我國古代嚴密的格律詩的形成和發展，有相當大的貢獻。但同時，八病說的內容，規定過嚴，流於煩瑣，反而使詩歌創作受到種種束縛，如果作家不善於運用語言的聲律來加強內容的表現，而只是片面地追求聲律，必然流於形式。齊梁以來的不少作品，就表現出這樣的傾向，而引起後人的不滿，這是它的缺點。

第十二章　魏晉南北朝小說

研讀重點

一、何謂志怪小說？
二、志怪小說興盛的原因
三、志怪小說的重要作品
四、志怪小說的特色
五、志怪小說的演變
六、志怪小說對後世文學的影響
七、《世說新語》的內容與藝術特色
八、《世說新語》對後世文學的影響

1、六朝志怪筆記小說之興起原因安在？有何重要作品？其對後代小說之影響又如何？（69師大、85師大）
2、何謂志怪小說？試述魏晉南北朝志怪小說興盛之原因，並列舉其主要作品。（78中央）
3、試述漢魏六朝志怪小說之時代背景。（82中正）
4、略述魏晉南北朝小說之形式特色與題材性質。（84東吳）
5、魏晉南北朝小說，大致可分「志怪」、「軼事」二類，試分別評述其內容及重要著作。（85文化）
6、何謂志怪小說？六朝志怪文學發生之原因何在？試舉例說明之。（87玄奘）
7、何謂志怪小說？試述魏晉南北朝志怪小說興盛之原因及其影響。（90台大）

答

「志怪」小說就是記述神仙方術、神鬼妖怪、殊方異物、佛法靈異的小說。其中充斥著宗教迷信思想，但也保存了一些民間故事和傳說。

一、興盛的原因

㈠政治、社會的因素

志怪小說在魏晉南北朝大量產生，首先是和當時社會的動亂，政治的黑暗有關。在戰亂的年代，不僅人民災難深重，就是政治人物也是生命無常、旦夕禍福。他們戀生懼禍，或迷於神仙道術，或相信佛教輪迴；人民也往往把擺脫苦難的希望寄託於超現實的佛道或鬼神幻想中。這種環境適合於宗教思想的傳播，於是中國的道教和從外傳入的佛教迅速盛行，迷信思想彌漫於社會的各個階層、各個角落，各種鬼神怪異的故事也隨之大量產生。

㈡巫風、方術的興盛和傳播

鬼神迷信、神仙方術，由於秦漢以來皇帝的提倡和宣傳，在不同的社會階層中形成廣泛的群眾基礎，從而成為志怪小說的主要題材。

㈢佛教的傳播、佛經的翻譯，也為志怪小說帶來新的內容和影響

東漢明帝時傳入中國的小乘佛教，信奉《阿含經》，宣傳「人死精神不死」，強調因果報應、輪迴轉世；主張人人布施，廣積功德，重在自我解脫。在魏晉小說中，已出現宣揚佛教的內容，如描寫陰司地獄的存在、輪迴報應的感應等，題魏文帝曹丕撰的《列異傳．蔣濟亡兒》就屬此類，但當時尚不占主導地位，數量也較少。隨著佛教的昌盛，對南北朝志怪小說卻發生了廣泛影響，甚至出現了佛教「自神其教」的《冥祥記》等專門宣揚佛法的小說。

㈣文學內在因素的發展

小說的產生，有著長時期的發展過程，最早可以溯源到古代的神話和歷史傳說，它們是我國志怪小說的源頭。我國先秦古籍中保存神話最多的是《山海經》，《穆天子傳》中也有

一些。另外，我國先秦史書如《左傳》、《國語》及《戰國策》等，都具體記述人物的言行；先秦子書如《論語》、《孟子》及《莊子》等，也有許多人物言行的記載，它們對魏晉以後記錄人物瑣事的小說有直接的啟發和影響。

二、志怪小說主要作品內容

這個時期志怪小說數量很多，據統計不下八十種（參見程毅中《古小說簡目》）。但至今大多散失，基本保存或保存少數片段的尚有三十餘種，依內容分大致可分為四類：

㈠雜史雜傳體志怪小說

這類小說是承《吳越春秋》、《列女傳》等而來的，以《列異傳》、《拾遺記》為代表。

㈡地理方物體志怪小說

這類小說是承《山海經》、《括地圖記》等而來的，以《博物志》為代表。

㈢宗教色彩較濃的志怪小說

佛教盛行之後，志怪與宣揚宗教迷信、因果報應之說合流，小說被作為宗教宣傳的一種手段。這類小說，如《幽明錄》、《冥祥記》以宣揚佛教為主，而《神異記》、《神仙傳》則以宣揚道教為主。

㈣講說鬼神怪異的志怪小說

這是六朝志怪小說的主流，這類小說或用災異變怪的故事來附會政治，或用鬼神作祟的迷信來推斷人的吉凶禍福，由它的出現，正反映了古小說對史傳文學依附性的減弱和自身特點的增強。因此，這類志怪小說的成就一般比較高，主要以《齊諧記》、《續齊諧記》、《異苑》、《搜神記》及《搜神後記》為代表。

三、志怪小說主要作品舉例

㈠《列異傳》

託名魏文帝曹丕撰（一作張華），記述鬼物怪異之事。魯迅《古小說鉤沈》輯五十條，他據文中所記，推測：「或後人有增益，或撰人是假託」，斷定為魏晉人作。其中〈望夫石〉寫婚姻愛情悲劇，〈宋定伯捉鬼〉（亦見於《搜神記》）寫捉鬼賣鬼的有趣故事，均為後人所稱道。

㈡《拾遺記》

晉．王嘉撰。《晉書．王嘉傳》云王嘉「著《拾遺記》十卷，其記事多詭怪，今行於世」。此書記載了自庖羲、神農至東晉的許多逸事，帝王的傳說及名人異事，前九卷完全按照歷史朝代分篇，記錄正史以外的遺聞。卷十記崑崙等九座仙山。文筆靡麗，常為後人所引用。

㈢《博物志》

晉張華撰。今人范寧《博物志校正》輯得佚文二一二條。此書主要記載：「異境奇物及古代瑣聞雜事，皆剌取故書，殊乏新異。」(《中國小說史略》)。其中〈弱水西國香〉記異域奇香，〈天河與海通〉一條載人乘浮槎往天河的故事，頗為奇異。

(四)《幽明錄》

宋．劉義慶撰，已佚，《古小說鉤沈》輯錄二六五條。此書內容包羅萬象，博採廣收，主要記載鬼神怪異之事，故事性較強，敘述描寫委婉有致，顯示了小說藝術的進步。其中〈龐阿〉、〈賣胡粉女子〉記述青年男女的愛情悲劇。〈劉晨阮肇共入天臺山〉則寫了一個人仙戀愛的動人故事，對後代小說影響頗大。

(五)《神仙傳》

晉．葛洪撰。葛洪年少時即以儒學知名，尤好神仙導養之法。此書係模仿劉向《列仙傳》而作，全書共記錄神仙八十餘人，充滿煉丹服藥、隱形變化、長生不老、白日飛昇等迷信內容。

(六)《續齊諧記》

梁．吳均撰，僅十七條，多從舊書古籍中取材。由於作者為著名作家，敘述故事、刻畫人物均有較高的藝術技巧。其中〈屈原投汨羅〉記端午節的由來，〈陽羨鵝籠〉的故事奇詭曲折，引人入勝。

(七)《異苑》

宋．劉敬叔撰，已佚，後人輯錄。雖非原書，但大體完整。記述從先秦至劉宋的各種怪異之事，尤以晉代事為多。共三八二則，題材廣泛，內容豐富。就書名及按異事類型分卷編排的體制來看，作者顯然在有意模仿劉向《說苑》。惟記述簡略，描寫較粗糙。但也記錄了不少晉宋名人異聞，如溫嶠「牛渚燃犀」的故事及杜甫詩中所引陶侃胡奴之事，均出此書。

(八)《搜神記》

晉．干寶撰，總計四六四則，為後人所輯。據〈自序〉，干寶撰《搜神記》的目的是「發明神道之不誣」，以證明鬼神之實有。可見，他主觀上是想通過此書宣揚迷信思想。但由於作者撰述態度較嚴謹，故事來源廣泛，故不少優秀的民間故事和神話傳說得以保存下來，而且客觀上曲折地反映了一般百姓的感情與願望，具有較廣泛的社會意義。

(九)《搜神後記》

題陶淵明撰。今存一一六條。大多採自當時的傳聞異事，民間色彩較濃。不少故事新鮮優美、生動有趣。如丁令威學道化鶴歸遼的故事，謝端因恭謹而得到白水素女幫助的故事，都流傳廣泛，影響很大。但此書也有部分條目係宣揚佛法和感應，標明了佛教思想對志怪小說的侵蝕。

四、志怪小說對後代的影響

魏晉南北朝小說，雖就小說這一文學體裁來說，僅僅略具規模，不免粗糙；但其內容和形式，卻對後代的文學作品產生了一定的影響。

㈠為唐傳奇的產生準備了條件

「志怪」小說的現實與想像結合的創作方法和其中優秀傳說的刻畫人物性格、描摹細節、安排曲折結構的表現技巧，首先給唐傳奇作者提供了很好的借鑑。唐初傳奇〈古鏡記〉，以一個古鏡為線索，貫串許多鬼怪故事的片斷，就是剛由短幅變為長篇，還介乎志怪傳奇之間的作品。另一篇〈補江總白猿傳〉，也帶著很濃厚的志怪色彩，其中猿猴盜取婦女這一原始情節，即取自《博物志》和《搜神記》。其他傳奇如〈枕中記〉和〈南柯太守傳〉，都用《搜神記》中〈楊林玉枕〉的傳說演飾而成；〈離魂記〉是《幽明錄》內〈龐阿〉故事的變化；〈柳毅傳〉寫柳毅到洞庭擊樹的細節，出於《搜神記》胡毋班給河伯傳書的一段，都與魏晉「志怪」有關。可見「志怪」小說的內容和形式，為「敘述宛轉，文辭華豔」而且「篇幅漫長」的唐傳奇的產生，準備了有利的條件。

㈡開導了筆記小說的先路

魏晉南北朝「志怪」為後代的筆記小說開導了寫神怪的先路。宋人的「志怪」、「傳奇」作品，如徐鉉《稽神錄》、吳淑《江淮異人傳》等以及平話中「煙粉靈怪」故事，如《京本通俗小說》中的〈西山一窟鬼〉、〈志誠張主管〉之類，都是沿著這條路發展的。明人短篇集如瞿佑《剪燈新話》等，雖仿唐人傳奇，仍然顯示著承襲「志怪」的痕跡。到了清代，還有紀昀摹擬晉宋「志怪」的《閱微草堂筆記》和蒲松齡兼具「志怪」、「傳奇」兩體之長的《聊齋志異》，延續著「志怪」的傳統。

(三)為後代的文學作品提供了題材

「志怪」小說保存的優秀傳說，一直流傳民間，為大家所喜愛；因此，神奇志怪的故事不少成為後代小說戲劇的題材。

1、小說方面

如明代短篇集《雨窗欹枕集》的〈董永遇仙傳〉，《古今小說》的〈范巨卿雞黍死生交〉和歷史長篇《三國演義》內左慈、于吉、華佗、管輅等人的故事，都取自《搜神記》。《聊齋志異》中的〈阿繡〉是由《幽明錄》內〈賣胡粉女子〉蛻化而來；〈勞山道士〉為《笑林》的〈楚人隱形〉的摹仿。魯迅《故事新編》的〈鑄劍〉的素材，就是《列異傳》、《搜神記》中的〈干將莫邪〉。

2、戲劇方面

如元關漢卿的〈竇娥冤〉，以《搜神記》的〈東海孝婦周青〉的故事作為部分情節；京戲〈童女斬蛇〉、〈擊鼓罵曹〉、〈除三害〉的劇情來源是《搜神記》的〈李寄〉和《世說新語》的禰衡、周處兩人的事跡；地方戲〈天仙配〉、〈相思樹〉，也是根據《搜神記》的故事〈董永葬父〉和〈韓憑夫婦〉編撰的。

8、魏晉南北朝時期的所謂「志怪」小說，其特色為何？發展演變的情形又如何？

（80清華）

9、中國古典小說，從六朝志怪以至唐代傳奇，在形式及內容方面，有何顯著的演變？（84中央）

10、試述中國古代對「小說」之概念，並說明由六朝到唐代小說藝術發展之進展。（89靜宜）

答

一、魏晉南北朝志怪小說的特色

㈠增加大量的佛教內容，並出現了佛教徒自己編寫的專著，如《冥祥記》

佛教內容的增強，說明宗教對社會的廣泛影響和人們審美情趣的變化。佛教思想在志怪小說中的表現有：崇佛奉法，除病滅災（如《幽明錄．新死鬼》、《宣驗記．沈甲》等）；因果報應、輪迴轉世（如《冤魂志．徐鐵臼》、《幽明錄．阮瑜》等）；陰司地獄，懲惡向善（《幽明錄．舒禮》、《冥祥記．趙泰》等）。尤其是佛經文學的翻譯和傳播，成為我國民間故事和文人小說創作的素材和來源之一。

㈡志怪書中直接反映了現實內容

反映現實生活，是我國小說的優良傳統，但在魏晉以前，多採用影射的手法，曲折地加以表現。如《搜神後記．李除》、《甄異傳．張闓》等，通過陰間寫現實，用獄吏鬼怪的濟私方法，影射和抨擊世間官吏的貪污納賄。

到南北朝時期，出現了直接反映現實生活的作品，或藉助歷史題材反映現實的社會問題。如《異苑．劉邕》中劉邕嗜痂的惡癖；〈冤魂志〉中弘氏被官府誣陷致死的冤獄。都暴露了教政者的暴虐和凶惡。《幽明錄》中記「漢武帝微行過人家」，強姦民女，殺其夫婿，反映古時皇帝專橫與殘酷，極富有現實意義。

㈢使愛情故事更生動感人

在故事中表現人鬼、人神的戀愛，「志怪」基本上是個點綴。從情節的豐富、敘述細致的角度來說，使人感到故事真實可信，比魏晉小說有了明顯的進步。如《幽明錄》中的〈賣胡粉女子〉、〈龐阿〉表現了青年女子對愛情的大膽追求，描寫對象也從大家閨秀類的仕女，轉向小家碧玉型的平民百姓。〈龐阿〉中「離魂」形式的首次出現，僅僅是表達現實生活的一個外殼，志怪色彩已大大削弱。《續齊諧記．清溪廟神》之人神相愛故事，整個過程都是人間的戀情，而不具有神的特點，至此所謂人與神的界限已經消失了。

㈣用夢幻和異境的形式，宣揚道家思想，批判世風，追求幸福生活。

這種異境比得道昇天與天堂的極樂世界更富有現實性和積極意義，如《幽明錄．焦湖廟祝》通過商人湯林夢幻中的發跡變泰，宣揚人生如夢的觀念，指斥了人情的險惡，認為名利不過是過眼煙雲。用「離魂」、「夢幻」等形式表現自己的思想觀點，正是受佛教宣傳形式的影響。《幽明錄》的另外兩篇作品〈黃耳〉、〈劉晨阮肇〉，則由虛幻的異境，表達了對污濁現實的厭惡和反感，對自由幸福生活的追求和嚮往。

二、魏晉南北朝志怪小說演變過程

㈠內容上

由於南北朝小說增強了現實內容，也就是說加強了對社會生活的反映和批判，這正是表現了志怪小說的發展傾向和必然的趨勢，這一點到唐傳奇終於得到了突破，從寫鬼怪之「奇」發展到記人事之「奇」。唐傳奇的優秀作品〈霍小玉傳〉、〈李娃傳〉、〈鶯鶯傳〉等，都是完全的現實主義小說。當然這並不排斥唐代仍有志怪題材的作品。南北朝志怪小說的內容以及「離魂」、「夢幻」等藝術形式，有的直接被唐傳奇小說所繼承並得到了發展。

㈡藝術上

南北朝志怪小說普遍地描寫細致，敘述故事有曲折性，文字篇幅加長，並且文辭華麗、生動、形象。這對魏晉志怪小說來說是個發展，對唐傳奇來說又是先驅，這正是從魏晉志怪到唐傳奇發展過程中一種必然的過渡。

11、**解釋名詞：志人小說。**（83清大）

答 志人小說，又稱軼事小說。主要記載人的言行和瑣聞軼事，志人小說主要盛行於魏晉時期，它是在先秦諸子散文、兩漢史傳以及漢代軼事小說的基礎上發展起來的。它與志怪小說的根本區別，就在於志人小說所記唯人間言行、傳聞故事。魏晉志人小說開始於笑話。在當時清談之風和品評人物風氣的影響下，志人小說重點採寫名人士大夫等人物的言行，從多方面描寫了人物的片斷，如《名士傳》、《語林》及《郭子》。根據內容和體裁的特點，志人小說又可分為笑話類、瑣言類、軼事類。其中笑話、軼事類內容大都來自民間，傳說色彩比較濃厚；瑣言類則記載統治階級中各種人物，記實性較強。

12、試述《世說新語》的內容與特色，及對後世文學之影響。（台大期末考）

答

一、《世說新語》的內容

《世說新語》是我國魏晉南北朝時期「志人小說」的代表作品。編撰者是南朝宋臨川王劉義慶，「志」是記的意思。本書跟「志怪小說」之著重記述神怪異聞不同，因為「志人小說」主要是記述人物的言行事跡。

《世說新語》依內容分為德行、言語、政事、文學等三十六門類，每類收有若干則故事，全書共一千一百多則。每則文字多寡不同，有的篇幅較長，一般是數行即盡，也有的只是三言兩語。

《世說新語》主要記述東漢末年經三國至兩晉，尤其是東晉時期士人的生活和思想，對皇帝的生活情況也有所涉及。各篇通過許多人物的遺聞軼事和生動言談，具體形象地反映了當時的社會風貌，尤其是士族階層的生活狀況、文化習尚乃至他們的精神世界。

二、《世說新語》的藝術特色

《世說新語》基本上是客觀地記載人物、事件，一般是用大筆勾勒，較少刻意描繪。其中有些作品在藝術上有較高成就，《中國小說史略》說：「記言則玄遠冷雋，記行則高簡瑰奇」，準確而精練地概括了它在藝術上的總特點。具體說來，《世說新語》的藝術成就表現在如下幾個方面：

㈠善於抓住人物性格特徵，作漫畫式的誇張刻畫

如「曹操捉刀」一段的描寫，就是在故事的發展中反映出曹操猜忌的本性，為人譎詐和「寧可我負天下，決不令天下人負我」的性格。再如王藍田吃雞子的一系列細節描寫，活生生的描畫出他急躁的個性。

㈡善用對比突出人物性格

如謝安、孫綽等人泛海一段，當時謝安「貌閒意說，猶去不止」，而孫綽等人卻是「色並遽」，「喧動不坐」，用對比來表現謝安臨危不亂的鎮定氣度。

㈢情節具有戲劇性，曲折風趣

如「溫嶠娶表妹爲妻」一段，富有戲劇性，人物對話也很詼諧。再如劉伶病酒騙妻子為

他準備好酒肉一段，也寫得饒有風趣。

㈣善於把記言與記事結合起來寫

如晉孝武帝見到彗星後，深夜入園舉杯向星空祝酒說：「長星勸爾一杯酒，自古何時有萬歲天子。」他此時的語言與行動和開始見到彗星時的故作曠達的心理完全不同。

㈤篇幅短小，語言精煉含蓄，雋永傳神

《世說新語》能在短小的篇幅中，雖記述人物的片言隻語或一二行，卻往往能抓住中心，突出描寫對象的特徵。如〈儉嗇〉：「王戎有好李，賣之恐人得其種，恆鑽其核。」一件事三句話十六字，便寫出了王戎鄙吝的本性。

三、《世說新語》對後世文學的影響

《世說新語》是記敘軼聞雋語的筆記小說的先驅，也是後來記人記事小品文的典範，雖然它還處在小說體裁的雛型階段，但對後世文學影響深遠。

㈠為後世戲曲小說創作提供了豐富的素材

《世說新語》豐富的記事內容，都被後代小說戲曲作為素材進行加工而創作。如根據《世說新語》中的故事改編的，有〈玉鏡臺〉（關漢卿作）、〈蘭亭會〉（明．楊慎作）等；部分情節取材《世說新語》的，有《三國演義》中「黃絹幼婦」、「望梅止渴」、「七步成詩」等。

(二)為語言的發展、豐富做出了貢獻

《世說新語》能將口語熔鑄為生動活潑的文學語言，在沿用之下成為許多耳熟能詳的成語如「曹操捉刀」、「望梅止渴」、「謝道韞詠雪」、「一往情深」、「阿睹傳神」、「空洞無物」、「一木難支」等。

(三)歷代的仿傚之作很多，為後代記人小品文的發展樹立了典範

《世說新語》是我國記敘軼聞雋語的筆記小說的前驅，也是後世小品文的典範，所以仿作不斷出現。如唐代有王方慶《續世說新語》，宋有王讜《唐語林》，孔平仲《續世說》。明有何良俊《何氏語林》，李紹文《明世說新語》等。清有吳肅公《明語林》，李清《女世說》，顏從喬《僧世說》，王昭《今世說》，民國易宗夔《新世說》。

第十三章　唐代詩歌

研讀重點

一、唐詩繁榮之原因與各期特色及代表作家
二、初唐四傑的詩歌特色
三、陳子昂作品的特色及其在文學史上的地位
四、山水田園派及邊塞詩興起的原因及其特色
五、王維、李白、杜甫詩歌的特色與成就
六、元和體的代表作家及其在文學史上的成就與地位
七、中唐奇險詩產生之原因及其特色
八、韓愈、李賀、李商隱、杜牧詩歌的特色與成就
九、晚唐現實主義的代表作家及其特色
十、〈秦婦吟〉的內容與時代背景

1、略述唐詩繁榮的原因。（81政大）

答 唐詩歷來被認為是中國古代詩歌發展的最高成就。唐詩流傳到後代的，據清代彭定求等所編《全唐詩》統計有五萬首左右，作家二千三百餘人。唐詩內容豐富，藝術成就也高，一直被人譽為「一代之文學」。唐詩創作所以如此繁榮，主要有以下幾個原因：

一、詩歌本身的發展

文學傳統的繼承和批判，加上唐代李白、杜甫、白居易等大詩人的大膽革新和創造，這無疑為唐詩出現前所未有的繁榮局面創造了條件。因唐詩在發展過程中繼承了《詩經》、《楚辭》以來的現實主義和積極浪漫主義傳統，同時吸取前代詩歌的各種形式和技巧，如吸收了六朝詩運用音律、講究辭藻等藝術經驗，建立近體詩的體制，發展了五、七言古詩，使唐詩的體制大備，藝術精巧。與此同時，初唐詩人陳子昂等提倡的漢魏風骨，衝破齊梁以來的宮廷文學的束縛，為唐詩開闢了一條健康的道路，到盛唐時就出現了詩歌創作的新高潮。

二、政治經濟與社會的影響

國力強盛，經濟繁榮，南北統一，對儒、道、佛和其他外來文化兼收並蓄，思想禁錮較少，這些都給唐詩的興盛提供了客觀條件。從初唐到盛唐的一百多年間，農業生產持續上升，國民經濟迅速發展，城市繁榮，商業經濟活躍。安定的社會環境，優裕的物質條件，使詩人得以潛心研究，漫遊各地，擴大視野，豐富創作內容。唐代帝王對儒、道、佛三家都很重視，這對文人思想的活躍是很有利的條件。儒家所提倡的積極入世，成為唐代許多文人的共同風尚；道家蔑視禮法，主張高蹈出世的思想對李白等浪漫主義詩人影響很大；儒道互補的處世觀，構成他們入世與出世的兩重人格；佛教的流傳，則對王維等作家的思想和創作有不小的影響。唐詩的異彩紛呈，氣象恢宏，正是那個時代精神的反映。

三、帝王的提倡

帝王愛好並提倡詩歌，科舉以詩賦取士，也有力地促成唐詩的繁榮。唐代不少帝王喜愛作詩，唐太宗開設「文學館」、「弘文館」召聚詩人吟詠唱和，高宗、武后也自造新詞，編為樂府。他如玄宗、憲宗、穆宗諸帝均獎掖詩人，使詩歌創作蔚成風氣。唐代科舉考試又有寫作詩賦一項，文人為中舉入仕，終生勤奮創作，從而大大擴展了詩歌作者的數量。

2、唐詩分四期，各期代表作家及詩風如何？（62文化）
3、盛唐詩可分幾派？試言各派代表作家及其風格。（63師大）
4、唐詩末期大家有那些？試論述之。（75文化）

5、從文學史發展的角度觀察，中唐文學殊多變革，試述其變革之跡。（84清華）

6、唐詩有初、盛、中、晚之分，詩到晚唐，可謂「夕陽無限好，只是近黃昏」，試述晚唐詩壇之主要趨向，並列舉兩位代表作家。（85彰師大）

答

一、初唐詩歌

初唐指唐高祖武德元年至睿宗延和元年（西元六一八～七一二年）。這是唐詩的開創時期，即唐代詩人由最初承襲齊、梁餘風，到變革舊詩風，走出自己新路子的時期。這期間，號稱「初唐四傑」的王勃、楊炯、盧照鄰、駱賓王和陳子昂，在轉變詩風上起著重要的作用，而沈佺期、宋之問、杜審言等人則完成了律體的建設，他們從不同方面為盛唐詩歌高潮的出現作了準備。

大約在唐高宗德麟、乾封年間開始，詩歌創作的潮流發生了重大的變化。被稱為「初唐四傑」的王勃、楊炯、盧照鄰、駱賓王踏上詩壇，他們是一群地位不高而才名頗盛的年輕詩人，不滿意於宮廷應制詩的空虛內容和呆板形式，熱切要求抒寫自己建功立業的豪情壯志與悲歡離合的人生感慨，從而推動詩歌題材「由宮廷走到市井」，「從臺閣移至江山與塞漠」。他們開啟了一代新風。

將「四傑」的創新事業大大向前推進一步的，是武則天時代的詩人陳子昂。「四傑」的詩還沒有擺脫六朝後期「彩麗競繁」的影響，陳子昂則提倡「漢魏風骨」，主張繼承建安、正始時期詩歌的現實內容和雄健風格，用以抵制和掃蕩齊梁以來的浮靡習氣，這樣以復古為革新，從理論上端正了唐詩發展的方向。他的創作實踐，也表現了其文學主張，顯示了創新的成績。

與陳子昂約略同時而形成不同流派的，有經常出入武后掖廷的沈佺期、宋之問。他們所作多半是奉和應制、點綴昇平的篇什。在他們寫作的其他題材詩篇中，雖然也有一些歷來為人們傳誦的優秀作品，特別是杜審言，風格遒勁，氣象開闊，頗為後人推重，但整體說來，其貢獻主要還是在律體的完成方面。他們總結了齊梁以來對詩歌聲律的種種探索，對五七言律詩格律形式的定型化，為以後的作者提供了可以遵循的規範。從此，古近體各類詩才有了明確的界限，詩歌的體制更加豐富多樣。

二、盛唐詩歌

盛唐指玄宗開元元年至代宗永泰元年（西元七一三～七六五年）。這是唐王朝極盛和開始轉向衰敗的時期，也是唐詩繁榮興盛的高峰。詩壇上百花吐艷，名家如林。以高適、岑參為代表的邊塞詩派和以王維、孟浩然為代表的山水田園詩派，都產生在這個時期。大詩人李白和杜甫，也都活動在這個時期。

盛唐詩歌的內容異常豐富，在大量流傳千古的名篇裡，描寫邊塞戰爭和田園山水這兩方面題材的，占有相當大的比重。這個時期的詩人，往往有一段邊地從軍的生活經歷，在他們筆底，不僅描繪了壯闊蒼涼、絢麗多采的邊塞風光，而且抒寫了請纓投筆的豪情壯志，洋溢著激昂慷慨的精神。由於具體情況不同，他們對戰爭的態度，有歌頌，有批評，也有詛咒和譴責。這類詩人中，以高適、岑參、李頎及王昌齡最為知名，他們的作品氣氛濃郁，情調悲壯，多採用七言歌行或七言絕句的形式。另一派以題詠山水景物和田園生活著稱的代表詩人，則有王維、孟浩然、儲光羲及常健等。他們的作品較多地反映了閒適、退隱的思想情緒，色彩清淡，意境深幽，多採用五言古體和五言律絕的形式。這派詩人在發掘自然美方面，把六朝以來的山水詩向前大大推進了一步。其中尤以王維的成就最高。他是詩人，又是畫家，能夠以畫理通之於詩。湛深的藝術造詣，於李、杜之外別立一宗，對後世產生了相當的影響。

「李杜文章在，光焰萬丈長」標誌著盛唐詩歌的最高成就，是李白和杜甫。他們的詩歌風格不同，但在藝術上同樣達到出神入化的境地，不容有所軒輊。李白的名篇，多半成於安史之亂前，亦有一部分作於變亂發生後，其中有對黑暗政治的大膽揭露，有對叛亂勢力的嚴厲斥責，有民生疾苦的反映，有俠士、商人、農夫、戍卒、婦女等不同群體生活的描繪，有拯物濟世的宏偉抱負的抒寫，有個性自由解放的追求，有愛情和友誼的謳唱，也有壯麗河山的頌歌，從多方面反映了唐王朝由全盛轉向衰敗的社會生活與時代心理。詩篇氣勢雄放，想像奇妙，語言清新自然而又瑰麗多彩，有強烈的抒情氣息，形成天馬行空、飄逸不群的藝術風格。

杜甫的作品則為動亂時代的「詩史」。天寶十四年，安史之亂爆發，揭開了大唐帝國繁榮富強的外衣，潛伏已久的社會危機，以及政治上的各種問題，像火山一樣噴迸出來，一發而不可收。從此，藩鎮割據、宦官專權、朋黨相爭、邊患頻仍，經濟的衰敝和政治的動盪不寧，支配著唐代後半期的歷史。社會的劇變引起詩歌創作的重大變化，這一變化具體呈現在杜甫的創作中，杜甫的詩忠實地記錄了國家的變亂和人民的苦難，成為後來元稹、白居易等人倡導新樂府運動的先聲。他善於把時事政治和個人身世遭遇緊密地結合起來，既有生活場景的典型概括，又有主觀情感的濃烈抒發，含蘊深刻，形成沈鬱頓挫的獨特風格。在詩歌語言、格律、技巧等方面，他善於廣泛吸收前人的創作經驗。為後來詩歌藝術的發展，開闢了萬戶千門、大小途徑。

三、中唐詩歌

中唐指代宗大曆元年至穆宗長慶四年（西元七六六～八二四年）。杜甫之後，從代宗大曆初至德宗貞元中的三十年間，唐王朝處於大亂過後的衰落時期，詩壇上也很不景氣。著名的詩人有劉長卿和以錢起、郎士元為代表的「大曆十才子」。他們多工五言律體，語言精緻妥貼，韻度嫻整秀潤，詩風近似王維。但他們大半是權門清客，詩中有大量投獻應酬和流連光景之作，內容浮淺，氣象單弱。其中盧綸、李益有一部分色調蒼涼、意境雄渾的邊塞絕句，尚可作為盛唐的嗣響。這時期比較傑出的詩人是韋應物，他的田園山水詩繼陶淵明和王、孟之後，「高雅閒淡，自成一家之體」。

圍繞著以順宗永貞革新和憲宗元和削藩為標誌的政治改革浪潮的興起，積衰不振的唐王朝，曾經一度給人們以中興的展望。與此同時，詩壇重又出現活躍的景象。白居易、元稹、李紳、張籍及王建等作家倡導「新樂府運動」，寫下大量政治諷喻詩，在揭露現實的廣泛性和批評時政的自覺性方面，繼承杜甫而有所前進。元、白發展了敘事技巧，剪裁集中，情節曲折，描寫細緻，「新樂府」中就有不少首尾完整的敘事詩，長篇歌行如白居易〈長恨歌〉、〈琵琶行〉和元稹〈連昌宮詞〉，又分明可以看出傳奇小說的影響。

與元、白舒徐平易詩風相對立的，則有以韓愈、孟郊、李賀及賈島為代表的另一詩派。他們在詩歌藝術上，繼承杜甫「語不驚人死不休」的精神，標新立異。韓氣豪，孟深思，而皆能精思獨造。韓愈同時又是傑出的散文家，其詩有散文化的傾向，雄奇恣肆，揮灑自如，但有時不免矜才使學，鬥險爭奇，流於怪誕僻澀。李賀的詩，在作意奇詭和思路峭刻方面接近韓孟，而旨趣幽深，色彩濃麗，又自與韓孟有所不同，孕育了晚唐溫李一派的作風。

兩大詩派以外，卓然有成的還有柳宗元和劉禹錫。柳宗元一部分寫田園山水的五言詩，風格近似陶淵明，與韋應物並稱韋柳；而另一些政治抒情詩，則哀怨激越，富有《楚》、〈騷〉意味。劉禹錫才力雄健，有「詩豪」之稱。〈竹枝詞〉諸首，具有濃郁的生活氣息和獨特的音調，成為後世文人學習民歌的範本；一些抒情寫景的小詩，則又往往在情景描繪中蘊含人生的哲理，對宋詩的講求「理趣」有一定影響。

四、晚唐詩歌

晚唐指敬宗寶曆元年以後至唐末（西元八二五～九〇七年）。社會危機的日益加深，終於導致唐王朝的滅亡，反映至詩歌領域，便是感傷頹廢的氣息增濃和雕章琢句的風氣盛行。傑出的詩人如杜牧、李商隱，詩作中充滿傷時憂國的感喟，而哀怨深沈，給人以「夕陽無限好，只是近黃昏」的沒落感，畢竟缺乏鼓舞人心的力量。他們對詩歌藝術的技巧作出了獨特的貢獻，尤工七言近體，律對精切，文詞清麗，筆意宛轉，情味雋永，開拓出聲情流美、翰藻濃郁的勝境。二人中，杜詩俊爽，李詩深婉，各有千秋，而尤以李商隱的影響更大，成為唐代詩壇的殿軍。由於時代唯美風尚的習染，其部分詩篇中存在著棣事過多，過於追求詞藻精麗，文勝於質的情況，成為宋初「西崑體」的濫觴。同時與李商隱齊名的溫庭筠，才思清綺，詞采濃麗，但比較缺乏思想深度，格調不高，不能與李商隱相提並論。

懿宗咸通以後直至唐亡的半個世紀內，社會動亂不寧，詩歌創作領域也出現普遍衰退的趨勢。其中皮日休、聶夷中、杜荀鶴諸人用平易流暢的語言寫的一部分反映民生疾苦的篇章，以及羅隱的政治諷刺小詩和韓偓感憤時事的七律，為唐末社會變亂留下了真實的寫照。

7、試述近體詩形成的經過。(65政大)
8、試述有唐一代詩體的演進與發展。(83淡江)
9、或曰漢語詩歌至唐代律詩而臻極致,請從史之觀點討論之。(86政大)

答

唐代詩歌體裁的演進與發展,可以分兩方面來說:

一、近體詩(律詩)的形成

六朝的文人詩,從南齊永明(西元四八三~四九三年)年間以來,由於沈約等的提倡,就講究在詩裡調協四聲,避免「八病」(平頭、上尾、蜂腰、鶴膝、大韻、小韻、旁紐、正紐)。這種「聲律論」,雖然因為過多的硬性規定,曾遭到齊、梁一部分文人(如鍾嶸)的反對,但是其中有些方面卻合乎語言聲調自然發展的規律,經過一段時間的試驗、摸索、調整、淘汰,到了唐朝,四聲的區分就合併成平、仄兩類:平聲就是四聲中原有的平聲,仄聲則包括上、去、入三聲的字。而八病經過淘汰的結果,還保留了雙聲疊韻,句法整齊,隔句押韻,在一首短詩內不犯重字等規定,而逐漸形成了律詩。

漢魏六朝的詩歌,主要是五言詩。這是根據漢魏六朝詩歌的內容,適合當時語言發展的特點,在《詩經》的四言詩基礎上發展起來的。可是由於詩歌的思想內容逐漸複雜化,語言結構跟著起了變化，六朝詩人已經寫了一些七言的詩歌。到了唐朝，由於詩歌的內容更加豐富，五言的結構，有時不能很好地表達日益複雜的形象和思想內容，於是七言詩大量產生，並且在五言律詩的基礎上形成了七言律詩。

律詩是在唐初才形成的，所以唐人把律詩叫作「近體詩」或「今體詩」。近體詩除了律詩以外，還包括五、七言絕句。像絕句這樣的四句小詩，本來在唐朝以前的民歌和文人詩裡都早已存在了。不過六朝的絕句不講究平仄對仗。到了唐朝，絕句受了律詩的影響，也有講究平仄對仗和押韻的了。

律詩、絕句這種新興的詩體，引起唐代詩人極大的興趣，幾乎每位詩人都嘗試一下這類形式新穎的詩。近體詩格律嚴密，整齊勻稱，而又聲調抑揚起伏，富於形式美。在實際創作時，詩人並不完全嚴格遵守這些規律，就使得寫近體詩的人體會到整齊勻稱、抑揚起伏的形式美以外，還有一定的自由，不致於束縛他們的手腳。所以寫近體詩很快地成為當時的風尚，近體詩也成為大家喜聞樂見的形式。這對於鍛鍊藝術技巧、繁榮詩歌創作來說，發揮很大的推動作用。

二、古體詩的新變

唐詩除去新興的「近體詩」以外，還有許多古老的樣式。那種學習漢魏六朝五言詩和樂府詩的作品，都叫古體詩、古風或古詩。古詩是針對近體詩而言的。漢魏六朝的古詩，以五言占絕大多數；到了唐朝則七言古詩大為盛行，和五言古詩並行。在七言古詩中還有歌行體。這種歌行體的古詩變化很多，有隔句用韻的，也有句句用韻的；有四句換韻的，也有兩句三句一換韻的。一般說來，七言詩比較清新流暢，而五言詩則比較典雅莊重。詩人可以根據作品的思想內容和情調來選擇適當的形式。而且從近體詩形成以來，古體詩也受到律詩的影響，有時在一首古詩中摻雜了一些對仗工穩的律句，例如高適的〈燕歌行〉就幾乎全是用律句組成的，白居易的〈長恨歌〉也是用了大量的律句的。這樣「入律」的古詩，在情調和音節上就和「不入律」的古詩有所不同了。

唐人的古體詩中，有很大一部分是樂府詩，這些樂府詩只是沿用漢魏六朝樂府的古題，並不能夠入樂，也不能唱。至於這類樂府詩的內容，則有的是和漢魏六朝樂府的古題大體一致的，如〈出塞曲〉總是有關於邊塞生活的。另外有一類樂府詩，則是古題新意，題目雖然沿用漢魏六朝樂府舊題，而內容卻和樂府古題毫無關係，像李白的〈丁都護歌〉，描寫的是船夫拉縴的艱苦，和丁都護毫無關係，就屬於這一類。

另外還有一種反映現實生活諷刺朝政的樂府詩，寫的都是現實生活的人和事，用的題目也是新創的，叫做「新樂府」。這種新題樂府雖然還是樂府的情調，卻和過去的古樂府沒有多少關連。這類的新樂府一經多人的試驗，就形成了一次轟轟烈烈的新樂府運動。這類樂府詩有它獨特的風格，也有時納入律句。

10、扼要論述初唐四傑在文學史上的地位。（84台大）

答 在高宗至武后初年，出現了「以文章齊名天下」的初唐「四傑」：王勃、楊炯、盧照鄰、駱賓王。他們的詩作依然沿續六朝唯美的宮體詩的風格，被譏為「輕薄爲文」的當時體。因他們身為民間詩人，他們亟想寫出表達真實生活寫照的詩歌，所以在詩歌的題材、內容上均有所突破，奠定他們在初唐詩歌的地位。

一、詩歌內容方面

這是初唐四傑最大的貢獻，他們在詩歌內容上突破了宮體詩的狹小範圍，擴大了詩歌的題材，把詩歌從宮廷移到了市井，從臺閣移到江山和塞漠；諸如離別、懷鄉、邊塞、市井生活，山川景物，都成為他們歌詠的對象；使詩歌有了充實的社會內容、嚴肅的思想和真實的感情，在他們的代表性作品中這一點體現得尤為突出。盧照鄰的〈長安古意〉就廣泛地描寫了長安上層社會的生活，從公主、王侯到御史廷尉，以致遊俠子弟、歌姬舞女。通過形形色色生活場景的描寫，揭露了為政者的橫暴、侈靡以及他們內部互相傾軋的真實情況。詩用的雖是宮體詩的題目，但無論在思想上還是藝術手法上都大大超越了宮體詩。再如王勃的〈送杜少府之任蜀川〉抒寫離情別緒，卻一洗兒女情態，寫得開朗壯闊，體現了詩人不平凡的襟懷。又如楊炯的〈從軍行〉表達嚮往邊塞生活的慷慨心情；駱賓王〈在獄詠蟬〉以比興手法表達受惡勢力迫害的憂傷，都不愧是初唐詩壇上風骨凝練的佳作。

二、詩歌形式方面

「四傑」中盧、駱擅長歌行體，歌行體詩在他們手中獲得改善與發展。而王、楊則是五律的奠基人，五言律詩由他們初步定型。另外，在意境和語言上他們也有新的進步。

杜甫在〈戲為六絕句〉中推崇他們說：「王楊盧駱當時體，輕薄爲文哂未休；爾曹身與名俱裂，不廢江河萬古流。」，因為四傑所創的當時體與當時的應制詩相對抗，得到「積年綺碎，一朝清廓」，對初唐詩風的建立，四傑的詩改革是功不可沒。

11、試述陳子昂作品的特色，及其在文學史之地位。（81成大）
12、簡答題：陳子昂的復古主張及詩歌表現。（83台大）
13、簡要說明陳子昂係何時人物，作品特色及在文學史上之地位為何？（87清華）

答

一、詩歌主張

陳子昂的文學主張即是他的詩歌主張，主要見於〈與東方左史虯修行篇．序〉在這篇短文中，陳子昂肯定了風雅漢、魏詩歌的優良傳統，明確地提出了詩歌創作的兩個標準：興寄、風骨，企圖從精神實質去變革齊梁以來的詩風。

㈠興寄

比興原是《詩經》六義中的兩種表現手法，但這裡所謂比興，實際是指《詩經》的美刺比興的傳統，即通過對目前事物的歌詠來表現詩人對國事民生的意見。魏、晉、南北朝的文論，往往只是強調吟詠情性的一面，而忽視美刺比興的一面。這種現象跟創作的缺乏社會內容是互相伴隨著的。陳子昂在這裡批評了「齊、梁間詩，彩麗競繁，而興寄都絕」，真是切中時弊，擊中了南朝文學的要害。

㈡風骨

所謂有風骨的作品，是指思想感情表現明朗、語言質樸有力、形成一種爽朗剛健的風格。漢、魏古詩是富有風骨的，其中的建安詩歌尤以風骨著稱，陳子昂慨嘆「漢晉風骨，晉宋莫傳。」自晉以後，作品日趨綺麗，崇尚藻飾對偶，因而缺少風骨。

由上所述，可見要求詩歌具有比興，就是要求詩歌反映社會現實、抒發真實的感情；具有風骨，就是具有明朗剛健的風格。比興和風骨二者結合，就能使詩歌在思想上藝術上達到統一。陳子昂繼承了漢代詩論強調風雅比興和南朝大批評家劉勰、鍾嶸強調風骨的傳統，明確地提出了這兩個標準，就為唐詩指明了所應遵循的道路。尤其可貴的是，他不但有理論，而且用創作實際體現了自己的主張。他的〈感遇〉三十八首，〈登幽州臺歌〉、〈薊丘覽古贈盧居士藏用〉七首都是「高雅沖淡之音，一掃六朝之纖弱。」

二、詩歌特色

陳子昂存詩共一百多首，其中最有代表性的是〈感遇〉詩、〈薊丘覽古贈盧居士藏用〉和〈登幽州臺歌〉。這些詩歌內容有很強的現實意義，無論是諷刺時政、慨嘆現實，或是感懷身世、抒寫理想，都具有感慨深沈、剛健質樸的特色，繼承建安風骨，洗盡齊梁浮艷。

其次，陳子昂的詩歌在藝術表現和藝術風格上具有多樣化的特點。

㈠善用比興手法，把抽象的感情化為具體可感的藝術形象。

如〈感遇〉中「蘭若生春夏」一詩，通篇比興，以蘭若的秀美與幽獨，喻自己的才華與高潔；以蘭若的凋零，抒自己的身世之慨。托物起興，因物喻志，寓意深婉，寄慨遙深，與齊梁間綺靡之作，大異其趣。

㈡陳子昂的詩歌在藝術風格上既有豪爽的。

如〈登幽州臺歌〉抒寫了積極進取、懷才不遇的氣魄與悲憤：「前不見古人，後不見來者。念天地之悠悠，獨愴然而涕下。」慷慨悲歌，蒼涼渾茫，遒勁有力。有憂鬱的，如〈感遇〉中「蘭若生春夏」一詩，通篇托物寓意，用曲折蘊藉的筆法表達感情，寓意遙深，風格含蓄。

三、在文學史上的地位

由於時代的激盪，和陳子昂自己的努力，使他對齊、梁以來的卑靡詩風，起了廓清的作用，在唐詩革新道路上取得很大成績。盧藏用說他「橫制頹波，天下翕然質文一變」。宋．劉克莊《後村詩話》說：「唐初王、楊、沈、宋擅名，然不脫齊梁之體，獨陳拾遺首倡高雅沖淡之音。一掃六代之纖弱，趨於黃初、建安矣。」金．元好問〈論詩絕句〉也云：「沈宋橫馳翰墨場，風流初不廢齊梁。論功若準平吳例，合著黃金鑄子昂。」都推崇他對唐詩革新所做的貢獻。

陳子昂的詩歌，以其進步、充實的思想內容，質樸、剛健的語言風格，對整個唐代詩歌產生了巨大影響。其後張九齡的〈感遇〉詩、李白的〈古風〉，都以他的〈感遇〉詩為學習對象。杜甫對他評價極高：「公生揚馬後，名與日月懸。……終古立忠義，〈感遇〉有遺篇。」杜甫不少關心國事民生的詩篇，可明顯地看出是受了他的影響。白居易〈與元九書〉、元稹〈敘詩寄樂天書〉：都談到他們努力寫作諷諭詩，是受到陳子昂〈感遇〉詩的啟發。白居易還把陳子昂與杜甫相提並論，說：「杜甫陳子昂，才名括天地。」

14、韓愈〈薦士詩〉云：「齊梁及陳隋，衆作等蟬噪，搜春摘花卉，沿襲傷剽盜，國朝盛文章，子昂始高蹈。」元好問〈論詩絕句〉：「沈宋橫馳翰墨場，風流初不

廢齊梁，論功若準平吳例，合著黃金鑄子昂」何謂？（82東吳）

答

陳子昂是唐詩發展過程中具有關鍵性的人物。因為初唐的詩壇，瀰漫著齊梁餘風，詩歌的內容往往是吟風弄月，或者寫男女之間的輕薄艷情，空虛而貧乏。形式上則片面講究詞藻、對偶、聲律，風格柔靡不振。韓愈〈薦士詩〉：「齊梁及陳隋，眾作等蟬噪，搜春摘花卉，沿襲傷剽盜。」四句即是抨擊齊梁以至唐初的這種詩風。

元好問〈論詩絕句〉：「沈、宋橫馳翰墨場，風流初不廢齊梁。」是指初唐的沈佺期，宋之問在風格與格律上都還是承繼齊梁的餘波。而初唐時期的四傑，在詩歌創作方面，雖然開始扭轉了一些梁、陳以來宮體詩的頹風，但還沒有能有意識地提出一種創造性的理論。到初唐後期陳子昂的出現，才在唐代詩歌發展史上作出了重要的貢獻。

〈與東方左史虬修竹篇．序〉，是陳子昂詩歌理論的一個綱領。在這篇短文裡，他肯定了風雅、漢、魏詩歌的進步傳統，指出了晉、宋以來「文章道弊」、「風雅不作」、「彩麗競繁」的弊病。他著重提出了「風骨」和「興寄」兩個問題，企圖從精神實質上去變革五百年來的詩風。所謂「風骨」，是健康的內容與剛勁的語言形式相統一的詩歌特點，其說本之於《文心雕龍．風骨》與《詩品．序》。所謂「興寄」，是「托物起興」、「因物喻志」的創作特點，也是國風、二雅到正始詩歌的傳統精神所在。二者可以說是作者變革當時詩風一種方向性的指示。他要求詩歌有「興寄」，能反映社會現實、抒發真實的感情；要求擺脫齊梁詩

「彩麗競繁」的纖巧作風，做到具有「漢魏風骨」，建立明朗剛健的風格。尤其可貴的是，他不但有理論，而且用創作實際體現了自己的主張。他的〈感遇〉三十八首，〈登幽州臺歌〉及〈薊丘覽古贈盧居士藏用〉七首都是「高雅沖淡之音，一掃六朝之纖弱。」之作。

不可否認，由於時代的激蕩，和陳子昂自己的努力，使他對齊、梁以來的卑靡詩風，起了廓清的作用。韓愈〈薦士詩〉：「國朝盛文章，子昂始高蹈」。元好問《論詩絕句》：「論功若準平吳例，合著黃金鑄子昂」。韓愈、元好問兩位傑出詩人對他的推崇，正說明了他在唐詩發展史的重要性。

15、唐代王孟山水田園詩派之興起，其因何在？詩作之特色又如何？試申述之（80成大）

答

一、山水田園詩興起之原因

盛唐山水田園詩派以王維、孟浩然為代表，此外還有儲光羲、常建、祖詠、裴迪等人。這一詩派的形成，有一定的社會文化背景。

(一)佛道盛行的影響

唐代佛、道二教盛行，佛教追求「自我解脫」，希望能遠離塵世，到僻靜幽美的山林建立精舍，習靜修煉。道教主張清靜無為，返樸歸真。這些思想對於厭倦了官場生活的士大夫很有吸引力，促成當時隱逸風氣的盛行。

㈡政治因素的影響

唐代開元、天寶年間，國家統一，經濟繁榮，為詩人漫遊提供了良好的條件。天寶後期，政治趨於黑暗，使得知識分子普遍受到壓抑。其中一部分知識分子或求仕受挫，心懷抑鬱，或厭於世俗，追求潔身自好，於是紛紛走向山林，棲身田園，一時成為風尚，山水田園詩的創作，也因此而興盛。

二、山水田園詩派之特色

盛唐山水田園詩派在創作上有下述基本特徵：

㈠詩人們往往在對自然景物的描繪中，融匯進自己熱愛山水的感情和樂於歸隱的意趣。

㈡詩人們很善於捕捉客觀景物的形象特徵，既能概括地寫出雄奇壯闊的景物，又能細膩入微地刻畫景物的細部特徵，從而描繪出形神兼備、富於畫意的種種形象。如王維的〈山居秋暝〉則擷取山水景物的靜態、動態、聲響、光線、色彩的細微變化，加以細致傳神的刻畫，使人產生身歷其境的感受。

㈢盛唐山水田園詩的語言大多清新凝練，接近於自然而不尚雕飾，樸素之中間有潤澤華采。

(四)詩歌體裁多為五律或絕句，篇章短小，言約意豐，含蓄雋永。

16、試舉例說明王維「詩中有畫」之特色。（83成大）

答

王維具有用語言藝術再現自然景物的卓越能力，他善於捕捉客觀景物的形象特徵和情態，展現一種優美的意境。蘇軾稱贊他「詩中有畫」。這主要表現在以下幾方面：

一、形象鮮明

王維善於在紛繁的自然界裡，選擇最具有特徵和最富於表現力的事物。如〈漢江臨眺〉：「江流天地外，山色有無中」，寥寥幾筆就成功地描繪了江水的流長邈遠，並藉蒼茫山色烘托出江勢的浩瀚空闊。詩人著墨極淡，卻給人以鮮明的形象。

二、繪聲繪色，動靜相生

王維善於捕捉大自然中的異常色彩與音響，組成優美的意境。如〈鳥鳴澗〉：「人閒桂花落，夜靜春山空。月出驚山鳥，時鳴春澗中」，以花落、月出、鳥鳴，這些動的景物，突出春澗的幽靜，寫出了「鳥鳴山更幽」的意境。王維最著名的詩作〈山居秋暝〉更突出的體現了這一特點。「明月松間照，清泉石上流。竹喧歸浣女，蓮動下漁舟。」這松間明月的清光，石山清泉的流動，浣紗女子的笑聲，小船緩緩的划行，在空山秋雨後的背景襯托下，和諧完美地融合在一起，勾畫出秋日傍晚新雨之後寧靜無比的山間景色，給人以豐富新鮮的感受。

三、情景交融，詩畫相通

王維的詩不是單純為描寫山水田園而寫的，而是在自然景物的描寫中滲透了自己的主觀情感，並且處處表現自己高雅、靜寂的志趣。如〈鹿柴〉：「空山不見人，但聞人語響。返景入深林，復照青苔上」，詩人竭力追求一種恬淡、寧靜而又渾然一體的境界：空山中偶然聽到人聲，深林裡返照到青苔上的一縷斜陽，構成幽靜的境界給人無限遐想，是詩、畫、樂最完美的結合。

四、語言凝煉明快，音韻和諧

像「秋天萬里淨，日暮澄江空」、「白水明田外，碧峰出山後」、「白雲回望合，青靄入看無」這類詩句，語言非常凝煉，清新、自然，無不具有和諧之美。

山水詩在王維手中發展到新的高峰，他既繼承了陶淵明的渾融完整，又吸取謝靈運的細致刻畫，並兼有謝朓的秀麗清新，達到了「詩中有畫」的高度藝術境界。

17、試就王維、李白、杜甫三家詩言其成就。（64文化）

18、人稱杜甫為詩聖、詩史，依據者何？（68輔大）

19、李白、杜甫二人在詩歌創作上之成就如何？請論述之。（74東吳）

20、試述王維詩之特徵。（74政大）

21、王維、李白、杜甫並稱吾國三大詩人，其傳承各有不同，其創作亦各有獨造，其影響後世尤為深遠，試較論之。（84中山）

22、盛唐詩人王、孟、李、杜所處時代及環境相若，而四人之詩風竟各自不同，其故安在？於此四家詩，試徵引你所喜愛之作品，並予以分析說明，以揭示四人詩歌之風格。（87華梵）

23、唐代詩歌中有詩仙、詩佛、詩聖三大家之稱，試比較三大家在詩歌上之成就及其特色。（87玄奘）

答

一、王維（詩佛）詩歌的特色與成就

王維的詩歌，可以天寶為界分為前後兩期。

㈠前期詩歌情調昂揚

前期，王維有理想，有熱情；詩歌創作，內容積極，風格豪放，具有盛唐詩歌共有的浪漫氣息。以遊俠、邊塞為題材的詩篇，情調昂揚，充滿了英雄氣概和愛國熱情。如〈少年行〉三首，或寫少年遊俠的豪爽意氣，或寫置生死於度外的愛國熱情，或寫勇武過人、視敵人如草芥的英雄氣概，充滿了蓬勃向上的進取精神。又如〈使至塞上〉寫邊塞的蒼茫景色，暗示軍事的勝利，表現出一種激昂的情緒。此外，〈老將行〉寫老將的愛國精神，都是前期的代表作。

㈡後期山水詩清幽孤冷

後期，王維政治上受到打擊，加上妻子死去，於是皈依佛教，退隱田園。這時他主要寫作山水田園詩，描寫田園山水的靜穆景色和抒發隱居終南、輞川的閒情逸致。

王維山水詩的成就與特色——請參見本章第16題。

二、李白（詩仙）詩歌的特色與成就

㈠浪漫主義精神——熾熱的感情、強烈的個性

李白繼承了楚辭的傳統和漢魏六朝樂府詩和文人詩的優秀傳統，創造性地運用了一系列浪漫主義手法，他的詩歌在內容和形式上達到了完美的統一，並形成了自己豪放雄奇、飄逸奔放的藝術風格。

李白詩歌感情非常的強烈，大多直抒胸臆，富有強烈的自我表現的主觀色彩。不但抒情

之作是詩人喜、怒、愛、憎的直接表露，即使是寫景詩也具有濃厚的主觀色彩。他的詩歌中往往融合著他狂放不羈的性格、桀驁不馴的叛逆精神和對理想、光明、自由的熱烈追求，是高度個性化的產物。如〈上李邕〉、〈行路難〉、〈橫江詞〉及〈憶舊遊寄譙郡元參軍〉等。

㈡擅長誇張，比喻與象徵等手法

為了表現自己奔騰跳躍的感情，李白更多運用誇張、比喻和象徵的手法。當現實中的事物不足以表達自己的情感時，李白又借助幻想和古代的神話與傳說構成各種神奇、瑰麗的境界，使他的詩歌具有想像豐富，形象紛繁，跌宕起伏，瞬息萬變的特色。如著名的〈蜀道難〉、〈夢遊天姥吟留別〉及〈北風行〉等。

㈢語言清新豪放

李白重視向漢魏六朝樂府民歌學習，而不滿六朝綺麗的詩風。以為「自從建安來，綺麗不足珍」。他的詩歌語言自然，清新，豪放，明快，不雕琢字句，有時不拘於格律，一切統一於自然。「清水出芙蓉，天然去雕飾」，李白這兩句詩恰好被人們用來說明他的語言特色。如〈長干行〉、〈子夜吳歌〉、〈早發白帝城〉及〈黃鶴樓送孟浩然之廣陵〉等作品都體現了這一特點。

㈣處擅長七古與七絕

李白運用的詩體很多，但貢獻最大的是七古和七絕。這兩種詩體在當時是最自由的，和他那自由豪放的個性也最適應，他這方面的成就也得力於民歌。七古如〈蜀道難〉、〈將進酒〉及〈夢遊天姥吟留別〉，七絕如〈早發白帝城〉、〈贈汪倫〉及〈黃鶴樓送孟浩然之廣陵〉等，都是膾炙人口的名作。

三、杜甫（詩聖）詩歌的特色與成就

杜甫詩歌創作的藝術成就是巨大的、多方面的。他繼承了從《詩經》以來的現實主義傳統，並推向一個高峰。他的詩不管是敘事詩還是抒情詩，都包含著豐富的社會生活內容。但應該指出，杜甫寫的是詩，而不是史，他是通過了詩歌這種藝術形式反映當時的社會現實。他非常重視詩歌的藝術性，因此他的詩是思想性與藝術性高度統一的典範。杜詩的最大成就和藝術特色，可以從以下幾方面來談：

㈠現實主義的精神

杜甫善於對現實生活作高度的藝術概括。但這種概括並不是通過說理來完成的，而是通過鮮明的藝術形象來完成的，就是杜詩中常有的議論，也都是和鮮明的藝術形象結合在一起。例如〈石壕吏〉中老婦人一家的悲慘遭遇，就是千萬個貧苦家庭的縮影；「朱門酒肉臭，路有凍死骨」，形象地概括了貧富的懸殊；〈兵車行〉通過一個行人的話，廣泛地介紹了兵役的繁重、戰爭的艱苦，以及人民對開邊的不滿情緒。

㈡細節描寫，刻畫入微

杜詩境界雄奇壯闊，而且往往是通過刻畫眼前細微的景物，和內心感情的細微波動來表達的。這是杜甫不同於浪漫主義詩人李白，而又超於一般現實主義詩人的地方。如〈春望〉用濺淚之花、驚心之鳥去襯托出自己傷時之深；用不勝簪的白首去表現深廣的憂國思家之情。又如〈茅屋為秋風所破歌〉從細致刻畫屋漏雨濕的痛苦入手，逐步推展到一般人的痛苦上，以小見大，以近求遠。

㈢風格沈鬱頓挫

杜詩具有十分鮮明的創作風格，也就是所謂「沈鬱頓挫」。如果說「沈鬱」是指杜甫詩歌中思想感情的深沈鬱積，那麼，「頓挫」則主要指語意的頓挫轉折、氣勢的跌宕搖曳。國家的危機、社會的動亂、人民的苦難、個人政治和生活上的困頓、思想情感的博大深厚，以及表現手法的含蓄蘊藉，都是形成這種風格的重要因素。在這種風格的基調上，作品又呈現多種多樣的風采，或質樸，或瑰麗，或清新明快，或古簡拙重，或雄渾悲壯，或細膩委婉，無不達於勝境。

㈣語言凝煉、深沈、遒勁，又善用口語和方言

杜詩的語言藝術也有特出的成就。其最大的特點是凝煉、深沈、遒勁，最能體現這種風格的是以〈秋興〉為代表的七言律詩。此外，杜甫還善於運用民間口語和方言俚諺。他把一些「鄙俚」的字如「鵝兒」、「肥男」等都採入詩中，使詩歌顯得格外生動、親切。他更在詩中加插對話，使人物的語言個性化，如〈新婚別〉就是一個例子。

㈤詩歌韻律隨內容而變化

杜詩的藝術特點，還表現於聲韻的運用上。他常根據詩的內容和情緒，採用與之適應的韻律，發揮更大的藝術感染力。他常常在同一篇詩中，隨著內容情緒的變化，使韻律也跟著轉變。因此，他的詩不僅有形象的美，還有音樂的美。

㈥善學傳統，衆體兼備

杜詩體裁完備，無論兩漢以來發展起來的古體，還是唐初以來成熟的近體，他都能運用自如，得心應手，並把這些體裁發展到藝術的頂點，成為後世詩人學習的榜樣。元稹說：「至於子美，蓋所謂上薄風、騷，下該沈、宋，古傍蘇、李，氣呑曹、劉，掩顏、謝之孤高，雜徐、庾之流麗，盡得古今之體勢而兼人人之所獨尊矣。」充份說明了杜甫詩歌創作在藝術形式上的成就。

24、昔人謂唐大曆後以詩名家者，多受杜詩影響（見汪立名《白香山詩集．序》），其說然否？試就中、晚唐詩壇，臚列事實，以證實或否證其說。（76中央）
25、試述杜甫對中晚唐和宋代詩人的影響？（84政大）
26、世稱杜工部為「詩史」，理由安在？此類詩作對後世有何影響？（87暨南）
27、試述杜甫在社會寫實詩上的成就。（88清華）

答　杜甫是唐代最偉大的現實主義詩人。他對後世的極為深遠的影響，可以概括為以下幾個方面。

㈠杜甫所開創的「即事名篇」的現實主義精神，直接影響了中唐時期以白居易、元稹為代表的新樂府的創作。

元稹《樂府古題．序》在盛贊杜甫的〈悲陳陶〉、〈哀江頭〉、〈兵車行〉、〈麗人行〉等詩「率皆即事名篇，無復依傍」後說：「予少時與友人樂天、李公垂輩謂是爲當，遂不復擬賦古題。」也可以說，杜甫的詩歌直接影響和形成了中唐時代的新樂府運動。

㈡杜甫詩歌中的現實主義精神到晚唐時又直接影響了唐末以皮日休、聶夷中、杜荀鶴為代表的現實主義詩派的形成。

他們的詩歌創作是學杜的，這就使杜甫的現實主義在晚唐又發出了光彩。杜甫詩歌的藝術成就對李商隱等也有積極的作用。杜甫之前，七律多數是用來歌功頌德和應酬唱和的，杜甫卻用七律來反映國家大事和民生疾苦，這是個重大的革新。李商隱學習杜甫，所作七律〈重有感〉等，明顯反映出杜甫的影響。

㈢杜甫對宋代詩歌創作和發展的影響很深。

杜甫詩中的愛國主義精神直接給陸游、文天祥以很大的教益和鼓舞。陸游從杜甫的詩中領會到「詩出於人」這個根本道理，糾正了自己早年作詩「但欲工藻繪」，偏重文辭的弊病，後來更明確地提出「工夫在詩外」的正確觀點。正是激盪的時代風雲和杜甫精神的啟發，陸游後來創作了大批感人的愛國詩歌。文天祥一生熱愛杜甫詩歌，就是在燕京被囚的三年間，也專讀杜詩，並集杜詩為五言絕句二百首。他說這些詩簡直「但覺爲吾詩，忘其爲子美詩」，說明他不僅作詩學習杜甫，而且在精神上也是和杜甫相通的。杜甫詩歌的藝術成就還直接影響到宋代以黃庭堅、陳師道等人為代表的「江西詩派」的形成。黃、陳作詩是宗杜的，他們學習杜甫詩歌奇峭的一面，形成了自己的風格和流派。

28、試述唐朝邊塞詩人的作品風貌。（78成大）
29、何謂邊塞詩？唐代邊塞詩興起之原因為何？其特色何在？試道其詳。（80師大）
30、盛唐詩歌中之「自然詩派」及「邊塞詩派」，其發展、成就與影響各如何？試論述之。（85文化）

答

一、何謂邊塞詩

隋唐以來戰爭頻仍，但邊塞對一般人們而言，不再那麼神秘難解，反而有股新奇感，一部仕途失意的文人，更把立功沙場成為求取功名的新出路。於是他們歌詠戰爭為主體，歌詠邊塞的風光，歌詠俠客的豪情，縱然其中也有反映戰爭殘酷及長期離家思鄉的情懷，但已不再像漢代的〈飲馬長城窟〉、〈隴西行〉等情調如此悲情，反而是洋溢著欲騁雄心於沙場的壯志。此派以高適及岑參為代表。

二、邊塞詩興起之因

邊塞詩是以描寫邊塞風光，表現邊塞征戍，反映邊塞將士生活為主要內容的詩。魏晉時期，邊塞詩即已出現了一些，但其高潮是在唐代，盛唐的高適、岑參為其代表。此外還有王昌齡、王翰、王之渙、李頎、崔顥等人。邊塞詩派形成於盛唐，既有社會原因，又與詩歌本身的發展有關。

(一)政治的因素

盛唐時期唐王朝疆域廣闊，同邊地少數民族政權在政治、軍事、經濟和文化等方面交往密切；又由於朝廷的擴邊政策等因素，邊境戰爭時有發生。當時唐玄宗推行邊帥立功即可入朝為相的政策，一批胸懷大志、要求建功立業的文人便把目光投向邊塞，希望從軍立功，以步入仕途，垂名青史。如高適就曾在〈塞下曲〉中說：「萬里不惜死，一朝得成功。畫圖麒麟閣，入朝明光宮。」加之一部分文人熱愛塞上風光，憧憬異域生活，於是紛紛出塞，一時成為風尚。

(二)詩歌本身的發展

我國古代以邊塞戰爭為題材的詩歌創作，源遠流長。《詩經》中就有〈采薇〉、〈東山〉等反映戍邊生活的佳作，以後也歷代有創作，雖然未成流派，但詩中體現的愛國精神，對軍中矛盾的揭示，對士卒心理的刻畫等，都給唐代詩人提供了足資借鑒的範例。

三、邊塞詩的特色

盛唐邊塞詩在內容和藝術、形式上有其顯著的特徵。

㈠內容

邊塞詩反映了當時征戰生活的各個方面，或抒寫建功立業、消除邊患的雄心壯志，或譴責帝王窮兵黷武、開邊不已的政策；或同情征人的痛苦，表達思婦的離愁；或描寫邊地的奇觀異景，記敘塞外的民情風俗，從而為詩歌創作開闢了一個新領域。

㈡藝術表現

邊塞詩人的作品風格奔放雄豪，慷慨激昂。在手法上善用比喻、誇張，富有浪漫主義色彩。

㈢形式

以七言為主，如岑參、高適皆擅長七言歌行，王昌齡尤擅七言絕句，有「七絕聖手」之譽。

31、較論唐代邊塞詩派與自然詩派。（81中山）

答

自然詩派與邊塞詩派詩歌之比較：

㈠就形式而言

自然詩派詩體以五言為主；邊塞詩派詩體則長於七言歌行與絕句。

㈡就風格而言

自然詩派詩風是恬淡靜雅而無奔放之雄風；邊塞詩派詩風則相反，奔放雄偉，以氣勢、氣象見長。

㈢就題材內容而言

自然詩派的題材，偏重於山水風景的描寫與田園生活之展現；邊塞詩派則長於描寫戰爭生活及邊塞風光，且長於表現征人離婦的思想感情。

㈣就創作態度、思想方面而言

自然詩派詩人的人生觀多接近於佛、道和退隱思想，他們追求清靜閒適的精神生活，創作的態度則缺少現實社會的反映，而帶有個人的消極傾向，王維尤為顯著，但他們的藝術技巧都很高妙；邊塞詩派作者的人生觀是現世的、樂觀的、浪漫的，詩歌中具有愛國的感情和積極的精神力量。

32、盛唐詩人中有稱「詩家天子」者何人？試列其一二著名篇什。（66政大）

答 王昌齡是盛唐的七絕聖手，他的絕句在當時就被樂工入樂、歌妓傳唱，流傳極廣，為人所喜愛，因此被譽為「詩家天子王江寧」。王昌齡現存詩一百八十餘首，其中絕句約占一半，七絕又占絕句的百分之八十以上，共有七十六首。他的七絕不僅數量多，藝術上也達到了很高的水準，在盛唐詩壇，只有李白的七絕可以與之媲美。王昌齡詩歌的特色：

一、善於借景抒情

例如〈芙蓉樓送辛漸〉一詩：「寒雨連江夜入吳，平明送客楚山孤。洛陽親友如相問，一片冰心在玉壺。」首二句寫景，既交代了送別的時間、地點，又暗示了作者淒清孤獨的惜別之情。後二句一反送別詩一般著重在離情別緒的抒發，而是獨具機杼地申述自己光明磊落、清廉如玉壺之冰。全詩構思巧妙，立意新穎，委婉含蓄，令人吟味不盡，很能體現王昌齡七絕寫景抒情的特點。

二、長於心理刻畫

他的邊塞詩與高適的邊塞之作注重於征戰生活和邊域風光的直接描寫有所不同，而更重視對將士的複雜心理的揭示。如〈從軍行〉七首之一：「烽火城西百尺樓，黃昏獨坐海風秋。更吹羌笛關山月，無那金閨萬里愁。」詩人把筆觸深入到士卒的內心世界，從更深層次表現他們因久戍邊地而心馳萬里、思家懷歸的哀怨。他的宮怨、閨怨詩更以對人物心態的細膩描繪見長。如〈閨怨〉：「閨中少婦不知愁，春日凝妝上翠樓。忽見陌頭楊柳色，悔教夫婿覓封侯。」詩寫少婦因「不知愁」而登樓觀賞春色，後經「柳色」觸動，勾起離愁，於是生悔，從而充分展示了人物由天真憨稚到醒悟後悔的心理變化。

33、何謂「元和體」？主要的代表人物是誰？其文學主張為何？在文學史上有何成就與地位？（70師大）
34、解釋名詞：「元和體」。（82台大、84中興）
35、唐代有新樂府與正樂府之流派，其文學理論如何？其作品之內容與風格又如何？（85師大）
36、試述中唐的新樂府運動。（85逢甲）
37、試述白居易新樂府之內容及其寫作之動機。（87花師、高師大）
38、簡述白居易的文學主張及其詩歌成就。（87成功、清華）
39、白居易「新樂府」的創作意圖為何？請舉其代表篇章申說之。（88花師、高師大）

答

一、元和體與代表人物

元和體是指中唐詩人白居易、元稹在唐憲宗元和年間（西元八〇六～八二〇年）所形成的詩風。白居易是中唐詩人中成就最大的詩人，元稹也是當時的著名詩人，比白居易小七歲。他們過從甚密，友誼深厚，政治上也有相似的志向，被貶謫的遭遇及早期的文學觀點也相近，常相唱和，以詩齊名。白居易倡導新樂府運動，恢復、發揚從《詩經》至杜甫以來的現實主義傳統，銳意革新「大曆十才子」以來脫離現實、追求形式主義的詩風。對此，元稹給以積極的支持。兩人均擅長作新樂府詩，詩風近似，詩的成就也以元和時期的作品為最高，影響也最大。所以《新唐書．元稹傳》說：「稹尤長於詩，與居易名相埒，天下傳諷，號元和體，往往播樂府。」後來有些新進詩人模仿元白風格所寫的作品，也稱「元和體」。又因元稹編有《元氏長慶集》，白居易編有《白氏長慶集》，後人也稱之為「長慶體」。

二、白居易的文學主張

白居易的文學理論，主要是在詩歌方面。他的詩歌理論在新樂府運動中起著重要的指導作用。把詩歌創作與政治和社會生活緊密聯繫，是白居易詩歌理論的核心，他對六朝以來「嘲風雪」、「弄花草」的文風作了徹底否定。對當時逐漸抬頭的逃避現實的詩風，有一定的抵制。此外，白居易「不求宮律高，不務文字奇」，力求文字通俗，語言平易，主張內容與形式統一，對於「雕章鏤句」、「溫柔敦厚」等傳統詩教都是一個革新。其主要內容有以下幾個方面：

㈠詩歌是現實生活的反映

白居易在《策林》中提出：「大凡人之感於事，則必動於情，然後興於嗟嘆，發於吟詠，而形於歌詩矣。」說明了詩歌創作的源泉來自於現實生活。

㈡強調詩歌的政治意義和社會意義

白居易主張詩歌要「補察時政」，「洩導人情」以達到「救濟人病」，「裨補時闕」的目的。並明確提出了：「文章合爲時而著，歌詩合爲事而作」的主張。強調詩歌要對社會、百姓、時政等發揮積極作用。還提出「惟歌生民病」的主張，把反映社會現實生活中的民生疾病與詩歌創作聯繫在一起。

㈢在詩歌創作的內容與形式上，要求把內容放到首要地位，形式要為內容服務

白居易用「根情，苗言，華聲，實義」概括了形式與內容的關係，其中情與義是內容，是根本，而聲和言是形式，從屬於「情」與「義」。

三、元和體詩人的成就

㈠元、白的詩歌成就——請參見本章第27題。

㈡張籍、王建等人的成就

元和時代參加新樂府運動的詩人還有張籍、王建及李紳等人，其中張籍和王建的樂府詩無論在思想內容，還是藝術風格上都很相近，因此稱「張王樂府」。「張王樂府」的共同特點：

1、是好用七言歌行，篇幅不長，卻又都好換韻。

2、是詩的結尾用重筆突出主題，但較少主觀議論，往往利用人物自白或只擺一擺事實，便戛然而止。

3、是語言也以通俗明晰為主，但頗凝練精悍。

張籍的樂府詩約有七、八十首，雖然其中有一半仍用古題，但內容與精神和自創新題卻是一致的，都是「爲時而著」、「爲事而作」，廣泛地反映下層人民的生活與疾苦，如〈促促詞〉、〈山頭鹿〉及〈野老歌〉等都是很有特色的詩篇。王建的樂府詩數量比張籍多，反映層面也很廣，還有不少新的題材，如〈水夫謠〉、〈送衣曲〉等，都是未經人道的。

四、元和體在文學史上的地位

元和體的詩人們以白居易為領袖、元稹為翼羽的新樂府運動，是我國詩史上一次從內容到形式的革新運動。繼承杜甫的現實主義文學傳統，敢於面向生活，自覺地從生活源泉中覓取詩材，寫下大量賦詠新題材、運用新語言、標以新詩題的樂府詩，從而形成新的詩歌流派和新的時代風格，促進了中唐詩歌的繁榮，使一度冷落的唐代詩壇重又出現中興局面。

40、「元輕白俗」諸君意以為然否？（87輔大）

答

一、元、白並稱的原因

在唐代詩歌發展史上，如同李白和杜甫、高適和岑參、王維和孟浩然等一樣，元稹和白居易在當時也齊名並稱，成為唐代自杜甫以後最傑出的詩人。而元、白之所以並稱，主要在於：元、白之間親密的友誼、共同的創作傾向以及其詩歌創作對當時詩壇所造成的影響。

貞元十九年（西元八〇三年），元、白同中拔萃甲科，同授祕書省校書郎職。從此，兩人訂交，往還日密，「詩章贈答」，「愛等弟兄」。在文學傾向上，元、白都高度推崇杜甫詩歌的成就，主張詩歌反映現實，揭露諷刺黑暗現象，反映人民的生活疾苦和願望。如白居易所言：「文章合爲時而著，歌詩合爲事而作」，使詩歌起到「上以補察時政，下以洩導民情」的作用。元、白的文藝觀，強調詩歌和政治的關係，倡導了新樂府運動。

二、元、白詩風之比較

元、白同為新樂府運動的領袖，又同為元和體的代表，在詩歌風格上自然有許多相同之處。

㈠相同處

1、在於元、白詩歌題材的一致和內容的相近

元、白既是詩友，又是「詩敵」，在創作上互相影響，互相促進。陳寅恪先生曾指出，

白居易的〈長恨歌〉及陳鴻的〈傳〉，顯受李珅、元稹的〈鶯鶯歌〉及〈傳〉的影響；元稹的〈連昌宮詞〉則又受白居易的〈長恨歌〉的影響。白居易的〈琵琶行〉也是在元稹的〈琵琶歌〉的影響下寫成的。至於元、白的「新樂府」，則更是如此。

2、元、白詩歌形式和創作手法的一致或相似

元、白都善於創作敘事詩，都善於吸取民間歌謠的特色，語言通俗。以新樂府詩而言，一事一題，首句標其目，卒章顯其志，主題明確，易於通曉，在形式上，這組詩多用「三三七體」，即首句多用三言、七言句，這和敦煌發現的變文俗曲有相似之處。運用「三三七體」，使得詩歌行文自由，音韻錯落而又簡單流暢。元、白的這組詩敘事件強，用平易的語言加以鋪敘，富於情節，如白居易的〈賣炭翁〉等。同時，在敘事中有很強的抒情色彩。這一特點在白居易的〈長恨歌〉、〈琵琶行〉和元稹的〈連昌宮詞〉中表現得尤為突出。元、白詩都善於描摹音樂、色彩，詩歌富於音樂性。這也是元、白詩在當時深受歡迎的原因。此外，元、白在運用口語入詩方面還作了許多探索。除了樂府詩外，近體詩也多是如此。如白居易的〈寄韜光禪師〉所言：「一山門作兩山門，兩寺原從一寺分；東澗水流西澗水，南山雲起北山雲」等等，語句通俗，極富民歌情調。

(二)相異處

1、詩歌思想性、藝術性，元不如白

所謂「元淺白深」，在揭露現實黑暗，表現人民疾苦的作品方面，元作往往不如白作深

刻、尖銳。元、白的唱和之作，往往是白作後來居上，更高一籌。如元稹的〈琵琶歌〉，僅僅歌詠琵琶藝術；而白居易的〈琵琶行〉，則融入了自己的身世感受，具有強烈的感染力。在藝術上，元稹之作往往詞意複雜，數意並陳；而且造句遣詞頗嫌晦澀，如清人葉燮所說：「元稹作意勝於白，不及白從容暇豫。」大抵元詩富色澤，白詩工白描。元作有時過於追求形式，削弱了思想性，而不能如白詩一樣思想性和藝術性同臻勝境。

2、詩歌描寫細膩處，白不如元

元稹也有為白居易所不及處。元稹的艷體詩和悼亡詩，感情真摯，描寫細致。如〈遣悲懷〉三詩寄託對亡妻的悼念之情，寫出了「惟將終夜長開眼，報答平生未展眉」的那樣感情纏綿悱惻的詩句。此外，元稹創作的傳奇小說〈鶯鶯傳〉，敘述了崔鶯鶯和張生的戀愛悲劇。由於作者有實際生活的體驗，對鶯鶯性格和心理活動，刻畫得比較細致、真實；為後來的諸宮調《西廂記》和元雜劇《西廂記》所取材，成為中國文學史上的名篇。

41、中唐「奇險詩」產生之背景與因素為何？其作品之形式與風格有何特色？試並為詳論之。（79師大）

42、試述中唐奇險詩之風格特色，及其代表作家。（86師大）

43、試述韓愈、孟郊的詩歌特色。（89成功）

答

一、奇險詩派（韓孟詩派、推敲派）興起之原因

韓孟詩派是以中唐詩人韓愈和孟郊為代表的一個詩歌流派。這一詩派除韓、孟外，還有賈島、盧仝、姚合、馬異、劉叉等。「韓孟」並稱，始於唐代。唐．趙璘《因話錄》卷三載：「韓文公與孟東野友善。韓公文至高，孟長於五言，時號孟詩韓筆。」韓、孟是摯友，且詩歌風格相近，都有「奇崛險怪」的特點，所以時人將兩人並稱為「韓孟」。

韓孟詩派形成於中唐，與詩壇現狀有關。唐太宗大曆年間，經濟上曾一度繁榮，政治上出現了一些表面的昇平景象。於是盧綸等十名詩人刻意模仿盛唐之音，以創作實績在詩壇贏得一定的影響。「大曆十才子」由此得名。其詩歌共同特點是：專心致力於模仿盛唐詩歌的創作，但整體成就不高，未得其神。他們的詩歌很少反映中唐時代的社會動亂和人民疾苦，多為唱和、應制之作，以歌頌社會的表面昇平，吟詠山水，稱道隱逸為基本主題。從形式上說，這些詩人擅長五言律詩，在藝術上也有一定的修養，但尚缺乏鮮明的藝術特色，有形式主義傾向。李肇在《唐國史補》中說：「大曆之風尚浮，貞元之風尚蕩。」元結也指出：「時之作者，煩雜過多，歌兒舞女，且相喜愛。」韓、孟等人不滿於此，一方面主張恢復《詩經》的傳統，所謂「天寶太白歿，六義已消歇。大哉國風本，喪而王澤竭。」；一方面力求獨闢蹊徑，以新穎的形式對抗浮靡詩風。

二、奇險詩派之特色

㈠在詩歌內容上

韓孟的不少詩歌都能接觸現實生活，其中有的反映社會政治的黑暗，如韓愈的〈汴州亂〉、〈歸彭城〉。更多的則是通過個人的不幸遭遇來反映社會的不合理現象。如孟郊在〈秋懷〉中寫道：「席上印病文，腸中轉愁盤」，「秋至老更貧，破屋無門扉」，所展示的是知識分子坎坷不遇以至窮困潦倒的生活實況。

㈡在藝術表現上

韓、孟等為追求奇崛險怪，往往有意避熟就生，不少詩格調拗折，造語新奇。孟郊、賈島為求奇求險，更苦思錘煉，同以「苦吟詩人」著名。在體裁上，他們提倡「務反近體」，因此其詩以古體為多，即使創作近體詩，也往往突破對偶和平仄黏對的界限。

三、奇險詩派在文學史上的地位

韓孟詩派刻意創新，力求形成具有鮮明個性的創作風格，對於抵制大曆以來的平庸詩風，把新的語言風格、章法技巧引入詩壇，為中唐詩壇開創新局面具有一定的意義。但他們逞才使氣，追求怪誕，以至部分詩作詰屈聱牙，詩意晦澀，這也是不能忽視的局限。韓孟詩派對後世詩人影響很大。稍後於這一詩派的李賀，便繼承其奇險怪僻的特點而形成自己的獨特風格。韓愈「以文爲詩」的特點，對宋詩、清詩更有深遠的影響。

44、試析韓愈詩的風格特點，及在文學史上的地位。（台大期末考）

答

一、韓愈詩的風格特點

韓愈在倡導古文運動的同時也致力於詩歌的革新。他主要繼承李白的自由豪放和杜甫體格變化、「語不驚人死不休」的藝術傳統，獨立開拓詩歌新路，是一個別開生面、勇於創新的詩人。

韓愈詩的風格是多樣的，他反映人民疾苦、抒發政治失意的古詩，一般寫得比較平易曉暢，如〈八月十五夜贈張功曹〉；他的近體詩風格清峻、意味雋永，如〈左遷至藍關示侄孫湘〉；但韓愈詩風的主要特點則是奇崛險怪。這主要表現在他的一些描寫自然景物和某些酬唱詩中，如〈南山詩〉、〈陸渾山火和皇甫湜用其韻〉等。這種詩風的具體表現有以下三點：

㈠用奇字、造拗句、押險韻，避熟求生、因難見巧

用奇字，如「突起莫間簉」、「詆訐陷乾竇」、「達枿壯復奏」；造拗句如：「千以高山遮，萬以遠水隔」。這些作法雖然體現了韓愈務去陳言、力求創新的精神，但刻意求新卻

流於斧鑿，甚至詰屈聱牙，損害了詩的形象性和音樂性，其實是落入了另一種形式主義。

㈡善於捕捉和表現形態萬千的形象，氣勢雄偉，想像豐富

如〈南山詩〉連用五十多個比喻，形容姿態萬千的山石，寫得光怪陸離，表現了驚人的想像力。但常常鋪排過甚，缺乏詩意。

㈢以文為詩

韓愈詩歌最大的特色在以文為詩，也就是用最簡捷明快的語言表達，所以遣詞造句非別出心新裁不可，因而不遵守傳統詩歌的規範。

另外韓愈還好在詩中發議論，講才學，這些對宋詩產生了很大的影響。

二、韓愈詩在文學史上的地位

韓愈力求在詩歌上推陳出新，有些做法走上極端，損害了詩歌的抒情性和形象性，給當時和後代造成不良影響。但他也的確為詩歌探索出一條與李、杜不相同的道路。他把新的語言風格、章法技巧引入詩壇，創造了一些獨具風格的詩篇，糾正了大曆以來平庸的詩風，在中唐詩壇上開創了新局面。

45、略述李賀作品之特色，及在文學史上的地位。（76政大、76東吳、84台大）

答

一、李賀作品之特色

李賀是一個富於創造性的詩人，他的詩無論形象、意境、比喻和辭語上，都不屑於蹈襲前人。他兼學屈原九歌、南朝樂府和李白浪漫主義的表現手法，把韓愈「陳言務去」的理論應用於詩歌創作，自成「奇崛幽峭，穠麗淒清」的獨特風格。其突出特點是：

㈠想像奇特，且帶有濃郁的虛荒誕幻的色彩

在李賀筆下太陽會發出玻璃的聲音：「羲和敲日玻璃聲」，他想像的天上一片和平生活圖景，仙人也耕牧種植：「王子吹笙鵝管長，呼龍耕煙種瑤草」；陰間則黑白顛倒，陰森可怖：「月午樹立影，一山唯白曉。漆炬迎新人，幽壙螢擾擾。」

㈡構思不拘常法，意象之間跳躍很大，常常超越時間和空間

如〈李憑箜篌引〉就描繪了天上、地下、山間、水中，遠古、現實；人物、動物、植物種種光怪陸離的形象，來形容李憑的彈奏技藝之精，意象的跳躍變化使人難以捉摸。

㈢語言力求峭奇

為了求奇，李賀著力於事物情態的摹寫和色彩的表現，因此，詩的語言色彩穠麗，富於象徵性。如他寫綠，有「寒綠」、「頹綠」。寫紅，有「笑紅」、「愁紅」。風有「酸風」，雨有「香雨」。〈雁門太守行〉短短八句詩，就用了黑、金、燕脂、紫、紅等沈重的色調，表現肅殺緊張的戰爭氣氛。構思新奇，形象飽滿，色彩斑斕。

二、李賀詩在文學史上的地位

李賀善於通過豐富離奇的想像，奇特的構思，運用比擬、象徵等各種藝術手法和華艷的語言，創造出光怪陸離、怨鬱凄惻的藝術境界，形成獨特的奇幽冷艷的詩歌風格，成為我國詩壇上獨標一幟的傑出詩人。

46、試述李商隱詩歌的藝術成就，及在文學史上的地位。（師大期末考）

一、李商隱詩歌的成就

李商隱在我國古代詩人中是一位風格獨特的詩人，他接受了漢魏古詩、樂府歌辭以及梁陳宮體詩的影響。在唐代詩人中，對他影響較大的是杜甫，其次是韓愈和李賀。由於所受影響比較龐雜，因此，他的詩歌風格不很統一。在各體詩歌中，成就最高的是近體，尤其是七律。這方面他繼承了杜甫錘煉謹嚴、沈鬱頓挫的特色，又融合了齊梁詩的濃艷色彩，李賀詩的幻想象徵手法，形成了包蘊密致、深情綿邈、綺麗精工、富於象徵暗示的獨特風格。其特色有：

㈠工於比興、深於寄託

在近體詩中，運用比興寄託手法，力求寄意的深隱與情味的雋永，是李詩的一個顯著特點。突出體現這一特點的是「詠史」、「無題」諸作。如〈錦瑟〉就全用比興象徵以寄託淒涼的身世之感。

(二)用典精確巧妙

李商隱學習杜甫用典的技巧，善於活用典故，借助恰當的歷史類比，使不便明言的意思得以暢達，使容易寫得平淡的內容顯得新鮮別致。如〈安定城樓〉詩中「永憶江湖歸白髮，欲回天地入扁舟」兩句就藉范蠡的典故含蓄而又充分地表達了詩人遠大的志向和高尚節操；在愛情詩中他還善於化用神話傳說故事，點染意境氣氛，構成豐富多采的藝術形象，深得李賀詩神奇中見真實的本質。

(三)寫景抒情，刻畫入微

如〈宿駱氏亭寄懷崔雍崔袞〉：「竹塢無塵水檻清，相思迢遞隔重城。秋陰不散霜飛晚，留得枯荷聽雨聲」，寫秋天的衰颯景象和相思之情深細入微；但李商隱不僅纖細，還能於纖細中見深厚，精巧中見渾成，這一點又是接近杜甫的。如〈安定城樓〉、〈夜雨寄北〉、〈行次西郊一百韻〉，都有杜詩風格。

(四)語言凝煉，音調婉轉

李商隱的詩，尤其是無題詩，音調和諧婉轉，對仗工整、遣詞造句十分謹嚴，用華麗的詞藻構成生動優美的形象，傳達出深摯的感情。

二、李商隱詩在文學史上的地位

李商隱在藝術上的成就是傑出的，他創立了詩歌的新風格、新流派、豐富和發展了詩歌的藝術技巧。但是他有時用典過於生僻，以致晦澀難懂，有時又刻意求深而流於隱晦。宋初「西崑體」就是模仿李商隱而走上形式主義的。

47、試以文學史知識，解釋元好問〈論詩絕句〉：「望帝春心托杜鵑，佳人錦瑟怨華年。詩家總愛西崑好，獨恨無人作鄭箋。」(82東吳)

答

元好問的〈論詩絕句〉三十首中，涉及李商隱者不止一處，而這一首是專論李商隱詩的。首聯化用李商隱的詩句，概括出他的風格特點。這兩句詩均出自李商隱的〈錦瑟〉詩，首句直接移用李商隱的原句，次句則經過元好問的裁剪組織而成的。元好問藉以來概括李商隱的詩旨，並批評仿傚者僅學其雕鏤工夫，而無其詩的精純。

李詩雖以〈錦瑟〉為題，其實他是採擷詩的首二字為題，與《詩經》中某些篇目的做法相同，實與李商隱的不少〈無題〉詩用意相似。這類詩組合若干的意象，其內在的意圖則撲朔迷離，它們通常意象的象徵、暗示啟人以聯想、類比，因而留下了一個個疑案，同時也留下給人無窮的咀嚼的餘味。即以〈錦瑟〉一詩而言，歷來也是眾說紛紜，有謂悼亡者，有稱詠物者，也有解為懷人或自傷者，不一而足。儘管各家解說不一，但有一點是明顯的，即此詩是對逝水般的年華的追憶。正是在這一點上，元好問拈出此二句作為對李商隱詩歌的概括。詩歌是人生和情感的歷程的記錄，李商隱的詩也是如此，他像古代蜀國望帝一樣，將一片春心託付給杜鵑鳥，他的詩就是他靈魂的寄託，那詩行就是杜鵑的哀鳴；待到韶華已逝，詩就像佳人手下的錦瑟，傾訴出無盡的追憶與哀怨。元好問採用這兩句詩指代李商隱的詩，十分貼切。

〈錦瑟〉一詩是最典型地代表了李詩風格的兩個方面：既華艷工巧，又曲折隱晦。故而元好問發出了後兩句的感嘆：歷來的詩人都愛好李商隱的詩，卻因其詩意晦澀而怨恨無人為之詮釋。元好問在這裡用了「西崑」來指代李詩，論者多指出其用詞之不當。因為西崑即西方的崑崙山，因其為道家仙人的藏書之所，故用以稱宮中的秘閣。宋初的一批館閣之臣如楊億、劉筠及錢惟演等，作詩效法李商隱，以組織典故、華麗精巧為特色，被稱為「西崑體」。所以用「西崑」指稱李詩是犯了時代上的錯誤，其實宋代以來即有這樣的習慣性稱呼，如惠洪《冷齋夜話》謂：「詩到義山，謂之文章一厄，以其用事僻澀，時稱西崑體。」元好問只是因襲舊稱。不過，我們在這裡不必拘泥，可以將「西崑」所指擴展為那些模擬李商隱的詩體，正如嚴羽在《滄浪詩話》中所指出的：「西崑體，即李商隱體，然兼溫庭筠及本朝楊、劉諸公而名之也。」這樣，這兩句詩也可理解為對這種詩體所發表的評價了。所謂「鄭箋」，是指東漢經學家鄭玄為儒家經典所作的箋注，元好問借用此語實是揭出了李商隱詩的瑕疵，進而也是對效尤者的中肯批評。認為這些宋代西崑體的詩人，他們學李商隱是捨本逐末，丟棄了李詩的精純，而拾起的是李商隱的雕鏤工夫。

48、試述杜牧詩歌的藝術特色及在文學史上的位。（台大期末考）

答

一、杜牧詩的風格特點

杜牧的詩歌以七律、七絕最為成功。特別是他的七絕，詠史抒懷，寄託遙深，議論精闢；寫景抒情，清新俊逸，富有情趣。

㈠詠史詩出語警拔，委婉深沈

杜牧的詠史詩十分著名，其特點是選擇典型的事件加以形象刻畫，不違背歷史真實而又有較強的藝術感染力。如〈過華清宮三絕句〉諷刺唐玄宗荒淫誤國，是其代表作。「其一」：「長安回望繡成堆，山頂千門次第開。一騎紅塵妃子笑，無人知是荔枝來。」通過飛騎送荔枝的典型事件，精心安排懸念，最後才含蓄地讓「荔枝」透露出事情的原委。不明白說出玄宗荒淫好色、貴妃的恃寵而驕，而形象地用「一騎紅塵」與「妃子笑」作對比，就收到了比直抒胸臆更強烈的藝術效果。不用典，不雕琢，出語警拔，寓意深沈、含蓄。杜牧還有不少詠史詩帶有史論的色彩。如〈赤壁〉：「東風不與周郎便，銅雀春深鎖二喬。」〈烏江亭〉：「江東子弟多才俊，捲土重來未可知。」議論精闢，形象鮮明，發人深思。

㈡寫景抒情畫面鮮明，豪爽俊逸

杜牧寫景抒情的七言絕句，詞采清麗，畫面鮮明，並且表達出詩人爽朗的情思，堪與李白、王昌齡比美。如〈江南春〉：「千里鶯啼綠映紅，水村山郭酒旗風。南朝四百八十寺，多少樓臺煙雨中。」在明朗絢麗的江南春景中，重重佛寺出沒掩映於迷濛的煙雨之中，更添朦朧迷離的色調。又如〈山行〉：「遠上寒山石徑斜，白雲深處有人家。停車坐愛楓林晚，霜葉紅於三月花。」歌詠大自然秋色之美，情韻悠揚，餘味無窮。

二、杜牧詩在文學史上的地位

杜牧的詩篇並不以奇峭或辭采取勝，與當時流行的枯瘠瘦硬或繁縟溫馥的詩風大不相同。他是以清麗的筆觸、精練的語言描繪各種動人景色，造成一種風流自賞而又綽約含蓄的深遠意境，傳達出深沈的情思，生動自然，使人玩味不盡。由於他心胸曠達、寄託遠大，所以又有一種豪爽英俊之氣蘊含詩內，使他能在晚唐詩壇上獨樹一幟。

49、晚唐現實主義詩人主要有哪些？其作品有何共同特點？（政大期末考）

答 晚唐現實主義詩人主要有皮日休、聶夷中、陸龜蒙及杜荀鶴等人。他們有意識地繼承和發揚新樂府詩的現實主義傳統，創作了一批真實反映社會現實的優秀作品，形成晚唐詩壇上頗具特色的現實主義派流。

晚唐現實主義詩人在內容上一反晚唐詩人韋莊、司空圖、溫庭筠及韓偓等對時事雖有哀怨，但多寫隱遁山林的閒情逸志，或及時行樂的頹放之情，而是敢於直面人生，批判現實，指陳時弊，繼中唐新樂府運動之後，掀起了現實主義詩歌創作的又一個高潮。

一、內容上的特點

㈠自覺地批判政治的黑暗，反映民生疾苦

如在皮日休的詩中，我們既可看到「夫婦相顧已，棄卻抱中兒」、「兒童齧草根，倚桑空羸羸。斑白死路旁，枕土皆離離」這樣一幅父母迫於飢餓，遺棄愛子，兒童食草為生，老人倒斃路旁的社會慘象，也可看到「狡吏不畏刑，貪官不避贓。農時作私債，農畢歸官倉」這樣的貪官枉法，盤剝人民的罪惡行徑。

㈡強烈抨擊為政者的橫徵暴

如聶夷中的〈詠田家〉和〈田家〉、陸龜蒙的〈刈獲〉及杜荀鶴的〈山中寡婦〉等，抨擊晚唐為政者剝削的殘酷性，揭示農民破產的根源。

㈢描寫戰亂及徭役給人民帶來的災難

如杜荀鶴在其詩中一方面揭露各地藩鎮對人民搶劫殺戮的罪行：「遍搜寶貨無藏處，亂殺平人不怕天」，一方面反映人民不堪沈重的徭役，無以為生的處境：「因供寨木無桑柘，爲點鄉兵絕子孫」、「任是深山更深處，也應無計避征徭！」

二、形式上的特點

在藝術上晚唐現實主義詩人一反李商隱以來多用近體，愛好繡織麗字，喜用僻典和象徵手法的創作傾向，而是使近體詩樂府化、通俗化，顯示出平易流暢的藝術特點。

㈠在體裁上多選用古體，尤其是用五古來針砭時弊

晚唐現實主義詩人極為重視樂府詩的政治作用，所以，儘管晚唐詩壇盛行七律，樂府詩乏人問津，但他們仍然有意識地選用樂府古題或自創新題。即便採用律詩體裁，也每以律詩寫時事，擴大了律詩的運用範圍，使律詩樂府化，如杜荀鶴的〈山中寡婦〉就體現了這一特色。

㈡在選材上多擇取典型事件

如聶夷中的〈詠田家〉選取農民賣青破產這一典型事例，真實反映唐末農民慘遭剝削以至生存無望的普遍現象。

㈢善於運用對比的手法，以突出主題

如皮日休的〈橡媼嘆〉一方面寫老婦以橡實充飢，一方面寫田野稻谷豐收的景象，以此

構成對比。詩末又把晚唐帝王與春秋時假仁假義的田成子作對比，指出他們連田成子都不如，在對比中深化了主題，加強了批判力量。

(四)語言通俗質樸而又冷峻警拔

如聶夷中的「醫得眼前瘡，剜卻心頭肉」、「六月禾未秀，官家已修倉」，杜荀鶴的「任是深山更深處，也應無計避征徭」，「今年縣宰加朱紱，便是生靈血染成」等，都具有這種特色。

50、晚唐詩人韋莊有「秦婦吟秀才」之稱，請問他那篇〈秦婦吟〉所表現出來的時代背景是什麼？又該詩為何不見於他的詩集，直至清末才在敦煌所出卷子裡被發現？（文化期末考）

答

一、〈秦婦吟〉的時代背景

〈秦婦吟〉是晚唐著名詩人韋莊於中和三年（西元八八三年）三月所作的長篇敘事詩，通過秦婦在戰亂中的遭遇，從側面反映了由於黃巢動亂的衝擊，致使唐王朝日趨分崩離析這一重大歷史事件。

〈秦婦吟〉全詩二四八句。全詩用秦婦的口吻進行敘述，可分為兩大部分。前面一五六句為第一部分，秦婦訴說在長安的境遇。通過秦婦的親身經歷，反映了黃巢的軍隊攻入長安，唐僖宗逃亡，黃巢建立政權等重大歷史事件，黃巢軍殺人放火，搶劫財物，擄俘婦女，甚至吃人肝人肉的慘狀；對於唐僖宗的逃亡，以及「內庫燒爲錦繡灰，天街踏盡公卿骨」的唐王朝的破滅表示了深沈的哀悼；詩歌後九十二句寫秦婦逃離長安東奔洛陽所見、所聞、所感，更為廣泛深入地反映了唐末動亂的社會現實。

首先通過對金天神「閒日徒歆奠餟恩，危時不助神通力」的指責，在對神權的非議中隱含對君權的抨擊。既諷刺唐僖宗不顧人民死活，隻身逃隱四川的行徑，又揭露了「陝州主帥」、「蒲州主帥」坐觀戰亂，不急國難的行為。接著通過一老翁的敘述，展示了唐末人民生活於水深火熱中的悲慘景象，抨擊了藩鎮割據，互相兼併，官兵搶掠的情形：「千間倉兮萬斯箱，黃巢過後猶殘半，自從洛下屯師旅，日夜巡兵入村塢。匣中秋水拔青蛇，旗上高風吹白虎。入門下馬若旋風，罄室傾囊如卷土。」詩的最後寫飽經戰亂的秦婦，嚮往江南，「懷安卻羨江南鬼」。這首長詩反映了許多重大的歷史事實與當時社會背景，表達作者對故國衰亡的沈痛哀悼之情。全詩以敘事為主，把議論，抒情融於敘事之中，注意了人物形象的刻畫，並渲染了濃鬱的悲劇氣氛。

二、〈秦婦吟〉不載於其詩集之因

韋莊因〈秦婦吟〉成名，時人稱「秦婦吟秀才」。但《浣花集》、《全唐詩》均不載此詩。五代．孫光憲《北夢瑣言》卷六謂：因此詩有「內庫燒爲錦繡灰，天街踏盡公卿骨」語，所以「爾後公卿亦多垂訝，（韋）莊乃諱之……他日撰家戒，內不許垂〈秦婦吟〉障子，以此止謗。」但類似這樣的話，朝廷詔書也曾用過，可見，這並不是韋莊刪詩的真正原因。近代學者論證以為韋莊後為蜀相，而蜀主王建本是無賴出身，人稱「賊王八」。王建所賴以發跡的忠武軍，又曾一度歸降黃巢。嗣後，忠武軍倒戈，成了官軍，王建及其部下又攻城剽村，搶掠百姓，無所不為。正因為王建及其重臣與〈秦婦吟〉詩中所咒罵的黃巢與殘害百姓的官軍之間，有著「剪不斷，理還亂」的關係，所以韋莊為了全身遠害起見，才不得已刪去這一成名之作。

由於韋莊對〈秦婦吟〉一詩諱莫如深，致使此詩長期難以流傳於中土。鴉片戰爭後，敦煌寶庫被盜，〈秦婦吟〉天復五年張龜抄本成了英倫博物館的藏書；（梁）貞明五年安友盛抄本則入藏巴黎國民圖書館。後經王國維的努力和日本狩野博士、法國伯希和教授的幫助，轉錄了〈秦婦吟〉，國人始得再睹此詩。

51、解釋名詞：郊寒島瘦。（79成大）

答

「郊寒島瘦」是對中唐詩人孟郊和賈島詩歌特徵的形象概括。二人都是以苦吟著名的詩人，詩風孤鬱悲涼，淒寒局促，故有此說。

孟郊詩的特點，嚴羽評之為「憔悴枯槁，其氣象局促不伸」（《滄浪詩話》）。孟郊一生處境困窘，貧寒淒苦。他的詩也因此而蒙上了一層淡淡的哀愁，如〈秋懷〉一詩：「秋至老更貧，破屋無門扉。一片月落床，四壁風入衣。」他從切身遭遇中創作了許多感情真摯，刻畫入微的詩篇，頗能牽動讀者的情思。如廣為傳誦的〈遊子吟〉：「慈母手中線，遊子身上衣。臨行密密縫，意恐遲遲歸。誰言寸草心，報得三春暉。」確實達到了「詩從肺腑出，出輒愁肺腑」（蘇軾〈讀孟郊詩〉）的境界。

賈島在苦吟上較之孟郊有過之而無不及，他曾在「獨行潭底影，數息樹邊身」（〈送無可上人〉）。兩句詩後面說：「二句三年得，一吟雙淚流。知音如不賞，歸臥故山丘。」足見其用心之苦。他把作詩看作是生活中的頭等要事：「一日不作詩，心源如廢井。」賈島雖也苦心吟詩，但過於雕章琢句，儘管也寫出了像「秋風吹渭水，落葉滿長安」、「長江人釣月，曠夜火燒風」這樣的佳句，但他的詩缺乏孟郊詩那種動人的情思，因此成就不大。

第十四章　隋唐散文

研讀重點

一、唐代古文運動的淵源
二、唐代古文運動的原因
三、韓愈、柳宗元的文學理論
四、古文運動的影響
五、白居易的文學理論
六、韓愈散文的成就與特色
七、柳宗元散文的成就與特色
八、唐代駢文的重要作家與作品

1、裴子野著〈雕蟲論〉直指駢儷文為「淫文破典」，李諤亦上書請革文弊，但他們行文時，仍做駢體文，原因何在？裴、李與韓愈對駢體文之態度有何不同？（64台大）

答

一、裴子野對駢文的態度

裴子野（西元四六九～五三〇年）南朝梁史學家，文學家。齊梁時代，文學作品日趨藻繪輕豔，裴子野針對這種文風，著〈雕蟲論〉，進行了有力的批判。裴子野在文中強調《詩經》勸美懲惡的作用，指責屈原、司馬相如以後，辭賦作者紛繁，但隨聲逐影，離棄指歸，徒尚華麗。其後更猛烈抨擊劉宋以來創作流連於卉木風雲，缺少內容的文風。他批評這類作品「其興浮，其志弱；巧而不要，隱而不深」，更直斥駢文「淫文破典」，頗能切中時弊。

二、李諤對駢文的態度

隋初文章，繼承南朝造風。文章仍然講究詞句新巧浮華，內容不出吟風詠月。大臣李諤從崇實尚用的觀點出發，上書給隋文帝，嚴厲批評當時的公私文章「遺理存異，尋虛逐微，競一韻之奇，爭一字之巧。連篇累牘，不出月露之形；積案盈箱，唯是風雲之狀」（〈上隋高帝革文華書〉），建議加以禁止。李諤認為一切文章都是為了傳播道義，教化人民。李諤請正文體，得到隋文帝的贊同和支持，但仍然收效甚微。其原因是：他重在批判華麗詞藻，而沒有認識到齊梁文風脫離現實，內容空虛的根本缺陷；他只依靠自上而下的行政命令，缺乏廣泛的社會基礎，他反對華靡的文風，卻沒有找到用以取代駢文的更好的形式，連他的〈上書〉本身也沒有跳出駢儷文的圈子。但是李諤提出改革文風的要求，啟發了更多的人，他的〈上書〉成為唐代古文運動的先聲。

三、裴子野與李諤上書請革文書，卻仍行駢文之因

裴子野〈雕蟲論〉與李諤〈請革文弊書〉，一般學者常認為是韓愈古文運動理論之所承。從對文學的內容和任務要求著眼，這說法是不錯的；但若從文體上著眼，韓愈和裴子野、李諤二人的主張是不同的。韓愈主張徹底摒棄駢儷文，因為這種文體最容易引誘作者在字句上用功夫，而忽略了應「載道」的功用；但裴、李二人並無意廢除駢文，他們這兩篇文章就是用駢文寫的，因他們只是要求文學應負起諷諭勸懲的使命，成為政治革新、社會進步的推動力量而已，至於用散文寫或是用駢文寫，並不重要。

2、唐代陳子昂與韓愈均反對六朝文學，一主張詩歌復古（陳），一主張文章復古（韓），試述兩者之看法，並比較其異同。（79清大）

答

一、陳子昂的文學主張——請參見十三章第12題1。

二、韓愈的文學主張——請參見本章第13題。

三、陳子昂與韓愈文學理論之比較

陳子昂的具體文學主張，與後來古文運動的主張並不完全相同：

㈠在文學傳統方面強調學習漢、魏、晉作家的優良傳統，而韓愈是「非三代、兩漢之書不敢觀」。

㈡在文與道的關係上，陳子昂並不十分重視儒家的道統觀念，從他所繼承的六朝文論傳統看，他主張的是文質並重。

㈢針對詩歌創作而發主張

但是，由於陳子昂的鼓舞和推動，整個一代的作家捲進了文學革命的洪流，這是他的重大功績。韓愈和柳宗元等人每逢提到唐代的文學革命運動時，總是一再把陳子昂當作開創一代文風的先驅者來看待的，這說明古文運動的領導者韓愈等人承認陳子昂對這個運動的先導作用。

3、試述韓愈古文運動所受之影響。（80清華）
4、隋暨唐初之復古運動何以失敗？韓、柳何以成功？試為詳論之。（83師大）
5、韓愈之前，唐代有哪些重要的古文家？韓愈本人對古文運動有什麼重要主張？請說明之。（85清華）
6、唐初古文革新運動，發展之情況為何？失敗之原因為何？後韓愈繼起，始獲有成，其成功之原因又為何？（88成功）
7、韓愈、柳宗元於唐代推行古文運動，其推行之背景為何？韓、柳二人對文章復古曾提出何等主張？惟韓、柳二家之古文成就各有其特色與風格，能分別舉例闡述之否？（88華梵）
8、唐代有何重要之文學運動？主要參與者為誰？其對文壇之影響如何？（89文化）

答

唐人所謂「古文」就是散文，專指有別於六朝的駢文，其內容要求以載道為主而自由抒寫的單行散句。古文運動之所以可以在中唐這個特定的歷史時代下成功發展，其諸多條件如下：

一、古文運動之淵源

古文運動是唐德宗貞元至唐憲宗和年間，由韓愈、柳宗元等人發動的一場反對駢文、提倡古文的文學革新運動。但是早在唐代古文運動發起之前，文壇上就出現了反駢文與復古的呼聲。

㈠南朝梁裴子野著〈雕蟲論〉抨擊南朝綺麗文風，直斥駢文為「淫文破典」。但〈雕蟲論〉一文卻是用駢文寫作的。

㈡西魏文帝大統十年，掌握實際政權的宇文泰和蘇綽，不滿當時浮艷不實的文風，提倡用古奧的商、周時代的《尚書》誥命文體來代替駢文。蘇綽還親自模仿《尚書》誥命體裁撰寫了一篇皇帝祭廟的〈大誥〉。同時朝廷規定，所有文告、奏章都要用這個體裁來寫。可是《尚書》式的文體太古奧了，不適合實際的需要，這一改革不久就失敗了。

㈢隋文帝即位後，用行政命令改革文風，李諤上書批判齊梁文風，建議禁止華艷之文。但李諤只依靠自上而下的行政命令，缺乏廣泛的社會基礎，他反對華靡的文風，卻沒有找到用以取代駢文的更好形式，連他的〈上書〉本身也沒有跳出駢儷文的圈子。但是李諤提出改革文風的要求，啟發了更多的人，他的〈上書〉成為唐代古文運動的先聲。

㈣初唐時期陳子昂大張「復古」旗幟，力倡漢、魏風骨；但是陳子昂的重點是在詩歌方面，卻不在古文方面。——請參見十三章第12題。

(五)天寶以後，蕭穎士、李華、元結、獨孤及、梁肅及柳冕等人積極投入文學改革的洪流，提出了一系列扭轉文壇頹風的主張。從蕭穎士到柳冕，奠定了古文以儒家思想為根據的理論基礎，對後來古文運動的發展影響很大。但是他們理論的片面性也是很明顯的，這就是他們不適當地誇大了儒家道德觀在文章中的作用，形成一種單純強調復古的傾向，因而忽視了文學的藝術性能。他們幾個人都用古文寫作了不少作品，打破了駢文的框框，擴大了古文的影響，但他們的創作在藝術上都沒有什麼太出色的成就，因此他們還沒有能力來領導一次古文運動。

二、韓、柳古文運動成功的原因

韓、柳古文運動所以能夠成功，主要的原因——請參見本章第10題。

(一)有明確的理論指導——請見本章第2題。

(二)韓、柳二人都有許多優秀傑出的作品，可以配合闡揚自己的理論。

(三)有許多作家的支持與推動

9、韓愈提倡古文在當時有何作用？對後世文學有何影響？（64政大）

10、說明唐代古文運動之起因及其對後代文學之影響。（70師大、77台大、80中央）

11、比較唐韓柳古文運動與民初胡適文學改革的起因，主要成就在文學史上的意義。（85東海）

12、韓愈文學復古的意義如何？對後世文學的影響又如何？請詳細說明。（86高師大）

答

一、唐代古文運動興起的原因

中唐貞元、元和時期，古文運動發展到了高潮，這主要有兩方面的原因：

㈠有明確的理論指導

古文運動的前驅者從理論到實踐作了可貴的探索，開拓了古文發展的道路。——請參見本章第3題。

㈡社會原因

一些文人為「中興」前景所鼓舞，為挽救國家內外交困的危局責任心所驅使，於是掀起了革新熱潮。韓愈、柳宗元鑒於思想領域儒學衰微，文壇上駢文勢力仍很頑固的現狀，提出「文以載道」為核心的古文理論，並身體力行，創作了大量優秀散文，可以配合闡揚自己的理論。從古文運動來說，韓愈的功績首先應當肯定。因為他站在運動的最前列，衝鋒陷陣，大聲疾呼，鼓舞群眾，將這一運動領導起來。柳宗元、劉禹錫是重要的支持者，除此之外，韓愈的弟子張籍、沈亞之、李漢、皇甫湜及李翱等人也予以大力支持。在許多古文家的共同努力，於是確立了古文在文壇上的統治地位。

二、唐代古文運動的影響

唐代古文運動的勝利，在我國散文發展史上有著重大意義。

㈠留下足堪後人模擬之作品

在古文運動發展的過程中，韓、柳致力於古文創作，取得了優異的成績。他們留下了八百多篇散文，內容豐富，體裁多樣，技巧成熟，語言精煉，感人至深。韓愈不論政論、贈序、雜說，或是祭文、傳奇，都有所創作和發揮。柳宗元使寓言小品和山水遊記成為獨立的文學體裁，為後世的同類作品開闢了新天地。

㈡間接帶動傳奇小說的發展

古文運動的成功，產生了一種樸實的新散文，這種文體在敘事言情上自然遠勝於駢文。在白話未入小說領域之前，這種平淺通俗的散體，比較適合於小說的表現。因此古文運動亦間接促進了傳奇小說的發展。

㈢影響後世古文的發展

古文創作雖在晚唐、五代趨於沈寂，但到了宋代，首先是宋初柳開等人標榜韓、柳古文，反對晚唐、五代的浮靡文風。接著在北宋中葉，出現了以歐陽修、蘇軾為代表的古文大家，經過他們的努力，古文從此確立了一千多年的統治地位，直到「五四」新文學運動才為語體散文所代替。

四造成文學創作上的偏頗

唐代的古文運動也帶來了一些壞的影響。韓、柳的復古口號（雖是以復古為革新），造成了後代在文學創作上貴古賤今的觀念；而且，過於偏重文學的政治、教化的實際功用，亦會使人忽略了文學作品的藝術和美的價值。

13、試比較韓愈與柳宗元文論的主要見解。（81清大）

14、試分述韓愈、柳宗元之古文理論。（84師大）

15、經學與文學關係密切，唐代古文學家論述尤多，請略述韓愈、柳宗元的看法。（87中正）

16、試述唐代古文運動的文學主張，並略說明其代表人物韓愈散文藝術的成就。（88政大）

17、試述唐宋古文運動的領導者、代表作者，其基本主張與寫作風格為何，並各例舉其代表作一至二篇。（89台大）

18、較論韓愈與柳宗元。（89中興、中山）

答

一、韓愈的文學主張

韓愈的文學主張，可以歸納為下列幾點：

㈠「文以載道」

韓愈主張文道合一而以道為主，用古文宣傳儒家之道，他說：「愈之志在古道，又甚好其言辭。」又說：「然愈之所志於古者，不唯其辭之好，好其道焉爾。」韓愈所謂的「道」，是以孔、孟為正宗的儒家之道。

㈡主張革新文體，建立新的文學語言

韓愈的文學主張具體來說有兩點：一是「唯陳言之務去」，要求語言的新穎；一是「文從字順」，要求文字的妥貼流暢，合乎自然的語法規範。

㈢要求創作要有真情實感

他在〈送孟東野序〉中，提出了「不平則鳴」的觀點；在〈柳子厚墓誌銘〉中，他又提出了類似「窮而後工」的觀點。這些都說明了文學創作的一個根源，就是對現實的不滿和個人的牢騷。

㈣主張全面地吸收前人的成果

對於學習古文，韓愈主張循序漸進，「無望其速成，……養其根而俟其實」。

二、柳宗元的文學主張

柳宗元的文學主張有下列幾點：

㈠「文以明道」

柳宗元主張文章為闡明儒家道理服務，反對片面追求形式漂亮、文采華麗、音節動聽。即「文者以明道，是故不苟爲炳炳烺烺，務彩色、誇聲音以爲能也。」但其所主張的「道」，則較韓愈為廣泛，不局限於儒家的道，既包括道德的道，又包括作文的藝術之道。

㈡要本源五經，旁參子史，廣泛學習古代文化遺產

柳宗元要求吸收從《五經》到《孟子》、《莊子》、《荀子》、《國語》、〈離騷〉及《史記》等各種典範作品的不同特色和長處，加以融會貫通，自成一家的風格。

㈢要求文章要有豐富多采的藝術手法，做到「奧」、「明」、「通」、「節」、「精」、「重」。

㈣提倡嚴肅認真的創作態度

柳宗元主張博採眾長而自鑄瑋詞，反對盲目崇古與模擬剽竊。

19、試述唐代古文運動的主要主張並略述韓愈散文之特色。（89政大）

答

一、唐代古文運動的主要主張——請參見本章第14題。

二、韓愈散文的特色

㈠擴大了散文的應用範圍

韓愈使這種原來主要用於著述的文體，真正成為自由交流思想、描述事物、表達情感、在日常生活中具有多樣化社會功能的語文工具，從而開闢了散文創作的廣闊天地。諸如辭賦、贈序、雜感、奏議、表狀、碑志、書啟、哀祭、記傳等等，凡是原來用駢文寫作的，他都用散文表達，並在眾多的文體中，都創造出許多傑出優秀的作品。

㈡形式、手法不拘一格

韓愈的散文形式自由，構思巧妙，表現方法不拘一格，議論、敘述、描寫、抒情、說明各臻其妙而又綜合運用，具有高度的創造性。他的議論文，既有以「明道」為宗旨的嚴肅莊重的政治思想論文，如〈諫佛骨表〉、〈原道〉及〈師說〉；也有託物寓意、生動活潑的文學性雜文，如〈雜說〉、〈送窮文〉等。他的記敘文，既有古樸典雅的〈平淮西碑〉，也有「以文爲戲」的〈毛穎傳〉、〈石鼎聯句詩序〉，還有融史傳和史論為一爐的〈張中丞傳後敘〉。他的抒情文，既有滿紙血淚、悱惻無極的哀祭體〈祭十二郎文〉，也有「悲思慕戀，惻然自肺腑流出」的書啟如〈與崔群書〉等。

㈢融議論抒情為一體

韓愈的散文具有充沛的邏輯力量和情感力量，形成韓文特有的雄奇恣肆、浩大奔放的氣勢。這是韓文突出的風格特徵，也是韓愈散文文學特徵的重要內容。韓文的浩大氣勢，在他雄辯有力、縱橫開合的議論和抒情中得到集中表現。韓愈擅長議論。他的議論不但概念明確，邏輯嚴謹，而且善於運用對比、排比、比喻、反諷等手段加強論辯力量。如〈原毀〉一文中大量使用對比、排比，說明毀謗的來由，很有說服力。在〈柳子厚墓誌銘〉、〈送董卲南序〉等許多文章中，我們都可以看出這種融議論抒情為一體的特點和優長。

㈣簡潔生動的形象描述

在記敘中，韓愈善於以簡練的筆墨突出特徵細節，刻畫人物的精神面貌。如〈張中丞傳後敘〉寫南霽雲向賀蘭進明求救的經過，栩栩如生，如現眼前。〈送窮文〉、〈祭鱷魚文〉都是以俳諧為體的文字。前者設想「窮鬼」與主人的對話，抒發內心鬱憤；後者藉對鱷魚的告白，表明自己為民除害以致太平的決心，都把難於傳達的抽象情感化為可直接感知的具體形象，使之成為富有情趣的文學散文。

㈤高超的語言藝術

韓愈繼承先秦兩漢古文散體語言表達自由的優長，充分提煉口語的自然句法和詞彙，吸收和融化駢文辭賦的修辭技巧，形成了自己獨特的富於情感性、形式美和表現力的文學語言。他提煉和創造的許多詞語和詞組結構，如「氣盛言宜」、「志得意滿」、「一身二任」、「垂頭喪氣」、「傷風敗俗」、「同工異曲」、「動輒得咎」、「特立獨行」、「蠅營狗苟」、「僥倖於萬一」、「回狂瀾於既倒」等等；他創造的以散馭駢、奇偶相生的句群，一氣貫注、鋪排而下的長句，明白如話的口語短句，以及駕馭虛詞的高超技巧等等，對古代漢語的發展有著深遠影響，有的至今仍保持著生命活力。

20、試述柳宗元散文的藝術特色。（台大期末考）

答 柳宗元的文學創作極其豐富。貞元時期，他致力施展政治抱負，重要作品不多。元和以後，他屢遭貶謫，有機會接近下層人民，對現實瞭解較深，因此作品具有強烈的現實性。其作品的藝術特色可以分寓言小品、傳記散文、山水遊記三個方面論述。

㈠寓言散文重視生動傳神的形象描寫和諷刺內涵的深刻寄託

柳宗元善於對動物進行擬人化創造，既賦予特定的人物類型特徵，又不失其固有的生物特性，栩栩如生而又意味深永。人們既可以從這些形象和故事領會作者對社會政治的諷諭批判意旨，又可以結合自己的思想和生活經驗，從不同的角度認識其豐厚的客觀意蘊。〈三戒〉、〈蝜蝂傳〉、〈羆說〉、〈鶻說〉、〈謫龍說〉、〈鞭賈〉、〈設漁者對智伯〉等都是如此。

㈡傳記散文往往借題發揮

柳宗元的散文大都取材於被侮辱、被損害的下層人物，而且往往借題發揮，具有強烈的政論性。如〈捕蛇者說〉通過蔣氏三代冒死捕蛇以抵償租稅的痛苦經歷，及其鄉鄰十室九空的記述，有力揭露賦斂之毒甚於毒蛇的社會現實，立意深刻。又如〈種樹郭橐駝傳〉藉郭橐駝「順木之天」的「種樹之理」說明「為政之道」，諷刺了執政者政令煩苛而擾民傷民的事實。又如〈童區寄傳〉寫一個十一歲的牧童殺死兩個劫人取財的人口販子的故事，歌頌了智慧勇敢、除暴抗爭的無畏精神，揭露了販賣人口的罪惡。柳宗元寫作傳記散文，首先是從批判現實的角度選取人物，然後選擇其重要事件，加以適當的剪裁，因而人物具有典型性。

㈢山水遊記情景交融

柳宗元的山水記代表作〈永州八記〉和〈遊黃溪記〉及〈柳州山水近治可遊者記〉等都是他貶謫以後的作品。《新唐書．柳宗元傳》說他「既竄斥，地又荒癘，因自放山澤間，其堙厄感鬱，一寓諸文」。大自然既是他投閒置散之後可以怡情悅性的審美對象，又是貶謫生活中唯一資以排除積鬱的精神寄託。他在窮荒之地發現了自然山水之美，又從自然山水之美中進一步發現和認識了自身的美好情操與價值，堅定了人生信念和社會批判意識。因此，在他的筆下，狀物之態與感物之情達到了高度的和諧統一。一方面，他用精確的語言、細膩的描寫，展示了形神兼備的景物圖畫；另一方面，又通過主觀感受的強烈介入和鮮明表現，創造出情景交融的藝術境界。因此，他的山水遊記把魏晉南北朝時期以模山範水、繁辭麗句為特徵，重客觀輕主觀的山水散文創作提高到了一個新境界。

> 21、唐代駢文與散文之發展，各擅其勝，試述其嬗變之跡。（86清華）

答

一、唐代散文之發展——請參見本章第6題。

二、唐代駢文之發展

㈠初唐駢文

初盛唐時期，文壇繼續由駢文統治。唐太宗開「弘文館」，集虞世南、許敬宗等十八學士，文風沿襲江左，所作皆絺章繪句。唐初官修各史，論贊皆用駢體。緊接著，有所謂「上官體」，代表作家即上官儀，形式上嚴守四六，極少散句，平仄協調，音節和諧，詞藻比徐、庾更華美，麗而不道，更多甜俗氣。

稍後出現了著名的「四傑」，他們都是駢文大家，尤其是王勃、駱賓王。他們的文章和「上官體」有很大不同，內容比較充實，能反映某些社會和人生問題，有一定真情實感，有時甚至憤世嫉俗，激昂慷慨。風格俊逸清新，灑脫自如，一反當時迂緩、柔弱、浮華之風。語言精美而不做作，平仄四六排列整齊而有規律，讀起來朗朗上口。他們的名作代表中國駢文的最高成就。如王勃的〈滕王閣序〉，極力描寫滕王閣所在地區及其物產、歷史人物和當時宴會的盛況，並即景生情，抒發自己的抱負和懷才不遇的心緒。文筆生動，用詞造句精於刻畫。結構宏大而脈絡分明，層次清晰，前後呼應，如一氣呵成。駱賓王的〈討武曌檄〉，列舉武則天種種醜惡歷史和卑劣行為，分析當時敵我雙方情勢，號召全國各地舉義勤王。文章不以用典繁多取勝，而以氣勢磅礴見長，語言明暢有力，所以連武則天讀後也不能不讚賞他的才華。

㈡盛唐駢文

唐玄宗時，風氣稍有變化。由於「玄宗好經術，群臣厭雕琢，索理致，崇雅黜浮，氣益渾雄，則燕許擅其宗」（《新唐書．文藝傳．序》）。「燕」指燕國公張說，「許」指許國公蘇頲，時稱「大筆」。其碑銘文字，氣象宏調，典雅壯麗，近乎漢魏。

㈢中唐駢文

與駢文發展的同時，唐代的古文運動正在逐步醞釀。先後提倡者有陳子昂、蕭穎士、獨孤及、李華及梁肅等人。他們主張復古，偏重於內容的宗經明道方面，並不否定駢文本身。有的人還寫出了很好的駢文，如李華的〈弔古戰場文〉。作品儘量渲染戰爭的殘酷性，反對不義之戰，主張宣文教、施仁義、行王道以統一天下，結論是「守在四夷」。用典很少，改四六句為四字句，處處押韻，音節和諧，情文並茂，風格和初唐駢文已有所不同，表明駢文本身在內容和形式兩方面已經有所變化。

此時駢文大家是陸贄，他的文章以奏疏最出色，建言切實，持論篤正。名作如為德宗擬〈奉天改元大赦制〉，出入經史，純任自然，而真摯剴切。據說詔書一下，武夫悍卒無不揮淚激發。又如〈請罷瓊林大盈二庫狀〉，向皇帝指出，如果只顧眼前利益，擴大皇帝私庫，勢必財聚民散，自食鼓亂強取的惡果。文章運單成複，用散文句法寫駢文，既保持排比鋪張的特點，又有一種明白暢曉的新氣象。陸贄對當時和後世的影響，實與古文家不相上下，尤為宋人所推重。

㈣晚唐駢文

晚唐古文運動趨向衰微，駢文東山再起，集大成者是李商隱。由於他把自己的駢文集命名為《樊南四六集》，於是後世遂稱駢體為「四六文」。其文以書啟為佳，尤善揣摩人情，代人哀則哀，代人謏則謏。用典貼切，無生吞活剝之嫌。「其聲切無一字之詰屈，其抽對無一語之偏枯」（《四六叢話》）。如〈上河東公君〉，雖是一篇短札，但作者用清新的藝術語言，經過精選的典故，巧妙地表達了深切的悲哀和不為人理解的感情，歷來受到選家的重視。與李商隱同時有溫庭筠、段成式，皆擅四六。三人皆行十六，人稱「三十六體」。

22、名詞解釋：三十六體（85東吳）

答 晚唐文學家李商隱、溫庭筠及段成式三人文辭華麗，風格近似，因排行均是十六，世稱「三十六體」。《舊唐書．李商隱傳》：「商隱初爲文瑰邁奇古，及在令狐楚府，楚本工章奏，因授其學，商隱儷偶長短，而繁縟過之。時溫庭筠、段成式，俱用是相夸，號三十六體。」又宋．王應麟《小學紺珠．藝文．三十六體》：「李商隱、溫庭筠、段成式，三人皆行第十六。」

第十五章　唐代傳奇與變文

研讀重點

一、「傳奇」名稱之涵義與變遷
二、唐代傳奇興盛之原因
三、唐代傳奇之特質
四、唐代傳奇內容題材之分類
五、唐代傳奇的發展與各階段之特色
六、唐代傳奇名篇的作者與其內容大要
七、唐代傳奇與六朝志怪之比較
八、唐代傳奇對後世文學之影響
九、變文之來源、形式與題材
十、變文的價值與其對後世文學之影響
十一、敦煌俗文學的內容與其對後世文學之影響

1、王國維以為「傳奇」之名，自唐至明凡有四變，試述其詳。（60師大）

2、王國維《宋元戲曲考》曾云：「傳奇」之名，實始於「唐」……至「明」凡四變。請略述此四種以「傳奇」為「名」而其「實」不同的文學形態。（77淡江）

3、解釋名詞：傳奇。（64台大、78中正、82台大）

4、何謂傳奇？從唐代到明代其指涉有沒有改變？試舉代表作以說明其性質。（85暨南）

5、「傳奇」一詞在不同時代有不同意義？其關聯性若何？試申述之。（87中央）

6、「傳奇」一詞，在各代有何不同之內涵？唐傳奇之內容，常成為後世戲曲小說改編之題材，試舉三種唐傳奇作品，說明後代改編之狀況。（90華梵）

答

王國維以為「傳奇」之名，自唐至明凡有四變，略分述於下：

一、傳奇之名始見於唐

傳奇的名稱，最早見於唐，裴鉶有《傳奇》三卷，但內容俱屬小說。《南詞敘錄》云：「裴鉶乃呂用之之客，用之以道術愚弄高駢，鉶作傳奇，多言仙鬼事諂之，詞多對偶，借以為戲文之號，非唐之舊矣。」

二、宋傳奇代指諸宮調

宋朝所謂的傳奇是指諸宮調而言，《夢粱錄》云：「說唱諸宮調，昨汴京有孔三傳，編成傳奇靈怪入曲說唱。」周密《武林舊事》卷六也有「諸宮調傳奇」字樣。

三、元傳奇爲元雜劇

元人則以元雜劇為傳奇，《錄鬼簿》所著錄者均為雜劇，而簿中稱之為「傳奇」，如云：「前輩已死名公才人，有所編傳奇行於世者。」

四、明傳奇爲南戲專稱

明代傳奇成了南戲的專稱。《永樂大典》中〈小孫屠〉戲文開場有云：「後行子弟，不知敷衍甚傳奇？」還有〈哪吒令〉戲文有云：「這一本傳奇〈周索太尉〉，這一本傳奇是〈崔護覓水〉，這一本傳奇是〈秋胡戲妻〉，這一本傳奇是〈關大王獨赴單刀會〉，這一本是〈馬踐楊妃〉。」但明人如沈璟《北九宮譜》之類，則以長的戲曲為傳奇，似乎對於傳奇與雜劇的界線，仍未分明。直到清乾隆間，黃文暘編《曲海目》，才正式把戲曲分為雜劇與傳奇兩類，由此之後，傳奇又成為明清戲曲的體裁之一。

7、說明唐人傳奇小說興盛之原因。（69政大）
8、唐人傳奇小說所以興盛之原因如何？有何特質？較諸漢魏筆記小說有何進步之處？（77成大）
9、唐代傳奇小說發生之原因何在，試舉實例證之（82師大）
10、唐傳奇勃興之原因為何？請條列說明之。（86中興）

答

一、唐代傳奇興盛的原因

㈠社會型態的轉變

唐代傳奇的產生和發展，與唐代城市經濟的繁榮有密切的聯繫。從唐初到開元，天寶年間，社會比較安定，得到迅速的恢復和發展，城市經濟得到了發展，出現了一些像長安、洛陽、揚州等以消費為中心的大都市。在這些地方不但聚集了不少達官貴人與富商大賈。同時小商販，手工業者，知識分子紛紛湧向城市。於是適應市民需要的各種文化娛樂行業，也相繼出現了，傳奇正是一種滿足市民文化娛樂要求的產物。

㈡小說自身的發展

魏晉南北朝小說雖然不夠成熟，但也積累了不少藝術經驗，提供了不少題材，可資唐人小說作家的借鑒。六朝志怪為唐代傳奇的產生作了準備，志怪的題材和表現手法，被唐代的傳奇作者所承襲而有所發展。

㈢唐代其他文體的影響

唐代「古文運動」的成功，對小說具有十分明顯的積極作用，幫助傳奇擺脫了前期駢偶化的形式主義傾向，堅定了傳奇用散文體寫作的方向。而中唐時期最優秀的小說作者，大多是「古文運動」的積極參與者，他們又是散文詩歌的高手，這樣一來使得唐人小說不僅用了不少的詩歌、詩句，而且有許多富於詩意的文句和情節，使小說更富於藝術韻味和美感。此外，詩歌與小說有時是相輔而行，如白居易寫了〈長恨歌〉，陳鴻就寫了〈長恨歌傳〉；楊巨源寫了〈崔娘詩〉、李紳又寫了〈鶯鶯歌〉，而元稹就寫了〈鶯鶯傳〉；元稹寫了〈李娃行〉，白行簡就寫了〈李娃傳〉，這也促使了小說與詩歌的結合。

㈣講唱文學的影響

帶有市民文學色彩的講唱技藝的發展，給小說注入了新的因素。唐代由於手工業、商業的發達，國際貿易的興旺，出現了市民階層；適應市民階層愛好的講唱文藝應運而生。其中變文、說話兩種文藝形式影響著小說的內容和形式。如〈遊仙窟〉、〈柳氏傳〉及〈周秦行紀〉等篇那種散韻夾雜的文體，正是變文的藝術形式；而白行簡的〈李娃傳〉的故事更直接來源於〈一枝花〉。

㈤佛道二教的發達

唐代是佛道二教的黃金時代。韓愈力排佛、老，終致被貶潮州，尤為佛教勢力得勝的最有力證明，從唐傳奇的結構布局也可見佛教文學的啟發，佛經體裁的特點如散韻合體及韻文歌唱部分乃重複散文敘述部分等，都可以在唐傳奇中找到模擬的痕跡。如散韻合體的〈鶯鶯傳〉，及〈長恨傳〉之解說〈長恨歌〉等，都是佛教小說流行下的產物。

另外，唐代的國姓是李，和老子為本家，於是高宗竭力推崇老莊思想，列《道德經》與《莊子》為士子必讀之書，而使道教和道家思想盛極一時，於是道士成為社會上的特殊階級，像〈枕中記〉和〈南柯太守傳〉正是受道家思想影響的代表作品。

(六)藩鎮的專橫跋扈

唐代因府兵制度的崩潰，外族的入侵，原有土地法被破壞等原因，造成藩鎮制度的成立。自安史之亂後，武將擅兵，藩鎮跋扈，為害地方。這些人往往奪人財貨，劫人妻女，有時為了私人恩怨，甚至各蓄死士以從事暗殺勾當。人民在這些武力的脅迫下，便企求除暴安良的義俠出現，這種嚮往無形中便反映到傳奇作品裡，刺激了俠義類傳奇的產生。

(七)科舉的影響

唐代科舉取士，重視文學。在各科中，考試詩賦雜文的進士科最受重視。士人應試之前，常以所作詩文投獻名公巨卿，以求稱譽，擴大社會名聲，為考中進士科創造條件，當時稱之為「行卷」。傳奇文也常用作「行卷」。宋．趙彥衛《雲麓漫鈔》說：「唐代士人行卷，逾數日又投，謂之『溫卷』，如《幽怪錄》、《傳奇》等皆是也。」傳奇以敘事為主，文體近於野史，中間常常穿插詩歌韻語，結尾綴以小段議論，即所謂「文備眾體」。唐代後期傳奇專集產生頗多，大約同這種「行卷」、「溫卷」風尚有關。但趙彥衛的說法，在唐宋文獻資料中缺乏有力佐證，因此也有一些研究者對此說法表示懷疑的。

二、唐代傳奇較魏晉南北朝小說進步之處（唐傳奇的特質）

唐傳奇是在六朝志怪小說的基礎上發展起來的，但與志怪小說相比已有明顯進步。

(一)在題材內容上

志怪主要記鬼神怪異之事，傳奇雖也傳寫奇聞，卻大多取材於現實生活。

(二)在寫作態度上

志怪把怪異作為事實來記載，並不是有意識地創作小說，唐人寫傳奇才開始了有意識的小說創作。

(三)在表現技巧上

唐傳奇在結構、語言、情節以至人物塑造等方面都有不少新的開闢和創造。

因此，唐傳奇的出現是中國小說史上的一大飛躍，標誌著中國小說進入成熟階段。

11、唐代小說就其內容而言，可分為幾類？試各舉一、二例，並述其大要。又唐代小說對後世戲劇有何影響？（64師大）

12、唐代傳奇的內容、發展及影響如何？試言其要。（84文化）
13、試述唐傳奇在小說發展史上之意義。（89輔大）

答

一、唐代小說就內容題材而言

㈠以志怪為題材

唐初的傳奇，內容多是六朝小說的延續，不脫志怪小說的餘風。如唐傳奇中最早的〈古鏡記〉，相傳為隋末唐初人王度作，內容以古鏡為線索，把十多個怪異故事聯綴起來組成長篇，敘述較為細致，較之筆記式的六朝小說是一大進步。〈補江總白猿傳〉一般推測亦為前時期作品。作者不詳，內容屬志怪一類，情節較曲折，描繪也較具體生動，初步顯示出唐傳奇的藝術創新特色。〈古鏡〉及〈白猿〉兩篇，代表中國小說從六朝志怪向唐傳奇發展的過渡形態。

㈡以佛道思想為題材

唐代佛道二教盛行，君主亦極力推崇，上有所好下必有甚焉者，於是蔚然成風，傳奇亦儘量由其中取材，有些甚至把印度故事，改裝為中國小說，如〈杜子春〉即取材自《大唐西域記》中〈烈士池〉一段。這類小說大多以虛幻的象徵來描寫富貴功名及人生的幻滅，給當代沈迷於利祿者強烈的諷刺，這類題材的小說有〈枕中記〉、〈南柯太守傳〉、〈杜子春〉及

〈李章武〉等。

〈枕中記〉為沈既濟撰寫。盧生於邯鄲旅舍中遇道士呂翁，盧自嘆貧困，並述說欲建功名、出將入相的抱負。呂翁取出青磁枕授生，於是盧生即入夢中。先娶崔氏女，後中進士，並屢次升官，直至宰相，被封燕國公，子孫滿堂，享盡榮華富貴。醒來後才知是一場夢，而店主人蒸黃粱尚未熟。小說諷刺了當時熱中功名的讀書人，同時也宣揚了人生如夢的思想。明．湯顯祖〈枕中記〉本於此。

㈢以才子佳人的離合與妓女秀才的認識為題材

進士為唐代社會之新興階級，他們雖博學多才，卻多半出身貧寒，缺乏政治背景，遂藉娼妓以結交權貴。於是風流才子與多情妓女常引起感情的糾葛，而演出許多可歌可泣的故事。這類題材的小說有〈李娃傳〉、〈霍小玉傳〉及〈鶯鶯傳〉等。

〈霍小玉傳〉為蔣防撰。這篇傳奇寫進士李益在長安與名妓霍小玉相戀，並發誓：「粉身碎骨，誓不相捨。」後卻將小玉遺棄。小玉相思成病，極為淒苦。有黃衫豪士強挾李至小玉家，小玉見後大罵街李負心，悲憤至極而死。小玉死後化為厲鬼復仇，鬧得李家不寧。明湯顯祖《紫釵記》本於此。

〈李娃傳〉為白行簡撰。這篇傳奇寫滎陽公子與名妓李娃相愛，後因資財蕩盡，被鴇母利用李娃將其逐去。於是滎陽生流落街頭，以做挽郎（唱哀歌）為生，偶為其父滎陽公認出，將生鞭打幾死，棄於荒郊。後滎陽生淪為乞丐，李娃見後，感念舊情，不顧鴇母的反對，自己贖身，與生買舍而居。李娃苦心勉其讀書上進，生後考中高官，李娃也被封為汧國夫人。故事情節可能取材於唐代流行的〈一枝花〉，元・高元秀〈鄭元和風雪打瓦罐〉、元・石君寶〈詩曲江池〉、明・薛近兗〈繡襦記〉皆本於此。

㈣以俠士義烈行為為題材

唐中葉以後，藩鎮各據一方，私蓄游俠之士以仇殺異己，人們不堪其苦，心理上的嚮往義俠出現及豪俠行為的事實表現，很自然的反應到作品上去。屬於這類題材的作品有〈虬髯客傳〉、〈崑崙奴傳〉、〈無雙傳〉、〈謝小娥傳〉、〈聶隱娘傳〉、〈紅線傳〉及〈柳氏傳〉等。

〈崑崙奴〉為裴鉶撰。原載於《傳奇》。這篇傳奇寫崔生與某一品大官之紅綃姬私相愛慕。崔從一品宅歸來後，告知家中崑崙奴磨勒，磨勒指出紅綃姬暗示崔去幽會，並願相助。磨勒負崔逾十重垣，至一品宅中與姬相會。姬願以身相許，磨勒又負崔與姬飛出宅府峻垣，終使二人結為夫婦。

〈虬髯客傳〉為杜光庭撰。一說為唐朝張說撰。這篇傳奇寫紅拂女為隋煬帝權臣楊素之侍妾，後傾心於李靖，夜奔靖舍。二人同赴太原，於靈石與虬髯客結識。至太原後，虬髯客見李世民，許為真主，將府第、珍寶盡付於李靖，囑其輔佐李世民，並別去。後十年，李靖聞虬髯客入扶餘國自立為王。後世文藝作品中的《風塵三俠》，即取材於此。

㈤以史料為題材

這類小說多半帶有濃厚的時代性與社會性，取材自史料，再加以編排鋪設，與正史不同，與志怪言情之作亦異。此類作品有〈高力士外傳〉、〈安祿山事跡〉、〈長恨歌傳〉、〈東城老父傳〉及〈李林甫外傳〉等。

〈長恨歌傳〉為陳鴻撰。這篇傳奇寫唐玄宗寵幸楊貴妃，恩及兄姐。安史變亂，玄宗與楊貴妃生死離別。後寫玄宗又命方士求見居於仙山的「玉妃」即楊貴妃。本篇是為白居易詩〈長恨歌〉所作的傳。元代白樸的〈唐明皇秋夜梧桐雨〉、清．洪昇〈長生殿〉皆本於此。

二、唐代小說的發展——請參見本章第14題。

三、唐代小說後代戲曲的影響——請參見本章第27題。

14、唐代小說的發展分幾個階段？各階段特色為何？試舉例說明之。（82清大）

答

唐代傳奇小說，根據它的歷史發展情況，可分為三個時期：

一、初盛唐時期

初盛唐時期，是唐代傳奇小說初步發展的時期。

作品較量很少，思想內容不高，藝術上也不夠成熟，六朝志怪小說的影響還很重，但已開始注意形象的描繪和結構的完整。

王度的〈古鏡記〉記述一面古鏡降妖伏獸、顯靈治病，宣揚迷信，思想消極；但將十二段獨立故事貫串成篇，比六朝志怪的零篇散錄，在結構上有了進步。

無名氏的〈補江總白猿傳〉寫歐陽紇率兵入山，掩殺白猿，但妻子已孕，生子如猿。在人物活動、情節安排方面已有了進步。

張鷟的〈遊仙窟〉自敘奉使河源，途中投宿仙窟，與神女邂逅的故事。作品基本上已脫離志怪而轉向現實生活的描寫，又能注意人物性格的描寫，是一大進步。

二、中唐時期

中唐時期，是唐代傳奇小說的鼎盛時期。

作者繁起，作品從內容到形式上都顯得豐富多采。小說中神鬼怪異的遺風雖未掃淨，但反映現實生活的作品已占了主要地位。不少作品反映了重大的社會問題，具有深刻的思想意義。這時期的作者開始懂得運用藝術手法概括現實生活，在情節結構、人物塑造，語言運用等藝術技巧方面，都達到了前所未有的高度。

諷刺小說以沈既濟的〈枕中記〉、李公佐的〈南柯太守傳〉為代表。這兩篇作品用虛幻、象徵的敘述，描寫富貴功名的無常，給當代沈迷利祿的士子一種強烈的諷刺，同時亦揭露了官場的險惡和爭權奪利互相傾軋的醜態。

愛情小說以蔣防的〈霍小玉傳〉、白行簡的〈李娃傳〉及元稹的〈鶯鶯傳〉為代表。〈霍小玉傳〉寫歌妓霍小玉和書生李益的愛情悲劇；〈李娃傳〉寫妓女李娃與滎陽公子某生的愛情故事；〈鶯鶯傳〉寫張生和鶯鶯一度相愛、終於負心背棄的故事，在藝術上都各具特色。這些作品歌頌了堅貞不渝的愛情，反映了婦女（尤其是妓女）的悲慘命運，同時表現了婦女要求婚姻自主的願望，以及她們衝破禮教的大膽行動。

歷史小說以郭湜的〈高力士傳〉、姚汝能的〈安祿山事跡〉、無名氏的〈李林甫外傳〉、陳鴻的〈長恨歌傳〉和〈東城父老傳〉為代表。這些作品取材於史料，並加以鋪張渲染，與正史不同。唐代天寶之禍，推原禍始，不離玄宗的荒淫、楊貴妃的驕奢、楊國忠的專權、高力士的跋扈，因此這些人物的事跡遂成為小說的題材。由於取材於當代的實事，所以具有強烈的時代性，但在思想和藝術上的成就都不高。

三、晚唐時期

晚唐時期，是唐傳奇小說的衰微時期。

儘管作品的數量有增無減，但篇幅短小、文字粗糙、人物形象模糊，思想內容和藝術技巧都遜於前一個時期。小說中搜奇獵異、言神志怪的氣氛復盛，與現實生活逐漸疏遠。

本期較有特色的是豪士俠客的作品。唐代中葉之後，藩鎮割據一方，私蓄游俠之士以仇殺異己，於是俠士之風盛行，反映在小說創作方面是俠義小說的盛行。而且晚唐神仙方術流行，而俠義小說作者又多為佛道信徒，因此這時期的俠義小說多蒙上神祕的色彩。代表作有袁郊的〈紅線傳〉、裴鉶的〈聶隱娘傳〉、〈崑崙奴〉、杜光庭的〈虬髯客傳〉等。〈虬髯客傳〉以紅拂女大膽私奔李靖的愛情故事為線索，描寫隋末志士虬髯客在「真命天子」李世民面前折服、出海自立的故事。〈崑崙奴〉寫一位武藝高強的老奴，幫助少主竊取豪門姬妾，成全他們的愛情故事。

15、試述下列唐人小說之作者及其故事之內容：(1)〈柳毅傳〉(2)〈枕中記〉(3)〈南柯太守傳〉(4)〈離魂記〉(5)〈李娃傳〉。(61師大)

答

一、〈柳毅傳〉

李朝威撰。這篇傳奇寫落第書生柳毅，路遇龍女牧羊，龍女向柳述說遠嫁涇河龍子為妻，備受虐待，並求柳捎書信與父母。柳激於義憤，慨然應允，將信交給龍女父洞庭君。洞庭君之弟錢塘君見信大怒，為龍女報了仇，並要將龍女嫁於柳毅，因言辭傲慢，為柳毅拒絕。後柳毅娶范陽盧氏，乃龍女化身，終成夫婦，毅也成仙，安居洞庭。

二、〈枕中記〉

沈既濟撰——請參見本章第11題。

三、〈南柯太守傳〉

李公佐撰。這篇傳奇寫淳于棼嗜酒使氣，不守細行。一日醉飲後歸家，昏然入夢，被邀入大槐安國，並招為駙馬，又出任南柯太守。淳在任上頗有政績，屢遷高位。所生五男二女，男以門蔭受官，女亦聘於王族，榮耀顯赫，無人可比。後檀蘿國來侵，淳出戰失利，不久公主又病死。回到國都後，因威福日盛，遂遭國王疑忌，被打發回家。醒來後方知是在槐樹下螞蟻窩中夢遊。「南柯一夢」典故即出此篇，明．湯顯祖亦寫過〈南柯記〉。

四、〈離魂記〉

陳玄祐撰。這篇傳奇寫倩娘與表哥王宙私相愛慕，後倩娘父將其許別人，倩娘抑鬱成病，王宙悲憤而乘船離開。至半夜，倩娘忽然追至，二人連夜遁去。至蜀，夫妻一起生活了五年，並生二子。倩娘思念父母情切，於是二人又同歸，倩娘父聽說後大驚，因倩娘在家中一直病了幾年。派人至船上，果見倩娘。而家中之倩娘笑而不語，出與相迎，與船中之倩娘合為一體。小說歌頌了倩娘爭取婚姻自主，忠於愛情的果敢行為。元雜劇〈迷青瑣倩女離魂〉

即據此改編。

五、〈李娃傳〉

白行簡撰——請參見本章第11題。

16、《傳奇》一書，作者何人，其中有何名篇？（65政大）

答 《傳奇》為唐代傳奇小說集。撰者為唐代裴鉶，他生卒年、籍貫、字號均不詳。咸通中為靜海軍節度使高駢掌書記，或以為《傳奇》即此時所作。《傳奇》所記，多奇俠、異士、神仙、僧道的異聞軼事，亦有人與仙、鬼、怪的愛情故事。本書大部分篇章反映了當時的社會現實，情節詭幻，文辭華麗。〈裴航〉、〈薛昭〉、〈鄭德璘〉、〈張無頗〉、〈崑崙奴〉、〈孫恪〉及〈文簫〉等，都是流傳很廣的名篇，常被人引為典故，或編成話本、戲曲。文辭華麗，往往在散文中夾雜駢儷句，並穿插一些詩歌，代表晚唐小說的藝術風格。宋人曾把「用對語說時景」的文章稱為「傳奇體」。按元〈鶯鶯傳〉曾題《傳奇》，裴鉶此集亦名《傳奇》，後「傳奇」一詞遂由專名成為唐代文言小說的通稱。

17、唐人傳奇與魏晉志怪在內容、形式、寫作技巧上的不相同，試詳述之。（68台大）

18、六朝志怪與唐人傳奇何不同？（75台大）

19、六朝志怪與唐代傳奇在主題與題材、內容與形式，以及寫作技巧上有何不同？試比較以明之。（79師大）

20、試從文體、題材及寫作動機三方面比較六朝志怪與唐代傳奇之異同。（82東吳）

21、請比較六朝志怪與唐代傳奇，藉以說明中國古典小說從六朝到唐代的演變狀況。（81中央）

22、試從文體上比較六朝志怪與唐人傳奇之異同。（85東吳）

23、六朝志怪與唐傳奇之間的異同。（85靜宜）

24、魏晉南北朝志怪小說與唐代傳奇有何不同？（86中山）

25、請就文體、取材、技巧等角度，比較魏晉志怪、唐傳奇、宋話本之異同。（88中正）

26、小說史上唐代傳奇為代六朝志怪而興之文體，試問傳奇之起與志怪之發展關係為何？傳奇與志怪之同異為何？（88清華）

答 魏晉南北朝志怪小說與唐代傳奇小說的不同，可從寫作動機、題材、內容、形式、技巧、成就等方面比較之：

一、寫作動機

漢魏六朝的志怪作品都是「街談巷語，道聽塗說之所造也」，作者僅用記述的筆調，簡樸的寫神鬼或人間的故事，並不是作者有意造奇，所以篇幅短而內容凌亂。唐傳奇則不然，由於文體的解放與社會的需要，文人已開始加入自己的思想與感情。明．胡應麟《少室山房筆叢》三十六中說：「凡變異之談，盛於六朝，然多是傳錄舛訛，未必盡幻設語。至唐人，乃作意好奇，假小說以寄筆端。」由於創作的自覺性，小說開始和其他文學形式分別開來，形成自己的特點，成為獨立的藝術類別，出現了比較專門的作家，如李公佐、沈亞之、裴鉶及皇甫枚等。他們認識到小說是一種新的藝術，這就大大有利於小說藝術成就的提高。

二、形式

漢魏六朝的小說多半是零碎的殘叢小語，唐代傳奇則頗事鋪敘。魯迅《中國小說史略》云：「小說亦如詩，至唐代而一變，雖尚不離於搜奇記遺，然敘述宛轉，文辭華艷，與六朝之粗陳梗概者較，演進之跡甚明。」因此，自晉而唐，小說在形式上的最大轉變便是由敘述的短篇進而描寫的長篇。其次，唐傳奇的寫作雖多以散文，但有時作者欲藉小說以逞其才華，因之常混雜以駢儷，如〈鶯鶯傳〉中的詩和書札，〈遊仙窟〉中的賦詩。除此之外，文章最後的議論文字，也是唐傳奇的特色，這種議論文字可能是受史傳論贊或變文的影響，並配合溫卷的需要。

三、題材內容

六朝小說多敘鬼神，即使描寫人事，亦多幻化筆墨，讀者必須透過幻化的紗霧，才能領會內容的現實意義。唐傳奇雖然仍有不少作品涉及鬼神，但整體觀之，創作題材已經開始由神怪轉向現實人生。無論士人交遊、男女情愛，還是英雄俠客，問仙訪道，作品的題材多取之於現實社會，廣泛涉及了唐代生活的各個方面，大大開拓了小說創作題材的領域，使小說與現實人生密切結合。

四、表現手法技巧

六朝小說為筆記體，描寫簡約，事件簡單。唐代傳奇則轉而注重描寫，塑造人物，精雕細繪，顯其生動。如〈柳毅傳〉中的錢塘君，作者著墨不多，但卻能抓住其剛烈暴躁的性格特徵，皴染凸現，使其生動形象，聲口畢肖。〈霍小玉傳〉寫小玉眷戀李益，自兩人分離便相思成疾，直至得知李益負心，小玉悲憤交集氣結而死。在這裡，作者運用了心理描寫，刻畫小玉的纏綿癡情和執拗的追求，使這個形象豐滿、鮮明，栩栩如生。這在六朝小說中是很少見到的，而唐傳奇中的鶯鶯、李娃、任氏、柳氏等一系列形象的刻畫，都顯示了傳奇描寫藝術的成熟。

五、創作方法多樣

六朝志怪小說，多以浪漫主義手法取勝。唐代傳奇既有浪漫主義作品，亦有現實主義作品，更多的則是現實主義和浪漫主義兩種方法融合的小說。如〈霍小玉傳〉前大半部分是一個風塵女子命運的寫實，而後面的黃衫客形象的出現，以及小玉靈魂化為厲鬼報仇，則明顯是運用了浪漫的手法。〈補江總白猿傳〉中白猿劫人、生子如猿等情節，同樣體現了浪漫與寫實兩種手法結合的特點。多種創作方法的運用，對於後來的小說創作不無影響，宋之話本、有清一代文言小說都從中汲取了豐富的藝術營養。

除此以外，唐傳奇篇章結構的嚴謹完整，語言的精練、富贍，都體現了小說的成熟。

27、唐代的重要傳奇產生了元雜劇明傳奇，試述其間的關係，以及唐代傳奇對後世民間文學的影響。（68文化）

28、唐代傳奇與明代傳奇關係如何？試略為舉例言之。（70政大）

答 唐代傳奇代表我國小說的形成，它的創作藝術啟迪、影響了後世的小說、戲曲創作。

一、創作內容

唐人傳奇把反對門閥制度和禮教壓迫作為基本主題，娼妓婢妾第一次成為被歌頌的主角，如霍小玉、李娃、紅拂、步飛煙等等。這些人物形象體現了堅持愛情自由，反傳統意識，這成了後來小說戲曲作品反覆表現的主題。唐傳奇無論是現實主義還是浪漫主義，或兩者相結合的創作方法，都對後世戲曲小說的創作有一定的影響，後世戲曲小說中青年男女為愛情而死、因愛情而生的故事，以及人與狐妖仙怪愛戀、結合的故事，都與唐傳奇是一脈相承的。

二、創作題材

(一)戲曲創作

唐傳奇的題材，常為宋元明清的戲曲家所採用。如元代高文秀的〈鄭元和風雪打瓦罐〉、石君寶的〈李亞仙詩酒曲江池〉、明代薛近兗的〈繡襦記〉取材於〈李娃傳〉。元代白樸的〈唐明皇秋夜梧桐雨〉、清代洪昇的《長生殿》取材於〈長恨歌傳〉。金代董解元的《西廂記諸宮調》和元代王實甫的《西廂記》、明代李日華的《南西廂》取材於〈鶯鶯傳〉。明代成就最高的戲曲家湯顯祖的《邯鄲記》、《紫釵記》、《南柯記》等，分別是根據唐傳奇〈枕中記〉、〈霍小玉傳〉及〈南柯太守傳〉改編而成的。

㈡小說創作

唐傳奇對後代小說創作影響更大。首先，唐人有意識創作小說，擴大了小說題材，諸如愛情婚姻、個人發跡變泰、戰亂離合等等，後代小說家不少創作直接運用了這些題材。如《初刻拍案驚奇》中〈李公佐巧解夢中・謝小娥智擒船上盜〉取材於〈謝小娥傳〉。《醒世恆言》中〈杜子春三入長安〉取材於《續玄怪錄・杜子春》。

唐傳奇融詩歌、議論、記事於一體，後來小說承其衣缽而發展為「文備眾體」：小說中不但有詩而且有詞、曲、對聯、燈謎、酒令等，成了中國小說的特色之一。

唐傳奇中愛情故事悲歡離合的情節結構，才子佳人的人物搭配，極大地影響了明清人情小說中「佳話」的創作，儘管「佳話」的才子佳人自有其產生的時代特點。

從傳奇體這一樣式的演變來看，雖然自宋以後已趨衰落，但一直到明清卻仍有一定勢力和影響，唐傳奇幾乎影響了後代所有文言小說的創作。清・蒲松齡的《聊齋志異》就在很大程度上繼承了唐傳奇的藝術經驗，即所謂「用傳奇法，而以志怪」。

29、何謂「變文」？在文學史上有何價值？對後代文學影響如何？（61輔大）
30、扼要說明「變文」之來源及其形式。（67政大）

31、何謂「變文」？其起源及發展之過程何如？試扼要說明之。（71、77政大）
32、略述佛教傳播與變文興起之關係。（72政大）
33、解釋名詞：「變文」。（83清大、86東吳）
34、變文的形式與內容有何特色？其影響中國文學發展者又何在？試述之。（84成功）
35、何謂「變文」？和後來的「寶卷」、「諸宮調」、「彈詞」、「鼓詞」、「話本」等文體有何關係？（85成功）
36、唐代變文對後代小說的影響如何，請申述之。（86清華）
37、「變文」為韻散結合之講唱文學，此一特殊表現形式，對後代文學有何影響，試申論之。（86彰師大）

答

「變文」是寺院僧侶向信眾所講述的佛教故事，用通俗的文體，講一段唱一段，來宣傳佛經中的神變故事，而類通俗的講唱文學，稱之為「變文」。

一、變文之來源

變文是唐代民間說唱文學的一種形式，是在漢魏六朝樂府、小說、雜賦等文學樣式的基礎上發展演變而成的新興文體。由於變文最初發現於甘肅敦煌石室，故稱「敦煌變文」。變文的產生和唐代社會經濟的繁榮、文學的發展有密切的關係，尤其與當時佛經的翻譯和佛教的傳播有直接聯繫。變文最初主要是由僧侶們用來宣講佛教的故事，以作傳道、說法的工具，因為它們改變了佛經中的艱澀文詞，換而成通俗易曉的故事形式，所以稱為「變文」。初期的作品，如〈八相成道經變文〉、〈目蓮變文〉等等，都屬這一類；其講唱的範圍，也只限於廟宇裡。但後來漸漸的傳入民間，採取了中國歷史上的故事和傳說，拿來講唱，那就產生了像〈伍子胥變文〉、〈王昭君變文〉、〈舜子至孝變文〉等等的作品，甚至有採用「時事」來講唱的，像〈西征記變文〉，講述唐代將領張義潮對吐蕃作戰的事跡，就是一例。

二、變文之形式（特色）

變文的表現形式是韻散結合，唱白並用。是以散文敘述，再以韻語吟唱，往復交替，直至故事結束。韻語以七言為基調，亦偶用三言、五言、六言。散文部分多為淺近的文言和四六駢語，間雜白話。韻散結合又有兩種方式，一是以散文講述故事，再用韻文致唱，一唱三嘆，以利加深讀者印象，如〈維摩詰經變文〉。另一是散韻互補，只以散文作引子，而主要是用韻文敘述故事。如〈大目乾連冥間救母變文〉先用一段散文介紹目連所到之處，接用韻文演唱他所見到的冥界種種景象，內容互不重複。這種樣式的進一步發展和完善，為後代說唱文學開闢了一條新的途徑。

三、變文的價值與影響

變文的發現，對於文學發展史上的貢獻相當大，因為無論是唐代的傳奇，宋代的「說話」，元代的戲曲，以及宋元明清以來的講唱文學（包括寶卷、彈詞、鼓詞等），沒有不受到它的強大影響。

㈠對唐代傳奇的影響

變文對唐代傳奇的創作，具有一定的影響。唐初傳奇張鷟的〈遊仙窟〉通篇以散文敘事、以韻語對話，便與變文散韻夾雜、唱白並用的形式基本一致；而且描寫細致生動，語言通俗易懂，也接近變文的風格。中唐是傳奇繁榮的時期，也是俗講、轉變、說話盛行的時期，這時，出現了更多的散韻合體的傳奇，如李朝威的〈柳毅傳〉、元稹的〈鶯鶯傳〉及陳鴻的〈長恨歌傳〉等，都明顯地受到變文的影響。

㈡影響宋代的「說話」

變文自從在寺院裡遭到驅逐以後，由於很受市民歡迎，便很自然地流入市井。再加以變文的取材範圍十分廣泛，有專講佛經的，有講歷史故事的，也有講民間傳說的。這些，都是市民所樂於聽取的內容，於是這種邊講邊唱的方式，立刻受到市民的熱烈歡迎而變成了他們主要的娛樂之一：說話。「說話」可以說是從「變文」這種講唱文學演變而來的。

㈢對元代戲曲的影響

我國歷史發展到元代才算有完美的戲曲產生，但是這種完美的戲曲，不是突然產生於元代的，它是吸收了前朝的豐富遺產，慢慢蘊育而成；元雜劇的講唱方式，是受諸宮調的影響，而諸宮調的講唱方式又直接得之於變文。

㈣對宋元明清以來講唱文學的影響

宋以後的鼓子詞、唱賺、諸宮調、涯詞、陶真；元以後的詞話；明以後的彈詞、道情、蓮花落；清以後彈詞、鼓書、快書、木魚歌……無不是受變文的影響而略加變化的講唱文學，換句話說，這類講唱文學是變文的嫡派文學。

38、「變文」主要的題材是什麼？試舉例說明之。（台大期末考）

答

敦煌變文的題材包括講唱佛經故事和世俗故事兩類作品。

一、講唱佛經的變文

講佛經故事的變文，其內容主要是宣揚禪門佛理，有時還摻雜著「爲國盡忠，居家盡孝」的儒家道德觀念。其表現形式大致有兩種：

㈠是故事展開之前先引一段經文，然後邊說邊唱，敷衍鋪陳，成為洋洋灑灑的長篇。

如〈維摩詰經講經文〉，一稱〈維摩詰經變文〉，就是把「佛告文殊師利，汝行詣維摩詰問疾」十四個字的經文，經過豐富的想像和藝術加工，擴展成為三、五千字的長篇。其中添加進眾多的人物和曲折的情節，繪聲繪色地鋪寫了各種生動的場景。

㈡是前面不引經文，直接講唱佛經神變故事，只依據佛經裡的一個故事、一種經說，便恣意抒寫闡揚，發揮成篇。

如〈大目乾連冥間救母變文〉、〈降魔變文〉就是這種形式。〈降魔變文〉描寫佛弟子舍利弗與外道六師鬥法的場面，奇象異景千變萬化、層出不窮，舍利弗先後變成金剛、獅子和鳥王，戰敗六師幻化的寶山、水牛和毒龍。這種以驚人的想像、奇妙的構思，描繪出驚心動魄的鬥法場景的表現手法，實開《西遊記》、《封神演義》等神魔小說的先聲。〈大目乾連冥間救母變文〉渲染冥界地獄的陰森恐怖、刑罰的殘暴無情，則又是一番情景。這類取材於佛經傳說的變文，宗教氣息較濃，但有些故事情節、人物形象頗為生動，天上地下神奇世界的虛構，也有助於啟發人們的想像力。

二、講唱世俗故事的變文

講唱世俗故事的變文，多取材於歷史故事、民間傳說和現實生活，經過講唱過程中不斷加工潤色、鋪排渲染，遂成為曲折起伏、有聲有色的文學作品。如〈伍子胥變文〉、〈漢將王陵變文〉、〈舜子至孝變文〉、〈王昭君變文〉及〈孟姜女變文〉等，通過塑造不同的人物形象，對正直、善良而又遭受邪惡勢力迫害的人們，給以深切的同情，對醜惡的社會現象和虛偽的人情世態予以揭露和譴責，反映了人民的疾苦和愛憎。殘卷〈張義潮變文〉、〈張淮深變文〉則直接敘寫唐代時事，以歌頌奮起抵禦異族侵擾的英雄人物為主題，讚揚了他們勇猛頑強的戰鬥精神和維護國家統一的高尚情操。這些作品為變文發展開拓了新的道路。

39、請於敦煌變文中任舉兩篇略述其內容大要。（73政大）
40、簡釋：〈伍子胥變文〉。（82中正）

答

一、〈大目乾連冥間救母變文〉

〈大目乾連冥間救母變文〉共有三種寫本，除本篇外，還有一本稱〈目連救母變文〉，一本稱〈目連緣起〉。這三種寫本都是根據《佛說盂蘭盆經》演繹而成。詞句繁簡有別，情節結構大抵一致。

這篇變文敘述佛弟子目連歷盡艱險救母出地獄的故事。目連之母青提夫人因不信佛而墮入地獄，得證善果的目連憑藉佛力，遍歷地獄探救其母，在如來法力下，方使其母脫離苦海。全文著重宣揚因果報應、六道輪迴等宗教思想，內容不可取。但其中描寫地獄的淒慘、刑罰的殘酷以及獄卒的凶惡等，其實也是現實社會的曲折反映。文中著力塑造的目連形象，具有不畏險阻、百折不撓的精神。他為了訪求母親，下至黃泉，赴湯蹈火，承受種種苦難磨折，終於達到目的。人物性格鮮明，感情真切。

〈目連救母〉的變文在唐代流傳甚廣，相傳張祜曾戲稱白居易〈長恨歌〉中「上窮碧落下黃泉、兩處茫茫皆不見」二句是「目連變」（〈本事詩〉）。這一題材多為後代說唱文學鼓詞、寶卷以及戲曲文學所汲取，成為流行民間的佛教故事。其中描摹地獄情狀的恐怖場景，也直接影響了後代文學作品關於「幽冥界」和「閻王殿」的描寫。

二、〈伍子胥變文〉

〈伍子胥變文〉是在《左傳》、《呂氏春秋》、《史記》及《吳越春秋》等史書記載的基礎上，經過民間藝人反複傳唱、加工潤色而成。其主要情節是：楚平王荒淫無道，伍子胥父兄蒙難，伍子胥亡命吳國，借兵復仇，後因吳王信讒，伍子胥遇害。作品塑造了伍子胥不畏強暴、堅毅不屈的悲劇形象，揭露了帝王荒淫殘暴的罪行，具有一定的積極意義。其中詳細鋪敘浣紗女和漁父幫助子胥逃亡的經過，寫得悲愴動人。但在寫子胥逃亡時用「急急如律令」和「畫地戶天門」之術躲過追捕，近乎術士，有損於人物形象的完整；子胥和妻子相見時的答對，用中藥名稱隱雙關語，又近於文字遊戲。

〈伍子胥變文〉對後世戲劇文學有廣泛影響。元代雜劇中高文秀的〈伍子胥棄子走樊城〉、鄭廷玉的〈采石渡漁父辭劍〉、吳昌齡的〈浣紗女抱石投江〉、李壽卿的〈說鱄諸伍員吹簫〉、明代傳奇戲曲中邱濬的《舉鼎記》、梁辰魚的《浣紗記》以及後來京劇的全部《鼎盛春秋》（自〈戰樊城〉起至〈刺王僚〉止，均演述這一故事。）

三、〈張義潮變文〉

〈張義潮變文〉敘述張義潮收復河湟一帶的業績，是變文中直接以唐代史事為題材的作品。安史之亂以後，西北河湟地區被吐蕃占據，長期不能收復。大中年間，沙州（治今甘肅敦煌）人張義潮「陰結豪英歸唐。一日，眾擐甲噪州門，漢人皆助之，虜守者驚走，遂攝州事，繕甲兵，耕且戰，悉復餘州」（《新唐書．吐蕃傳》）。於是唐朝在沙州置歸義軍，以張義潮為節度使，變文反映的就是這一段歷史。殘卷初記吐蕃糾集回鶻犯沙州，張義潮率師進擊，虜獲甚眾；次寫回鶻、吐渾抄掠伊州，義潮親討之，大勝而還；後寫回鶻劫奪國信，又擾伊州。其中謳歌張義潮及歸義軍將士為鞏固邊防、維護國家統一立下的戰功，描寫戰鬥場面也很生動。

張義潮的事跡，史書記載簡略，這篇變文可補其不足。

41、敦煌變文，敦煌曲子詞，在文學上之價值如何？對後世文學有何影響？（63師大）

42、清光緒年間出土之唐人敦煌卷中，有敦煌曲子詞、俗賦、詞文，其內容大要如何？對後世文學有何啓示與貢獻？（81師大）

答

一、敦煌文學之內容

敦煌石窟所發現的文學作品，有變文、長篇的敘事歌賦、曲子詞、俚曲小調等。

㈠變文的內容，價值與影響——請參見本章29題。

㈡曲子詞

指託於曲調，能發聲歌唱的辭，包括曲子辭和大曲辭。曲子辭，一稱「曲子調」，除少數為詩人文士所作外，多數是民間作品。雖然從文學技巧上看，還比較粗造，但所反映的民間現實生活和各種人物的思想感情則往往真切動人：有反映兵役帶給人民的痛苦與婦女思念征夫，或反映地位低下的婦女的痛苦，如〈望江南〉、〈菩薩蠻〉、〈送征衣〉，這些情歌，延續漢代民歌的〈上邪〉等一脈相傳下來的特色：思想感情坦率直接，具有樸素、爽朗的風格。其中民間詞以清新素樸的風格影響著當代的詩人和詞人：成為晚唐五代詞的先聲，間接影響了白居易、劉禹錫、溫庭筠等文人詞的創作。

㈢俗賦

敦煌賦中包括兩類作品：

1、文人賦作

如《文選》中的〈西京賦〉、〈嘯賦〉，和王績〈元正賦〉、劉瑕〈駕行溫湯賦〉、劉長卿〈酒賦〉及白行簡〈天地陰陽交歡大樂賦〉等。

2、通俗故事賦

如〈韓朋賦〉、〈晏子賦〉及〈燕子賦〉等以「賦」為名的作品，和漢魏六朝以來文人賦不同，它們已初步擺脫駢詞儷句的形式，語言通俗暢達、明白如話，故事性強，同小說比較接近，由於是流傳民間的作品，故稱為「俗賦」。

現存的長篇敘事歌賦中最好的是〈韓朋賦〉和〈捉季布傳文〉。〈韓朋賦〉取材於《搜神記》中韓憑夫婦的故事，大大的發揮了一番，構成了一部動人的悲劇。通過韓朋、貞夫被宋王迫害而雙雙自殺的故事，最後寫宋玉於墓中得二石，投於道之東西，變成二樹。宋王伐之，變成雙鴛鴦飛去。落下一根羽毛，宋王拾得，以之拂衣，即被焚燒死。

〈捉季布傳文〉是一首宏偉的七言敘事詩，季布事見《史記》卷一百〈季布、欒布列傳〉。傳文即據《史記》敷衍而成。季布原為楚將，楚漢相爭，他為了避免「虎鬥龍爭必損人」，而在陣上罵退漢劉邦。其目的是好的。誰知由於這個緣故，他在漢帝國統一時，深為劉邦所痛恨。受到了難以想像的迫害，季布在被迫害之下，為了生存，運用其智慧逼得劉邦只好放了他，並封了官。

二、敦煌文學之價值與影響

敦煌通俗文學的表現手法雖然比較稚拙，但在藝術上仍有可取之處：

(一)題材多樣化

敦煌文學展現了佛寺禪門和人類生活的各個方面，不僅有佛國天堂的虛幻描繪，冥界地獄的恐怖場景，也有現實社會的真實記錄和人情世態的生動表現、或感慨悲懷、觸景興嘆，或勸世警俗、譏諷嘲弄，或多或少地觸及當時社會的某些弊端，從而豐富了文學創作的內容。

㈡語言通俗化

作為民間流傳的通俗文學作品，敦煌文學保存了大量的口語俚詞，並具有文學語言的準確精煉性。它所創造的散韻結合、詩文並用的語言體式，儘管還不夠完善，但已顯示了後代通俗文學的發展方向。

㈢創作方法理想化

敦煌通俗文學既注重對現實的客觀描繪，又充分發揮藝術想像來表達人們的意願，如〈韓朋賦〉、〈葉淨能詩〉等能巧妙地把兩者糅合在一起，力求塑造出理想同現實相結合的人物形象。這些對後代的詩、詞、小說、戲劇和民間說唱文學都有一定的影響。

敦煌通俗文學在中國文學史上占有不可忽視的地位，顯示了詩歌、詞曲、辭賦、小說、講唱文學等多種文學樣式的來龍去脈，證明了通俗文學同音樂、戲曲、繪畫、雕塑等藝術形式的關係，解釋了文學發展史上長期模糊不清的某些現象，具有重要的研究價值。

第十六章　唐五代詞

研讀重點

一、詞的起源
二、李白〈清平樂〉、〈菩薩蠻〉的真偽
三、唐五代詞的發展
四、唐五代重要詞人及其特色
五、《花間集》的內容，與「花間詞派」之特色
六、敦煌曲子詞與花間詞之比較

1、詞體之起源，諸說繁雜。或以為源於《詩經》，或以為源於漢魏六朝樂府，或以為源於唐代絕句，或以為源於泛聲。諸說是否有任何一種為正確？如果有，則解釋其所以然，但是，如果全都不正確，則解釋其所以不然，並提出較正確的說法。(77中央)

2、詞又名「詩餘」何故？試就詞的產生來說明「詩餘」之原因。(83政大)

3、唐代詩人對「詞」這種新文體的發展有何貢獻？試舉例說明。(85中央)

4、由詩蛻化為詞，有何因素介乎其中。(85中興)

5、試就「音樂流變」以及「歌詞與樂曲配合的形式」兩項，討論「詞」文類的形成。(86中山)

答

一、詞的起源，眾說紛紜

詞起源於民間，是城市經濟發展下的產物，並與當時新興的民間音樂、少數民族和外國傳入的樂曲有密切關係，古人大都認為詞來源於樂府詩和唐代近體詩。

㈠起源於樂府詩

宋代胡寅說：「詞曲者，古樂府之末造也。古樂府者，詩之旁行也。」(〈題酒邊詞〉)

沈括說：「詩之外又有和聲，則所謂曲也。古樂府皆有聲有詞，連屬書之，如曰『賀賀賀』『何何何』之類，皆和聲也。今管弦中之纏聲，亦其遺法也。唐人乃以詞填入曲中，不復用和聲。」（《夢溪筆談》）朱熹說：「古樂府只是詩中間添卻許多泛聲，後來人怕失了那泛聲，逐一添個實字，遂成長短句，今曲子便是。」（《朱子語類》）原來古樂府歌辭和唐代近體詩大都是比較整齊的五言、七言句，而樂曲則往往有長短曲折，因之在歌唱時需要加一些「和聲」、「泛聲」。它們被記錄下來，有些只是表示聲音而沒有意義的字，後來用有意義的字填進去，成為長短其句的整體藝術品，便是詞的雛形。

㈡起源於唐代近體詩

清代宋翔鳳說：「謂之詩餘者，以詞起於唐人絕句。如太白之〈清平調〉，即以被之樂府。太白〈憶秦娥〉、〈菩薩蠻〉皆絕句之變格，爲小令之權輿。旗亭畫壁賭唱，皆七言斷句。後至十國時，遂競爲長短句，自一字、兩字至七字，以抑揚高下其聲，而樂府之體一變。則詞實詩之餘。」（《樂府餘論》）認為詞被稱為「詩餘」，即由於詞是從唐代絕句演變出來的，其表現形式便是依曲調增減詩句字數而為長短句。

然而，這裡所論及的只是局部情況，實際上，大部分詞調並不是由古樂府和近體詩衍變而來的，它們另有自己的淵源。

二、綜觀詞之起源

詞的起源眾說紛紜，莫衷一是，然詞之起源，實應從詩體的演進，樂制的變更，民歌的發展三方面觀之：

㈠詩體的演進

王國維《人間詞話》云：「四言敝而有《楚辭》，《楚辭》敝而有五言，五言敝而有七言，古詩敝而有律絕，律絕敝而有詞，蓋文體通行既久，染指漸多，自成習套，豪傑之士亦難於其中自出新意，故遁而作他體以自解脫，一切文體所以始盛而終衰者，皆由於此。」

㈡樂制的變更

詞大約產生於初盛唐，與音樂的發展有著密切關係。西晉以後，西域音樂大量傳入內地，與傳統的漢族音樂相結合，產生了一種新型的抒情音樂「燕樂」，經廣泛傳播後，到了唐代有了更大的發展。燕樂樂器以琵琶為主，音律變化繁多，五七言詩體不容易配合，長短句的歌詞於是應運而生。

㈢民間歌曲的影響

詞從產生到成熟經歷了漫長的歷程。現存一百六十多首敦煌曲子詞中，絕大多數是民間作品，這些詞最早寫作於七世紀中葉，比唐代最早從事詞創作的文人作家，如白居易、劉禹錫、張志和等人的創作要早得多。這些詞大都是樂工和歌妓們為配合音樂演唱，採取民間俚曲或文人絕句加以改編而成的，當然也有他們自己的創作。敦煌曲子詞中，有令詞、中調、慢詞等多種形式。這些詞以表現愛情的為最多，內容廣泛，風格自然樸素，感情真摯明快，洋溢著濃郁的生活氣息。其中〈菩薩蠻．枕前發盡千般願〉、〈望江南．莫攀我〉等幾首最為人熟知。

中唐前後，由於民間詞的廣泛流傳，一些比較接近下層群眾的詩人開始了詞的創作，產生具有清新明朗活潑特色的作品，如張志和的〈漁歌子〉、韋應物、戴叔倫的〈調笑令〉、以及王建、劉禹錫及白居易等人的詞作。其中白居易又是早期詞作者中寫得較多也比較好的一位。

6、世謂李白〈清平樂〉，〈憶秦娥〉，〈菩薩蠻〉諸作，為後世倚聲填詞之祖，其說信否？試陳所見。（台大期末考）

答 唐代詩人中填詞最早的，前人都說是李白。李白的時代，不能說沒有產生長短句的可能，但流傳下來的幾首李白的作品，確實令人懷疑。〈菩薩蠻〉及〈憶秦娥〉二詞，雖傳為李白所作，然細考之，實有未然。蓋其本人之集中及《樂府詩集》均無錄。玄宗時人崔令欽的《教坊記》附錄的曲名表中，雖有〈菩薩蠻〉調名，但唐末蘇鶚的《杜陽雜編》中說：「大中初，女蠻國貢雙龍犀。……其國人危髻金冠，瓔珞被體，故謂之『菩薩蠻』。當時倡優遂製菩薩蠻曲，文士亦往往聲其詞。」可知〈菩薩蠻〉曲創於唐宣宗大中初年，那麼生於玄宗開元、天寶時代的李白要填〈菩薩蠻〉的詞是不可能的了。至於〈憶秦娥〉一闋，意境蒼涼高古，亦非李白手筆，是二詞非出於李白，蓋審矣，此二闋詞應是出於晚唐五代人假託李白之名所作的。

詞當成立於中唐，劉禹錫、白居易即為成立期之兩大功臣，因中唐時詞之調子及作者日多。有韋應物、王建、戴叔倫之〈調笑令〉，韋應物、王建之〈三臺〉，張志和之〈漁父詞〉，顧況之〈竹枝〉、〈漁父引〉，元結之〈欸乃曲〉等。其中〈調笑令〉與〈漁父詞〉，且已開始由絕句形式蛻變為長短句，故初唐、盛唐僅能視為詞之醞釀試驗時期，其成立則有待於中唐。

劉禹錫與白居易為中唐作詞最多之詞人。據世界書局《全唐五代詞彙編》，劉禹錫有四心十一首，所用調子計〈紇那曲〉、〈憶江南〉、〈瀟湘神〉、〈楊柳枝〉、〈竹枝〉、〈浪淘沙〉及〈拋球樂〉七調。白居易有二十九首，所用詞調計〈花非花〉、〈憶江南〉、〈竹枝〉、〈楊柳枝〉、〈浪淘沙〉、〈宴桃源〉及〈長相思〉七調。雖然多數仍未脫絕句形式，但數量與技巧均遠勝前人。劉禹錫〈憶江南〉自注曰：「和樂天春詞，依憶江南曲拍爲句。」為文人依曲填詞之最早自述。

7、試較論溫庭筠、韋莊、李煜三家之詞。（60師大）
8、試評五代重要詞人。（63政大）
9、溫飛卿、韋端己、李重光三家詞之特色為何？請論述之。（75東吳）
10、溫飛卿、韋端己、李後主三詞人之成就何如？請評論之。（75政大）
11、晚唐、五代詞，以溫庭筠、韋莊、李煜最稱雄傑，試較論三家詞風之異同。（85中山）

答

一、敦煌曲子詞

唐代的詞最初產生於民間，據唐人崔令欽所著的《教坊記》，記錄當時流行的歌曲，約三四三種。其中便有不少的曲調如〈長相思〉、〈西江月〉及〈謁金門〉等，與後代的詞調相同。近來敦煌曲子詞的發現，這些民間的俚俗小調，便是唐代最早流傳民間的詞，敦煌曲子詞所代表的年代，包括了唐和五代，但其中也不乏初盛唐的作品。敦煌曲子詞內容豐富：有寫戰爭給人民帶來的痛苦以及邊地人民愛國熱情的；有反映婦女不幸命運和男女愛情的；也有歌頌皇帝功德的。在藝術上，風格質樸，語言清新，具有豐富的想像力和樂觀精神。

二、中唐詞

在民間詞影響下，中唐一些詩人開始寫詞。張志和的〈漁歌子〉（又作〈漁父詞〉）五首，寫漁釣閒散生活與自然風光，其詞調來源當是漁民中流行的「里巷」之曲。相傳一時唱和者甚多。

大曆間詩人戴叔倫與韋應物各作有〈調笑令〉，寫邊塞生活與離別之恨，格調相同，聲律急促，當是出自「胡夷」之樂。稍後王建的〈宮詞〉中也有〈調笑令〉，又名〈宮中調笑〉，主要寫宮中美人失寵的哀怨或商婦的離愁；還有〈宮中三臺〉和〈江南三臺〉，後者中也有描寫商人生活的。劉禹錫與白居易更是詞創作的有力推動者。白居易有〈憶江南〉三首，〈長相思〉二首，〈花非花〉一首及〈如夢令〉一首。劉禹錫有〈憶江南〉二首，〈紇那曲〉二首，〈瀟湘神〉二首及〈拋球樂〉二首。他們的詞主要是描寫對自然景物的眷戀、美好事物的追求，也寫到一些離愁別恨。

從以上的作品裡，可以清楚地看出早期文人詞的顯著特點：題材比較廣泛，其中包括了邊塞風光和隱逸生活，不僅僅限制在離愁別恨、男女戀情的範圍裡；風格是明朗直率的；語言是清新樸素的，並保存了民歌的特色，和敦煌曲子詞是很接近的，顯然是直接受民間詞的影響。當然，這些詞仍是文人在嘗試中寫成的，大都不夠成熟，選用的詞調很有限，只有幾支小令而沒有長調，句法和風格與詩歌也十分近似，變化不大，但對文人詞往前推進一步。

這樣，詞到了晚唐五代就逐漸成為一種獨立的詩歌形式了。

三、晚唐詞

晚唐填詞的風氣盛行，詞調增加，詞作在藝術上也比較成熟。這一時期的代表作家是溫庭筠。

溫庭筠富有才華，精於音樂，政治上不得志，生活上趨於放蕩，經常出入酒樓妓館，受到民間新曲的影響，大力從事詞的創作。溫庭筠的詞在藝術上有較高的成就，首先是詞的彩色濃艷華麗，用詞設色無不鏤金錯彩，耀人眼目。其次是表現情思細膩綿密，善於把握女子細微的感情變化，並細膩地表現出來。再次是抒情委婉含蓄，抒寫女子情思往往未歌先咽，欲說還羞。

四、五代詞

五代時期，西蜀和南唐由於偏於一隅，政局安定，經濟發展，加之帝王享樂的需要和提倡，詞自然而然地發展起來，形成了我國詞史上著名的兩個詞壇——西蜀詞壇與南唐詞壇。

西蜀詞壇以「花間詞派」為中心而花間派詞人的詞，題材內容大都是歌舞宴樂之事，男女歡愛之情，風格多是濃艷香軟，柔靡綺麗。其中以韋莊、李珣成就較高。南唐詞的代表作家是皇帝和大臣，較有成就的有馮延巳、李珣、李煜。

㈠韋莊

韋莊在「花間派」中，詞風比較清麗。在內容上，他不像溫庭筠等人只是客觀地鋪陳或描繪一些女子的聲音笑貌和衣履裝飾，而是通過離情別緒的戀愛題材來寄託自己的身世之感。他的〈菩薩蠻〉組詞正是他寫身世之感的優秀代表作。這在《花間集》裡大量無病呻吟的作品中就顯得相當突出。在形式上，他的詞有樸素清新的風格和明白如話的語言，並直陳胸臆，毫無假借，比起其他作家那些鋪金綴碧然而脂粉氣十足的作品來，有很顯著的不同。這種白描的手法，正是受到民間曲子詞的影響。前人評價溫、韋兩家，認為「溫濃而韋淡」，是很有道理的。

㈡李珣

李珣的詞《花間集》收了二十七首，《全唐詩》則收了五十四首之多。「所吟詩句，往往動人」，其風格清新樸素，頗近於韋莊，而反映的內容卻較韋莊更廣。如〈漁父〉寫對隱逸生活的追求，對爵祿官位的輕視；〈南鄉子〉寫地方的景物風貌，清新如民歌，具有較強烈的生活的氣息。而他的〈巫山一段雲〉，感時憂亂，弔古傷今，感情悲涼深沈，表現出國亡家破的遲暮之感，多少反映了五代時離亂動蕩的現實和當時人們的感情。

㈢李璟

李璟詞今存四首，〈攤破浣溪沙〉二闋寫登高懷遠的愁思，寓蒼涼於委婉之中，其境界超過了一般的《花間詞》。他的詞層次多，轉折靈活，幾乎一轉一個境界，以造成全篇闊大深邃的意境。再加上他擅長運用象徵手法狀物抒情，語言又精粹簡煉，使詞尤顯得含蓄而生動。因此，李璟詞雖然傳世的極少，然而歷來評論家對其評價卻很高。胡仔《苕溪漁隱叢話》記載王安石極推尊他的「細雨夢回雞塞遠，小樓吹徹玉笙寒」，就是一例。

㈣馮延巳

馮延巳是南唐中主李璟的丞相。他存詞一百二十餘首，是唐五代存詞最多的作家，有《陽春集》。他的詞內容多描寫閨閣園庭之景、女子相思之情，與《花間詞》沒有多大區別，但較少「花間派」華艷雕琢的習氣。他的許多詞作清新明麗，風采別具，頗有藝術性。特別是在詞的形象塑造和表現藝術方面，有不少獨創之處，如他寫女子的傷春怨別，不像花間詞人那樣大量描寫她們的容貌、體態、服飾及閨房的陳設等，而是著力抒寫積聚於人物內心深處無法排遣的哀愁。

王國維在《人間詞話》中說：「馮正中詞雖不失五代風格，而堂廡特大，開北宋一代風氣。」所謂「堂廡特大」，指詞至馮延巳，在題材、意境和風格上得到了進一步的拓展；所謂「開北宋一代風氣」，是說馮詞對北宋詞人影響甚巨，如劉熙載《藝概》云：「晏同叔得其俊，歐陽永叔得其深」。由此可見，馮延巳在詞史上的地位是十分重要的。

㈤李煜

李煜的詞，繼承了晚唐溫庭筠、韋莊等花間詞人的傳統，又受了李璟、馮延巳等的影響，將詞的創作向前推進了一大步。李煜的創作以從南唐國主降為階下囚為分野，並呈現兩種完全不同的詩風。前期他寫盡閨中情事，宮廷生的糜爛，在詞風上是承接南朝宮體和花間詞風的餘緒。後期他寫盡面對亡國而來的羞辱，在詞裡傾瀉他「日夕以眼淚洗面」的哀痛。也因他的遭遇，使得李煜在詞中感發的憂患意識比其他同期詞人而言更深廣，其詞中的意境格局也較為渾厚，所以他之所以能成為五代最傑出的詞人是有其道理在的。

12、簡答：王國維《人間詞話》云：「『畫屏金鷓鴣』，飛卿語也，其詞品似之。」試藉此說明溫庭筠詞之特色。（85彰師大）

13、試述溫庭筠在中國韻文史上（自唐迄清）的地位。（86清華）

答

一、溫庭筠詞的特色

晚唐社會風氣浮華，追逐聲色之餘，倚聲填詞，內容多為婦女閨情，較少傷時感事之作，溫庭筠基於他的生活經歷及寫作目的，《舊唐書》中說他因為仕途不順，所以長期出入楚樓楚館，又加上他善音律「能逐弦吹之音，爲側豔之詞。」，所以他的詞作多以描寫豔情為主。如他描寫閨情的名作：「小山重疊金明滅，鬢雲欲度香腮雪。懶起畫蛾眉，弄妝梳洗遲。照花前後鏡，花面交相映，新帖繡羅襦，雙雙金鷓鴣。」將婦女的容貌、服飾及甫睡醒後的情態，描寫的絲絲入扣。所以劉熙載的《藝概》說「溫飛卿詞精妙絕人，然類不出乎綺怨。」王國維《人間詞話》云：「『畫屏金鷓鴣』，飛卿語也，其詞品似之。」所指皆在此。

二、溫庭筠在中國韻文史上的地位

在中國的詞史上，溫庭筠的重要性，有下列幾點：

㈠詞至溫庭筠成為正式文體

溫庭筠以前，詩人雖有填詞者，但都以詩為主，把填詞只當作一種嘗試，故作品不多。溫雖也以詩名，他卻是一個專力填詞的人，現存的詞有六十多首。詞的成就，遠在其詩之上。詞到了他，形成了一種正式的文學體裁，在韻文史上離開了詩，得到了獨立的生命。

㈡詞調至溫庭筠趨於嚴整

溫庭筠以前的詞，無論形式風格，多與詩相近似，到了溫庭筠，在修辭和意境上，才形成詩詞不同的風格，詞調也更趨嚴整。

㈢溫庭筠是詩詞過渡期的重要橋梁

溫庭筠的主要貢獻在於他完成香奩體向花間式詞的過渡，也就是說他上承南朝宮體的詩風，下替花間詞人開了發展的方向，所以前人稱他為「花間鼻祖」。

14、王國維《人間詞話》中說：「詞至李後主而眼界始大，感慨遂深……。」請您以李後主為中心，詩討論王國維此一觀點在詞作發展史中的意義。（88淡江）

答

李後主因其自身的遭遇，其詞在內容及形式上多所不同。其主要成就表現在：

一、擴大詞的表現領域

在李煜以前，多數詞人作品所表現的內容大都不出女人、相思之類，題材和意境都很狹窄，即使是抒寫個人的思想感情也大都藉助於女人的遭遇，運用比興寄託手法，曲折表達。李煜改變了這一傳統，他在詞中直接傾洩自己的深哀巨痛，使詞擺脫了長期柔靡纖弱的傳統風格，而成為言志述懷的新詩體，擴展和提高了詞表現生活、抒發感情的能力，對後來豪放派詞家在藝術手法的表現上頗有影響。

二、感情眞摯，直抒胸臆

李煜詞善於用富概括力的白描手法，直接抒寫他的生活感受，如「小樓昨夜又東風，故國不堪回首月明中」、「夢裡不知身是客，一晌貪歡」，構成了畫筆所不能到的意境，寫出他國破家亡後的生活感受，坦率真實，哀惋動人。

三、具有高超的藝術手法

李煜善於藉助典型化的客觀景物和生動貼切的比喻，將抽象的感情形象化、具體化。如用「一江春水」來形容悲愁的無窮無盡，用「流水落花」形容歡樂的一去不復返等，都非常貼切而富於詩意。

四、語言自然、精煉富有表現力

李煜詞的語言形象鮮明、明淨優美、接近口語，有著高度的表現力量。他進一步擺脫了花間詞人鏤金刻翠的作風，沒有吊書袋的毛病，沒有雕琢習氣，通俗而又精練，並達到了前人未有的境界，給予宋代詞人如李清照等很大的影響。

五、在風格上有獨創性

李煜詞以疏宕為主。如〈玉樓春〉的「豪宕」，〈烏夜啼〉的「濡染大筆」，〈浪淘沙〉的「雄奇幽怨，乃兼二雄」，〈虞美人〉的自然奔放，兼有剛柔之美，確是不同於一般婉約之作，在晚唐五代詞中別樹一幟。

15、李煜為詞壇之聖，而《花間集》不取，何故？又《花間集》所選錄者為何許人？試舉所知以對。（62政大）

16、《花間集》為何時何人所編？其內容如何？在詞史上之地位又如何？（62師大、77政大）

17、簡釋：《花間集》。（77淡江、84東吳、88中山）

18、《花間集》在詞史上占有怎樣的地位？集中所收錄的詞作，有沒有什麼共同的性質？（84中央）

答

一、《花間集》的編者與內容

五代時，後蜀趙崇祚選錄了溫庭筠、皇甫松、韋莊、薛昭蘊、牛嶠、張泌、毛文錫、牛希濟、歐陽炯、和凝、顧敻、孫光憲、魏承班、鹿虔扆、閻選、尹鶚、毛熙震及李珣十八家詞五百首，編為《花間集》，是我國現存最早的詞總集，保存了許多初期的文人詞。

《花間集》作品的年代大約從唐開成元年至歐陽炯作序的廣政三年，大約有一個世紀。其中收得最多的是溫庭筠，共六十六首，最少的是鹿虔扆和尹鶚，每人各六首。而十八人中，溫庭筠、皇甫松、薛昭蘊是唐代作家，和凝屬後晉，孫光憲屬荊南。其中大都是五代時的蜀人或者是流寓入蜀的。因此，《花間集》收錄的不全是西蜀詞人的作品，但因為這些詞作風格大體相近而收錄在一起，統稱為「花間詞派」或西蜀詞，其中溫庭筠是公認的花間詞派的鼻祖。

《花間集》的選錄標準是：「鏤玉雕瓊，擬化工而迥巧；裁花剪葉，奪春豔以爭鮮」。也就是說，要求刻畫精緻，詞采華麗。這些曲子來自「樂府相傳」，而歌辭則為「豪家自制」。

二、《花間集》在詞史上的地位

《花間集》絕大多數作品都是以堆砌華艷的詞藻來形容婦女的服飾和體態，題材狹窄，內容空虛，缺乏意境的創造。但在辭藻的修飾音律的諧調上以及詞體的定型上，有一定的成就。如民間興起的新型文學樣式——燕樂曲子歌辭經過他們的努力，在藝術技巧方面得到了提高。成為民間歌辭向文人詞過渡的橋梁。換句話說，《花間集》在詞的發展史上，象徵詞的完全成熟。中唐詩人雖已倚聲填詞，但其作品究以詩為主，詞僅為偶然寄情遣興之作。至晚唐、五代，經花間詞人的努力，詞始由附庸蔚為大國。以花間詞與中唐作品比較，最顯著的現象為詞調與作品數量的增加。其次為詞的形式已脫離詩，不復如中唐非詩非詞、亦詩亦詞之格式。再次為詞家已建立其特有風格，以前作家，由於作品太少，自無風格可言，至花間詞人，如溫、韋作品，均各有特色。詞發展至此，始成為盛行的文學體裁。

三、李煜詞《花間集》不取之原因

《花間集》未收李煜詞，應由於道里阻隔又年歲不相及之故，因《花間》結集於西元九四〇年，其時李後主甫四歲，自然不會有作品收入《花間集》。

19、唐五代詞以韋莊、溫庭筠、李煜三家為著，周濟《介存齋論詞雜著》及王國維《人間詞話》，均曾取三家詞而合評之，其說如何？（58政大）

答

一、周濟的評論

清．周濟《介存齋論詞雜著》曰：「毛嬙、西施，天下美婦人也。嚴妝佳，淡妝亦佳，麤服亂頭，不掩國色。飛卿嚴妝也，端己淡妝也，後主則麤服亂頭矣。」其所選各家詞以溫、韋為詞之正，列首卷；後主為詞之變，列次卷。

二、王國維的評論

王國維《人間詞話》曰：「溫飛卿之詞，句秀也；韋端己之詞，骨秀也；李重光之詞，神秀也。詞至李後主而眼界始大，感慨遂深，遂變伶工之詞而爲士大夫之詞。周介存置諸溫韋之下，可謂顛倒黑白矣。『自是人生長恨水長東。』、『流水落花春去也，天上人間。』金荃、浣花能有此氣象耶！」王國維對周濟之見解不以為然，他認為後主詞之成就，在溫、韋兩家之上。

20、請比較《敦煌曲子詞》與《花間詞》的異同。（78政大）

答

一、敦煌曲子詞的特色

光緒年間敦煌卷的發現，其中有關唐人的俚曲小調不少，後人稱這些俚曲小調為「敦煌曲」或「敦煌曲子詞」，王重民輯有《敦煌曲子詞集》，得詞一百六十餘首。歸納其特色有：

㈠主題豐富，題材廣闊

敦煌曲子詞取材廣闊，《敦煌曲子詞集》說：「有邊客遊子之呻吟，忠臣義士之壯語，隱君子之怡情悅志，少年學子之熱望與失望，以及佛子之贊頌、醫生之歌訣，莫不入調。」如敘述戰亂有「丁壯被迫入役」、「忍飢受寒」的戰爭災難、「願四塞來朝明帝，令戍客休施流浪」的和平願望、敦煌地區人民保衛家鄉、抗擊外族侵略的事蹟。敘述閨怨，有「相思夜夜到邊廷」的征婦怨艾、「我是曲江臨池柳，者人折了那人攀」的被凌辱婦女的苦痛。此外，還描寫了賈客、漁夫、豪俠、道士、僧徒、磨面娘子、少年將軍等種種人物。

㈡形式上樸實自然，流利尖新，富於表演性和故事性

詞一般僅以單片或雙片成篇，而敦煌曲子詞常用多首乃至數十首聯章的體裁。這是因詞經過了《尊前》、《花間》的酒筵小唱階段，而曲子詞直接來自「反複以競勝」的民間歌場

踏歌。詞的藝術手段常為單純的情景，而敦煌曲子辭則採用了對話，如二組〈搗練子〉「孟姜女」、問答，如〈南歌子〉「風情問答」、第一人稱代言、如〈鳳歸雲〉「魯女堅貞」、故事敘述，如〈酒泉子〉「犯皇宮」等豐富的性格化、情節化手法，可追溯到民間表演藝術的角色對唱、「款頭」、「戲弄」、「說話」等形式。這表明：詞源於單純的歌唱，而曲子詞從戲劇和曲藝中廣泛吸收了藝術營養。

㈢通俗生動的語言

曲子詞的語言生動通俗，如「兩眼如刀」是描寫容貌，「把人猶泥」是描寫情態、「纖手令行匀翠柳」是描寫動作、「一只銀瓶子兩手拴」的比興，都為文學描寫提供了新的語彙。〈菩薩蠻〉「溪邊舞」連用十組疊字描摹江畔舞蹈，〈菩薩蠻〉「千般願」連舉七種不可能之事喻愛情的堅貞不渝，表現了修辭手法上的大膽創造。若與詞作一比較，那麼文人文學的「案頭」性質，通俗文學的「場上」性質，就是十分明顯了。

二、花間詞派之特色

「花間詞派」是五代時西蜀的流派。尊唐代末年的詞人溫庭筠為鼻祖，主要成員有韋莊、薛昭蘊、牛嶠、毛文錫、牛希濟、歐陽炯、顧夐、鹿虔扆、閻選、尹鶚、和凝及孫光憲等十八人，後蜀趙承祚把以上詞人的作品收錄成集，取名《花間集》，花間詞派因此而得名。

此派詞人作品多寫閨情相思，側重於女子服飾、體態及心理描畫，詞風香軟綺艷，浮靡纖弱。少部分作品，注意探索心靈的感受，意境的婉曲，表情的細密，語言的精美，對詞藝術表現力的提高有積極作用。不過此一詞派中少數作品描寫了水鄉風光、邊塞生活，詠史懷古，感慨現實之詞作，對北宋詞題材之擴大有直接的影響。花間詞派婉麗冶艷的風尚一直被奉為詞家正宗。詞被稱為「艷科」、「詩莊詞媚」之別，詞這一韻文體裁在言情狀物方面表現力之特長，均與花間詞派奠定的藝術傳統有承接關係。

21、試比較「詞中二李」作品之風格特色乃及其在中國文學史上的成就。（89成功）

答

一、李璟的作品特色及文學成就——請參見本章第9題。

二、李煜的作品特色及文學成就——請參見本章第10、14題。